Rufin Piotrowski, L Königk

Meine Erlebnisse in Russland und Sibirien während meines Aufenthalts, meiner Gefangenschaft und Flucht, 1843-46

Erster Band

Rufin Piotrowski, L Königk

Meine Erlebnisse in Russland und Sibirien während meines Aufenthalts, meiner Gefangenschaft und Flucht, 1843-46
Erster Band

ISBN/EAN: 9783743320208

Manufactured in Europe, USA, Canada, Australia, Japa

Cover: Foto ©ninafisch / pixelio.de

Manufactured and distributed by brebook publishing software
(www.brebook.com)

Rufin Piotrowski, L Königk

Meine Erlebnisse in Russland und Sibirien während meines Aufenthalts, meiner Gefangenschaft und Flucht, 1843-46

Meine Erlebnisse

in

Rußland und Sibirien

während

meines Aufenthalts daselbst

meiner Gefangenschaft und Flucht.

1843—46.

Rufin Piotrowski.

Nach dem Polnischen

von

L. Königk.

~~~ Erster Band ~~~

Posen,

Druck und Verlag von Louis Merzbach.

1862.

Die in den nachfolgenden Blättern enthaltenen Denkwürdigkeiten sind bereits in den Jahren 1848—50, also unter dem noch frischen Eindrucke des so eben Durchlebten und unter dem Einflusse der damaligen politischen Combinationen geschrieben. Man muß das wissen, um manches darin Niedergelegte zeitgemäß zu finden. Was den Verfasser selbst anbetrifft, so habe ich nicht die Ehre, ihn persönlich zu kennen, habe mich aber bei der Uebersetzung bemüht, trotzdem, daß ich sehr Vieles ausgelassen, Anderes nur skizzirt wiedergegeben habe, seinen Charakter nicht zu verwischen, sondern ihn so erscheinen zu lassen, wie er in Wahrheit sein muß, d. h. als einen Mann in der ganzen Bedeutung des Wortes, der seines Zweckes sich bewußt ist und die Mittel, die zur Erreichung desselben erforderlich sind, soweit dieselben in einem Individuum seiner Stellung vorhanden sein können, in reichem Maaße besitzt: nämlich Sachkenntniß, Umsicht, Energie, Muth, Reinheit der Seele, Gottvertrauen und dasjenige, was die Griechen Maaßhalten nannten, Eigenschaften, welche sich in gewöhnlichen Menschen nicht immer vereinigt finden. Das große deutsche Publikum ist mit den Zuständen des östlichen Europas im Allgemeinen sehr mangelhaft bekannt, obwohl man sich das selbst an Stellen nicht gestehen will, wo man allerdings eine genauere Kenntniß derselben voraussetzen sollte. Dadurch entstehen unrichtige Schlüsse und Berechnungen,

*

welche in der Folge leicht zu beklagenswerthen Resultaten führen können.

Ein großer, leider sehr verbreiteter Irrthum, der dadurch nicht zur Wahrheit wird, daß man sich denselben stets wiederholt, ist es, Polen als selbständigen Staat auf alle Zeiten für abgethan zu halten und es höchstens als Anhängsel an andere Mächte mit der Erlaubniß, einstweilen noch polnisch zu sprechen, gelten zu lassen. Eine Nation von so vielen Millionen, die compact zusammenwohnt, eine ruhmreiche Geschichte von fast 1000 Jahren hat und mit Talenten und Tugenden mindestens nicht weniger begabt ist, als andere Völker, wenn sie auch nur einige solcher Individuen zählte, die dem Verfasser vorliegender Memoiren gleichen, kann bei dem Ringen der europäischen Welt nach sittlicherer Gestaltung in Form und Inhalt nicht wohl ohne selbständige Zukunft bleiben. Ich weiß sehr wohl, daß die Routine der sogenannten Staatsmänner nichts davon wissen will und daß noch jüngst ein Kaiser davon als von „reveries" gesprochen hat; allein weder Kaiser noch Staatsmänner sitzen im Rathe Gottes und nicht immer sind ihnen die Regionen zugänglich, wo der Proceß der Geschichte in letzter Instanz entschieden wird. Das Genie, welches der Geschichte eine Richtung giebt, Staaten gründet und zerstört, ist nicht an einen Ort, nicht an ein Volk gefesselt, ist nicht erblich. Man hätte Recht, Polen für beseitigt zu halten, wenn Polen sich selbst jemals aufgegeben hätte, wenn es lediglich in Folge seiner inneren Zerrüttung und Entsittlichung gefallen und jeder Keim zur Regeneration verfault wäre, allein Polen hat das Unglück gehabt, grade in dem Momente seine Selbständigkeit zu verlieren, als es sich eben daran machte, seine Verfassung zu ändern, den modernen Begriffen des Staats abäquater zu machen, einen erblichen Thron, wie zu Zeiten der Jagiellonen, zu errichten, die Gewalt der Landboten zu beschränken, ein geordnetes Heerwesen, Befreiung des dritten Standes und des bäuerlichen Grundbesitzes anzubahnen. Die Constitution vom 3. Mai 1791 war für Polen verderblich, nicht weil sie für dasselbe unausführbar und unerträglich gewesen wäre, sondern weil sie Polen aus seiner Ohnmacht mächtig emporgerissen haben würde, ein Umstand, den nicht alle seine Nachbarn mit ihrem Interesse vereinbar fanden. Ich weiß sehr wohl, daß viele andere Umstände zu dieser verhängnißvollen Katastrophe zusammenwirkten und daß der Plan einer Theilung Polens schon aus viel früheren Zeiten datirt — hat doch schon zu Sigismunds I Tagen Kaiser Maximilian mit Wasili, Großfürst von Moskau, intriguirt, um Polen zu übervortheilen und womöglich zu zertheilen — aber die Hauptursache lag doch darin, daß Rußland sich nach dem Centrum Europas hin à tout prix ausdehnen, die junge Macht Preußen sich arrondiren wollte und Oestreich, wenn es auch auf Galizien nicht viel Werth legte und Maria Theresia sich anfänglich vor einer solchen That scheute, doch diesen Zuwachs keinem Andern gönnen mochte, endlich, daß alle drei zwischen sich keinen Staat dulden wollten, der durch seine Institutionen und Tendenzen ihnen, als absoluten Monarchien, mindestens höchst unbequem geworden wäre. Und doch würden diese drei Mächte es kaum gewagt haben, diese unglückliche folgenschwere That zu vollbringen, wenn nicht grade Frankreich damals durch den Concurrenz-Kampf mit England zur See und in den Colonien den Westen gelähmt und Rußlands Vorschreiten in Polen möglich gemacht hätte.

Im Allgemeinen faßt man dasjenige, was man in Deutschland von polnischer Geschichte weiß, in einige sprüchwörtlich gewordene Redensarten von „polnischer Ordnung" und „polnischer Wirthschaft" zusammen und sogar Männer, denen man ihrer Stellung nach mehr zutrauen sollte, kochen diesen Kohl bei jeder Gelegenheit bis zum Ekel wieder. „Eines schickt sich nicht für Alle" und ich meine, jedes Volk hat das Recht, sich seine eigenen Begriffe von dem zu bilden, was es Ordnung nennt, Begriffe, die sich nach den Zeiten und Verhältnissen, in denen man lebt, modificiren. Polen mußte seinem Wesen und seiner Entwickelung nach eine andere Ordnung haben, als die anderen Völker des Abendlandes. Der characteristische Unterschied zwischen der polnischen Ordnung und der abendländisch-europäischen bestand einmal darin, daß der Staat nicht die Domaine eines Einzelnen, auch nicht einer Kaste, sondern vielmehr des ganzen Staatsbürgerthums war, welches in einem sehr zahlreichen Adel vertreten war, dann daß die Nation nicht des Staats wegen, sondern dieser vielmehr der Nation wegen da war, daß der civile wie militärische Beamte, angefangen von der niedrigsten Stufe bis hinauf zum Könige, im Dienste der Nation standen, ihr verantwortlich waren und nie eine außerhalb derselben stehende, volksfeindliche Hierarchie bildeten, daß jedes Individuum seine Rechte und Freiheiten hatte, welche, richtig verstanden, eine Schutzwehr gegen Willführgelüste von Innen und ein Wall gegen Angriffe von Außen hätte sein können, aber einseitig in ihren äußersten Consequenzen auf die Spitze getrieben zum Ruin des Staates führen mußten. Wenn in den westeuropäischen Staaten die Burgen und Privilegien des Adels von dem im Ganzen erbrechtlich sich folgenden Landesherrn gebrochen und auf das möglichst geringste Maaß reducirt wurden, wenn der Staat mehr und mehr im Fürsten sich verkörperte, der in vielen Fällen als geistliches Oberhaupt auch das jus circa sacra hatte, wenn hier ein Beamten- und ein Soldatenthum sich entwickelte, das außerhalb des Bürgerthums eine dieses fast erdrückende Kaste wurde, die sich meist, wenigstens für die höheren Stellen, aus dem Adel des Landes recrutirte, wenn an die Stelle der Vaterlandsliebe eine hyperbolische Fürstendienerei trat, wenn die Fürsten ihrerseits fast unbeschränkte Herren über Leben und Tod ihrer Unterthanen wurden, so war in Polen grade das Gegentheil von alle dem der Fall, denn während dort centralisirt und concentrirt wurde, so fand hier die bis ins Extrem durchgeführte Individualisirung statt. Ein gewählter König, der die pacta conventa beschworen hatte, konnte natürlich, ohne eidbrüchig zu werden, seine Gewalt nicht ungebührlich ausdehnen, wenngleich der Kreis seiner Competenz für einen umsichtigen Fürsten immer sehr elastisch war, eine allzeit gehorsame Soldateska gegen die eigenen Bürger und ihre Freiheiten und Rechte stand ihm nicht zur Seite und die Reichstage controlirten die Verwaltung des Königs und seiner Beamten. Man kann diese Ordnung unpractisch finden, man kann sie mit der beliebten Phrase von „Weltgericht" und „Weltgeschichte" verurtheilen, allein bespötteln und verhöhnen kann sie doch nur Böswilligkeit oder Ignoranz. Auch heute giebt es noch sehr viel, in Deutschland sowohl wie überall, was man allerdings Ordnung nennt, über deren Werth man aber doch noch sehr getheilter Ansicht ist, und ein Jahrhundert später wird man sich vielleicht über die heutige Ordnung wundern. — Es giebt kein Volk im europäischen Völkerverbande, das, wenn man es nur gewähren läßt, nicht in seiner Entwickelung zu der ihm entsprechenden Ordnung gelangen sollte und wahrlich hat Deutschland am allerwenigsten Ursache, auf die polnische Ordnung mit Hohn zu blicken, denn es war vorzugsweise die Misere der deutschen Sachsenkönige, welche das, was man so gewöhnlich „die polnische Ordnung" nennt, dort hervorgerufen und Polen heruntergebracht hat. Man hat gesagt, die Polen wüßten dem Gesetz nicht zu gehorchen. Es ist das eine eben so oberflächliche und boshafte Beschuldigung, wie die vorhergehende, denn da, wo sie selbst sich Gesetze geben, da sind sie denselben mit Selbstverleugnung folgsam, und sind denn etwa russische oder östreichische Gesetze so liebevoll, daß Jeder, der einmal die von ihnen wundgeriebenen Schultern zuckt, als unfähig, dem Gesetz überhaupt zu gehorchen, gekennzeichnet werden muß? Und hat man es denn schon irgend wo versucht, die Polen so zu behandeln, wie sie behandelt werden müssen, d. h. ihrer Eigenthümlichkeit, ihrer Entwickelung Rechnung zu tragen?*) und nenne man

---

*) Man macht den Deputirten polnischer Nationalität in dem preußischen Hause der Abgeordneten den Vorwurf, daß sie nicht so wie die Deputirten der anderen Provinzen lediglich im preußischen Interesse auftreten, vielmehr im Gegensatz gegen die Centralisation des Staates eine Sonderstellung einnehmen, welche sie als außerhalb des Staates erscheinen lasse. Es liegt mir fern, diese Thatsache selbst in Abrede stellen zu wollen, aber ich glaube, man geht darin zu weit, wenn man aus ihrer Haltung den Schluß ziehen wollte, daß ihr ganzes Streben in erster Linie nur dahin gerichtet sei, sich von Preußen loszureißen oder auch nur ihm feindlich gegenüber zu treten, denn man sieht nicht gut ein, welchem anderen Staatsverbande sie sich anschließen wollten und einen Staat für sich zu bilden, wäre doch für heutige europäische Zustände eine Abnormität, die keinem vernünftigen Menschen, am allerwenigsten den preußischen Polen, in den Sinn kommen könnte. Die Stellung, welche man dem Großherzogthum Posen durch den Wiener Tractat zum preußischen Staate und zur Krone Preußen angewiesen, die unleugbare, vielleicht nicht ganz unschuldige, Vieldeutigkeit und Elasticität der dieserhalb niedergeschriebenen Stipulationen, denen man es ansieht, daß sie eine häßliche Frage mit behandschuhten Fingern lösen wollten, trägt die Schuld, daß die preußischen Polen für ihr Auftreten nicht in der Luft schweben, sondern auf mehr oder weniger rechtlichem Boden stehen, ein Standpunct, der den centralisirenden Tendenzen allerdings unbequem sein muß, sich aber doch nur auf dem Wege der Annihilirung der Wiener Acten einerseits und des guten Willens der Polen andererseits beseitigen läßt. Die Berufung auf Verträge ist immer ein sehr verfängliches Ding, denn sie basiren auf zeitweiligen Prämissen und sollen doch für alle Ewigkeit Geltung haben und gewöhnlich übersieht man die logischen Consequenzen bei Anwendung derselben, vielmehr nimmt man daraus nur dasjenige, was eben in das einmal eingeschlagene System paßt. Man sagt: durch die Begabung Preußens mit einer Verfassung ist die exceptionelle Stellung des Großherzogthums Posen, welche ihm die Wiener Verträge scheinbar angewiesen, wesentlich alterirt worden oder vielmehr hat es dieselbe verloren und in demselben Athemzuge beruft man sich auf eben dieselben Verträge, vermöge deren eben das Großherzogthum Posen als solches „für ewige Zeiten" der Krone Preußen incorporirt worden. Es gehört eine seltsame — wie soll ich sagen? — Naivität und Harmlosigkeit dazu, auf die „ewigen Zeiten" von historischen Ver-

mir ein Volk, welches sich gern fremder Gesetzgebung fügt? Der
Code Napoleon freilich hat sich am deutschen Rhein so eingebürgert,

trägen Nachdruck zu legen — war denn etwa die Familie Bonaparte nicht
für ewige Zeiten vom Throne ausgeschlossen? Und wäre es nicht ein maaß=
loser Eingriff in die Competenz der göttlichen Weltregierung, von der ewigen
Rechtsbeständigkeit menschlicher Machwerke zu sprechen? Bis heute sind die
Wiener Verträge, wenn auch im Einzelnen verletzt, doch im Ganzen noch
nicht ad Acta gelegt, will man also unparteiisch urtheilen, so darf man es
den Polen nicht verdenken, wenn sie sich, obwohl dieselben ohne sie über
sie abgefaßt worden, darauf berufen und auf die Zurechtbeständigkeit derselben
in Ermangelung eines anderen legitimen Fulcrums stützen.

Die Eidesformel nach der Besitznahme des Großherzogthums Posen
durch die Krone Preußen lautete:

> Ich erkenne Se. Majestät den König von Preußen als den einzigen
> rechtmäßigen Souverän des Landes und den Antheil von Polen,
> welcher durch den Congreß von Wien dem Königl. preußischen Staate
> wieder zugefallen ist, als mein Vaterland, das ich gegen jede
> Macht und gegen Jedermann, wer es auch sei, unter allen Umständen
> und Verhältnissen mit meinem Blute zu vertheidigen verpflichtet und
> bereit bin.

Nun ist freilich durch die mittlerweile in Preußen eingeführte Verfassung
die Stellung des Großherzogthums Posen eine specifisch andere geworden,
wie man es denn eigentlich auch erst von da ab und zwar mit einem gewissen
Nachdruck „Provinz" genannt hat, allein die Deputirten polnischer Nationa=
lität haben den constitutionellen Eid bekanntlich doch nur mit Vorbehalt ge=
leistet; um ihre etwaigen Reclamationen nicht zu präjudiziren und für ihre
Tendenzen dem Vorwurfe des Hochverraths keinen Boden zu geben, wenn sie
also nach jener Eidesformel das Großherzogthum Posen, d. h. denjenigen
Antheil von Polen, der an Preußen wieder zurückgefallen, als ihr engeres
Vaterland ansehen, so kann man dies doch kaum eine gezwungene Deutung
des Wortlautes nennen, wenngleich dieselbe unleugbar unbequem ist.

Man muß es den preußischen Staatsmännern aus den zwanziger
Jahren zum Ruhme nachsagen, daß sie die heute so viel ventilirte polnische
Sprachenfrage von einem Standpunkte auffaßten, der allein geeignet schien,
die Rechte des Staats zu wahren und die Wünsche der Polen in dieser Be=
ziehung zu befriedigen. Ich kann mich nicht enthalten, hier ein merkwürdiges
Actenstück als Beweis dafür abzudrucken. Es ist das ein Reskript aus dem
Ministerium an die Regierung zu Posen vom 23. December 1822, welches
folgendermaßen lautet:

> Was die Ausbreitung der deutschen Sprache betrifft, so kommt es
> hierbei zunächst darauf an, daß man sich selber klar mache, was man

daß die Rheinländer ihn sich nicht mehr entreißen lassen werden, doch wird er nur deshalb so hoch gehalten, weil er Vieles wieder-

in dieser Hinsicht eigentlich solle und wolle, nämlich: ob nur auf ein allgemeines Verstehen der deutschen Sprache unter den polnischen Einwohnern der dortigen Provinz hingewirkt werden solle, oder ob man die Absicht habe, die ganze Nation, zwar allmählig und unmerklich, aber nichtsdestoweniger so vollständig wie möglich zu germanisiren. Nach dem Urtheile des Ministers ist nur das erstere **nöthig und ausführbar**, das andere aber **unrathsam und unausführbar**. Denn um vollkommen gute Unterthanen zu sein, und an den Vortheilen der Staatseinrichtungen Theil nehmen zu können, ist zwar für die Polen wünschenswerth und nöthig, daß sie die Landes- und Regierungssprache verstehen und sich in ihr verständlich zu machen wissen, es ist aber nicht nöthig, daß sie deshalb ihre Stammsprache aufgeben oder nur hintansetzen müssen. Der Besitz zweier Sprachen ist so wenig für einen Nachtheil zu halten, daß er vielmehr wie ein Vorzug betrachtet werden darf, da er in der Regel mit größerer Beweglichkeit der Verstandeskräfte und einer leichteren Auffassungsgabe verbunden zu sein pflegt.

Allein selbst, wenn man es für wünschenswerth halten wollte, den Gebrauch der polnischen Sprache nach und nach einzuschränken und so das Volk zu entnationalisiren, so würde doch jeder directe Schritt zu offenbarer Vertilgung ihrer Sprache, statt dem Ziele näher zu bringen, nur davon entfernen. Religion und Sprache sind die höchsten Heiligthümer einer Nation, in denen ihre ganze Gesinnungsart und Begriffsweise gegründet sind. Eine Obrigkeit, die diese anerkennt, achtet und schützt, darf sicher sein, die Herzen der Unterthanen zu gewinnen, welche sich aber gleichgültig dagegen zeigt oder gar Angriffe darauf erlaubt, die erbittert und entwürdigt die Nation und verschafft sich ungetreue und schlechte Unterthanen. Wer aber etwa glauben wollte, daß es zur Bildung der polnischen Nation wesentlich beitragen würde, wenn sie wenigstens der Sprache nach germanisirt würde, der möchte sich in einem großen Irrthume befinden. Die Bildung eines Individuums und einer Nation kann nur vermittelst der Muttersprache bewerkstelligt werden. Nur in derjenigen Sprache, in welcher der Mensch denkt, ist auch seine Anschauungs- und Begriffsweise und folglich das eigenthümlichste und lebendigste Element seiner Bildung gegründet, er kann in fremden Sprachen viel erlernt und gesammelt haben, was er aber wirklich weiß und versteht, das weiß und versteht er nur in Einer Sprache, nämlich in der, worin er denkt, also in der gebracht hat, was ursprünglich deutsches Recht war. In Polen, wo der Code Napoleon ebenfalls das gültige Recht war, aber den

Regel nur in der Muttersprache. Ihm diese und somit seine ganze Vorstellungsweise nehmen und statt deren ihm eine andere fremde künstlich beibringen zu wollen, würde ein ganz verkehrter Weg der Bildung schon beim Individuum sein, geschweige bei einer ganzen Nation, selbst wenn diese nicht eine so reiche, eigenthümlich ausgebildete und grammatisch vollendete Sprache besäße, als bekanntlich die polnische ist. Will man für die Bildung der polnischen Nation erfolgreich sorgen, so wird dieses immer am sichersten vermittelst ihrer eigenen Sprache geschehen, das Interesse der Regierung aber wird hinlänglich berathen sein, wenn nur die deutsche Sprache als Lehrgegenstand in jeder polnischen Schule aufgenommen und dahin gesehen wird, daß es die Kinder vor ihrem Austritt aus der Schule darin zur Fertigkeit gebracht haben.

Hätten die Posener Verwaltungsbehörden diesen staatsklugen Anweisungen Folge gegeben, so hätten die Polen in dieser Beziehung wenigstens keinen füglichen Grund zur Klage gehabt, allein schon, daß ein Minister sich veranlaßt sah, die polnische Sprache in Schutz zu nehmen, muß darauf hindeuten, daß die in dem Großherzogthum fungirenden Beamten die Sprachenfrage anders verstanden. Seit 1831 glaubte man „im Interesse des Staats" eine in jenem Ministerial-Reskript als „unrathsam" bezeichnete Ansicht befolgen zu müssen. Dies rief natürlich die Aufmerksamkeit der Polen wach und die Provinzial-Landtagsverhandlungen drehten sich zum größten Theil um die Sprachenfrage. Der Thronwechsel 1840 gab Veranlassung, in Königsberg darüber sowohl wie über andere Maaßregeln der Verwaltungs-Behörden laut und offen Beschwerde zu führen, in Folge wovon ein Personenwechsel an der Spitze der Verwaltung eintrat. Die Polen, einmal aufmerksam geworden, begannen nun bei jeder Gelegenheit, wo sie glaubten, daß ihren Rechten zu nahe getreten, renitent zu werden und wie das so in der Natur sowohl wie in der Geschichte geht, daß wenn ein wunder Fleck nicht gründlich geheilt wird oder geheilt werden kann, derselbe weiter wuchert, so geschah es auch hier. Es führte dies schließlich zu gehässigen, mehr oder weniger begründeten gegenseitigen Incriminationen zwischen Regierenden und Regierten, und leider durch ganz überflüssige Parteinahme von Unberufenen zu einer, hoffentlich nicht andauernden, Verfeindung zweier Nationalitäten, in deren wohlverstandenem Interesse es läge, durch wohlwollendes Entgegenkommen und objective Auffassung der Zustände gerechten Anforderungen Rechnung zu tragen.

Machthabern zum System nicht paßte, hat man ihn beseitigt und den Coder Nicolaus, das östreichische und preußische Landrecht eingeführt, der Uniformität wegen, nicht weil diese Codices absolut weiser wären.

Man hat in neuerer Zeit den Satz aufgestellt, daß der Standpunkt des Nationalismus, als etwas Naturwüchsigen, ein beschränkter sei, der im Staate, als einem Kunstwerke, erst seine höhere Lösung, seine Weihe finde. Es ist das eine todtgeborene Nothphrase, die täuschen kann, die aber nichtsdestoweniger den Widerspruch in sich trägt. Es ist allerdings möglich, daß verschiedene Völkerstämme sich freiwillig verbinden und unter einem Regimente glücklich und friedlich neben- und mit- und ineinander leben können, wie Litauen und Polen Jahrhunderte lang gezeigt haben, möglich, daß da, wo die Regierung entschieden wohlwollend und unparteiisch Jedem das Seine zutheilt, der Bruchtheil einer anderen Nation mit einer anderen einträchtig nach einem Ziele hin lebt, wie das z. B. im Elsaß und in Lothringen der Fall ist und bei Schleswig-Holstein wahrscheinlich der Fall sein würde, wenn Dänemark eben jenen Postulaten entsprochen hätte, aber ich zweifle, ob irgend ein Stück Alt-Polens jemals, selbst unter der wohlwollendsten, gerechtesten, aber doch immer fremden Regierung, es über sich zu bringen vermöchte, die Zusammengehörigkeit mit dem großen polnischen Vaterlande auch nur einigermaßen zu vergessen. Das Einzige, was allenfalls hätte eintreten können, wenn wirklich eine der drei Regierungen es verstanden hätte, den ihr zugefallenen Theil für sich zu gewinnen, wäre gewesen, daß ihr die Herzen auch der übrigen Theile entgegen geschlagen und danach gestrebt haben würden, in ihrer Ganzheit jener Regierung sich hinzugeben. Man muß einigermaßen mit der Geschichte und den Institutionen Alt-Polens bekannt sein, man muß selbst ein Vaterland haben — nicht ein Regierungssystem — das man mit dem ganzen Pulsschlag seines

erzens liebt, aus dem man die Kraft seines Lebens wie Antäus
us der Muttererde schöpft, um die unwandelbare Lebensrichtung
des einzelnen Polen auf die Wiederherstellung der Unabhängig-
it und Autonomie seines Vaterlandes als unvermeidlich zu be-
reifen. Wem freilich der Sinn für den Zauber, den das heilige
Wort „Vaterland" in sich schließt, fehlt, wer pronus et ventri
obsequens ist, dem ist jede derartige Regung „Nationalitäts-
schwindel" — aber das sind auch nicht des eigenen Landes
beste Söhne.

Wenn man von Alt-Polen spricht, so kann man natürlich
nur den gebildeten Theil der Nation im Sinne haben, der durch
den Adel repräsentirt wurde, welcher im Verlaufe der Zeit, nicht
zum Heile des Staats, in seiner sehr zahlreichen Gesammtheit an
der Landesregierung und Gesetzgebung fast unmittelbaren Antheil
nahm, einen sogenannten gebildeten Bürgerstand gab es damals
dort nicht in der Art, wie er sich im Westen Europa's bei den
verschiedenen Nationen herausgebildet hatte, vielmehr war der
eigentliche Gewerbe- und Handelsstand im Besitze der Juden,
Deutschen, Griechen, Armenier, Schotten und Anderer, die zwar
mit der Zeit entweder schon selbst oder in ihren Nachkommen zu
Polen wurden, aber doch, da sie keine Stellung im Staate ein-
nahmen, nur ein mehr entferntes Interesse an der Macht und dem
Glanze des Staates nach Außen hin hatten. Der Pole als solcher
hielt nur den Ackerbau, das Staatsamt und den Kriegerstand für
ebenbürtig und trieb die Wissenschaften als eine das Leben ver-
schönernde, den Staat fördernde und des Menschen würdige Gabe.
Der Bauernstand befand sich in Alt-Polen nicht besser und nicht
schlechter als eben damals überall und man irrt sehr, wenn man
glaubt, daß der polnische Bauer schwerere Lasten und Frohnden
zu leisten gehabt habe, als in dem andern sogenannten civilisirten
Europa, ja es gab sogar in Polen nicht wenige viel besser situirte

Bauern und die übrigen waren nicht etwa russische glebae adscripti. Dabei ist zu bemerken, daß die Frohnde keine ursprünglich polnische Einrichtung, sondern durch den Ausländer Ludwig von Anjou, König von Ungarn und Polen, eingeführt war, denn bis dahin war der polnische Bauernstand, kmieci, freier Grundeigenthümer.

Preußen hat das große Verdienst, in dem ihm zugefallenen Theile Alt-Polens sämmtliche Frohnden abgeschafft und die Bauern mit Eigenthum begabt zu haben, vergebens haben sich die polnischen Unterthanen russischen und östreichischen Antheils bemüht, in ihren Landestheilen dem preußischen Beispiele in dieser Richtung zu folgen, sie konnten russischerseits nichts erreichen, als ein Gesetz vom Jahre 1836, welches unzulänglich wie alle Gesetze, die unter Nicolaus erlassen wurden, die Sache nur noch unerträglicher machte und Oestreich seinerseits benutzte diese Angelegenheit, um Zwietracht zwischen Bauer und Edelmann zu schaffen und zu erhalten. Erst in ganz jüngster Zeit hat Rußland die Sache ernstlich in die Hand genommen, nicht ohne von den polnischen Patrioten dazu gedrängt zu sein und man kann sich der Ansicht nicht verschließen, daß, wenn es wirklich etwas Gutes in dieser Hinsicht schaffen will, es die Projecte des patriotischen agronomischen Central-Vereins wird adoptiren müssen.

Die staatlichen Institutionen Polens, an deren Schöpfung Wahrung und Handhabung nur der Adel und der höhere Clerus der sich immer aus dem Adel recrutirte, volle Theilnahme hatte, waren von der Art, daß man es Niemandem verdenken kann, wenn er mit Stolz darauf zurückblickt und die Wiederbelebung derselben selbstverständlich mutatis mutandis, mit allen ihm zu Gebote stehenden Mitteln anstrebt. Polen hatte, um nur Einiges anzuführen, Jahrhunderte hindurch seine gesetzgebenden Reichstage, hatt eine Tribüne, Wahlrecht, Preß- und Redefreiheit, kurz Institutionen, die nur bei einem hohen Grade von entwickelten Culturverhältnissen denkbar sind. Und daß diese Verhältnisse in der That damals schon auf einer beziehungsweise sehr hohen Stufe standen, erhellt aus der sehr reichen Literatur Polens in allen Zweigen des Wissens, einer Literatur, die leider ebenso wie die ganze Geschichte Polens das Unglück hat, kaum von gelehrten Notabilitäten des sogenannten civilisirten Europas gekannt zu sein. Als im 15. Jahrhundert das byzantinische Kaiserthum mit seiner Hauptstadt in die Gewalt der Türken fiel, flüchtete bekanntlich die griechische Bildung zunächst nach Italien und förderte dort Schulen und Universitäten, und dorthin eilte die wißbegierige polnische Jugend damaliger Zeit und verpflanzte von dort classische Bildung nach dem eigenen Vaterlande. Damals blühete in Polen Kopernicus und wies die Gesetze zuerst im Weltsystem nach, nicht ohne das Verdienst seines großen Lehrers Brubzewski zu Krakau, damals schrieb Falimirski und etwas später Syreński und M. Siennik, Krakau 1568, eine Art practischer Botanik, über die Natur und die Anwendung der Pflanzen und Kräuter, damals verfaßte M. Bielski seine Chronik der Weltgeschichte bis auf seine Tage und M. Kromer seine Geschichte Polens in 30 Büchern 1555. Damals übersetzte S. Budny, der Socinianer, das Alte und Neue Testament aus den Urterten 1570—1572 und schrieb Goslicki seine zwei Bücher: de optimo senatore, ein Werk, das, obwohl lateinisch geschrieben und mithin den Gelehrten aller Nationen zugänglich, doch von den Engländern für so bedeutend gehalten wurde, daß sie es in ihre Sprache übersetzten 1568 und 1593. Lucas Górnicki stellte damals schon in seiner kleinen Schrift: „der Weg zur vollkommenen Freiheit", den merkwürdigen Satz auf, daß nicht derjenige Staat mächtig und dauernd sei, wo Einer allein herrsche, auch nicht der, wo nur Ein Theil des Volkes die Gewalt in Händen habe, endlich auch nicht der, wo Alle herrschen, sondern nur derjenige, wo König, Senat und die Deputirten des Volkes gemeinschaftlich Gesetze geben und über die Execution derselben wachen. Damals schrieb der gelehrte Mobrzewski, der Schüler Melanchtons, seine fünf vortrefflichen Bücher: de emendanda republica, Krakau 1551, damals blüheten Kanzelredner, Staatsmänner, Gelehrte und Künstler. Ich übergehe den Schlachtenruhm und die Verdienste Polens als Schild und Schwert der abendländischen Christenheit, denn das brachte seine geographische Lage und das eigene Interesse mit sich und Schlachtenruhm, so hoch man ihn auch anschlagen mag, bleibt, auch wenn man eben nicht sentimental ist, doch stets ein sehr precärer und oft mit großen politischen Fehlern gepaart, wie das die Geschichte lehrt und unter Andern Jan Sobieski durch den vor Wien gewonnenen Ruhm bestätigt hat.

Damals war Polen groß, weise und mächtig genug, um gerecht sein zu können und darum flüchteten damals nach Polen die Verfolgten aller Nationen, namentlich siedelten fortwährend viele Deutsche nach Polen über, denn damals waren die Polen noch keine Rothhäute und die einwandernden Deutschen noch keine Pioniere, wozu sie ein fahrender Redner der Neuzeit gemacht hat, auch existirte damals die hohle Phrase von der friedlichen Eroberung durch den Pflug noch nicht, vielmehr flüchteten damals die Städte Preußens, obwohl meistentheils von deutschen Einwanderern bewohnt, vor der unerträglichen Tyrannei und Brutalität des im deutschen Orden vertretenen Junkerthums unter den Schutz der Krone Polen, ohne ihre Nationalität aufgeben zu dürfen. Lengnich in seiner voluminösen Geschichte der Lande Preußen klagt zwar über Beeinträchtigung der Landesrechte durch polnische Beamte mancherlei Art, allein auf der anderen Seite fehlte es auch nicht an polnischen Wojewoden, d. h. ungefähr Oberpräsidenten, und Starosten, d. h. ungefähr Landräthen, welche die Rechte der Deutschen wahrnahmen und gegen jeden Eingriff von Seiten der Polonisatoren öffentlich auf den Reichstagen auftraten und ihre Schutzbefohlenen in ihren nationalen Rechten vertheidigten. Die Preßfreiheit unter polnischer Oberhoheit gestattete damals alle Beschwerden, selbst in sehr starken Farben ungehindert zu publiciren, ohne daß Staatsanwalt oder Polizei sie mit Beschlag belegt hätten: es gab nur eine Censur gegen die Lüge, gegen Blasphemie und Spottpamphlete, aber nicht gegen Schriften, welche politische und menschliche Rechte vertheidigten. Damals existirte die Theorie von einer ausschließlichen Amtssprache nicht, sondern jeder Staatsbürger hatte das Recht, in seiner Muttersprache allein mit den Behörden zu verkehren und seine Kinder, wenn er wollte, allein in dieser erziehen zu lassen, ohne ihm den Weg für öffentliche Aemter zu versperren, die Ruthenen (Rusini) schrieben und sprachen ruthenisch, die Deutschen deutsch. Und darf man sich wundern, wenn jeder Pole, der die ruhmreiche Geschichte seines Vaterlandes kennt, stolz darauf ist und nicht vergessen kann, was zu vergessen eine Schande wäre?

Polen war seiner Praxis nach vielleicht das Gegentheil von einem Musterstaate, aber nichtsdestoweniger näherte es sich in der Theorie einem solchen; wenn indessen Kant darin Recht haben sollte, daß diejenige Verfassung die beste sei, unter der selbst Teufel fügsam leben müßten, dann wäre freilich die polnische die schlechteste gewesen, denn sie verlangte eben lediglich tugendhafte Bürger und mußte geändert werden, sobald die Bürgertugend nicht mehr in dem entsprechenden Grade vertreten war. Das polnische Staatsleben hatte viele Schattenseiten, allein diese Schatten waren dort nicht dunkler als anderswo und dieserwegen hätte es so gut fortbestehen können, wie andere Staaten Bestand behalten haben, aber Polen, seiner geographischen Lage nach überall hin offen, ohne natürliche Grenzen und Schutzwehren, mit sich selbst beschäftigt und seiner Weltstellung nach mit Ungarn zugleich als Vormauer der abendländischen Christenheit gegen moskowitischen, tatarischen und türkischen Barbarismus stets auf der Wacht zu bleiben genöthigt, verlor das Augenmerk für das, was ringsum in Europa geschah. Seine Institutionen isolirten es, wurden zum Anachronismus, zu politischer Häresie. Durch die Säcularisirung des deutschen Ordens unter König Sigismunds I Neffen, Albrecht von Brandenburg, und durch die Umgestaltung desselben in ein weltliches Herzogthum, das zwar Polen lehnspflichtig war, seiner städtischen Bevölkerung nach aber nach Deutschland hin declinirte, verlor es die Lande Preußen in Folge davon, daß im Verlaufe der Zeit der Herzog von Preußen zugleich Markgraf von Brandenburg und Churfürst des deutschen Reiches wurde. Brandenburg, wenn es zur Bedeutung gelangen wollte, mußte durch Besitznahme der polnischen Netze- und der unteren Weichsel-Landschaften das Herzogthum Preußen mit Brandenburg und Pommern in näheren Zusammenhang bringen, woraus wiederum folgte, daß, sobald Schlesien mit Brandenburg vereinigt war, auch der Landstrich, der wie ein Keil zwischen Schlesien und Preußen lag, in Besitz genommen werden mußte, ich meine den Theil Groß-Polens mit den alt-polnischen Capitalen Posen und Gnesen, mit ihren Königsgräbern und der Wiege polnischer Herrschaft am Goplo-See, dem Sitz alt-polnischer Lieder und Sagen, den der Wiener Congreß zum Großherzogthum Posen stipulirt und in einem losen Zusammenhange mit den übrigen polnischen Landestheilen unter russischer und östreichischer Herrschaft gelassen hat.

Polen wurde auf diese Weise von der Ostsee und dem Weltverkehr zur See verdrängt, verlor sein Weichselvorland, den unmittelbaren Absatz seiner reichen Getreidefrucht und Salzniederlagen. Es ist gewiß, daß die Polen niemals eigentlich eine Seefahrt treibende Nation waren, allein Danzig, Elbing u. s. w. hatten eine ziemlich ansehnliche Handelsflotte und brachten die Krone Polen mit anderen Seehandel treibenden Nationen, wie mit England, Frankreich, Holland, Dänemark, Schweden, Lübeck in sehr häufige, nicht blos Handelsinteressen betreffende, sondern auch staatliche Berührung.

Der alte König Sigismundus I hatte das richtige politische Gefühl von dem folgenschweren Schritt, den er that, als er wider sein besseres Wissen dem Drängen seines eitlen und nicht ganz unbescholtenen Großkanzlers weichend, die gegen seinen Willen durchgesetzte Wahl seines Neffen Albrecht von Brandenburg zum Hochmeister des Ordens bestätigte und bald darauf den Huldigungs-Lehnseid desselben Albrecht als weltlichen Herzogs von Preußen auf „ewige Zeiten" entgegennahm; denn damit war die Trennung der in ihrer städtischen Bevölkerung wenigstens der Reformation Luthers sich hingebenden Lande Preußen von der römisch verbleibenden Krone Polen ausgesprochen.

Doch verlassen wir die ferne Vergangenheit, deren Besprechung hier eben nur insoweit hingehörte, um die Unvermeidlichkeit des Dranges der Polen nach politischer Selbständigkeit, selbst angenommen, daß sie auf die wohlwollendste und gerechteste Weise, aber immer doch durch Fremde regiert würden, als erklärlich und historisch nicht unberechtigt einigermaßen und ganz flüchtig zu motiviren. — Der sterbende Otho zwar konnte nach einem verfehlten Leben dem Salvius Coccejanus rathen neu patruum sibi Othonem fuisse aut oblivisceretur unquam aut nimium meminisset, der Genius eines unglücklichen Vaterlandes würde das Letztere seinen Söhnen vergebens zurufen.

In unsern Tagen ist die Aufmerksamkeit Europas nothgebrungen wieder auf die Weichsel-Landschaften gerichtet worden, denn wieder einmal schlägt dort der Pulsschlag nationalen Lebens mächtiger als seit Jahren, aber wenn man früher dort „mit dem Lied zum Schwerte" griff, so begnügt man sich heute in Ermangelung des letzteren mit dem ersteren — und ob das Lied einer lebensfrischen Nation mächtiger sein wird, als das Schwert einer im Processe der Zersetzung begriffenen Organisation?*) Bereits zu Zeiten des ersten preußischen vereinigten Landtages hat ein geistreicher polnischer Deputirter es laut ausgesprochen, daß Rußland ein Coloß auf thönernen Füßen sei. Man hat das nicht glauben wollen, denn der Schein sprach dagegen, aber die Donau- und Krim-Campagne haben jenen Ausspruch bestätigt und heute erst beginnt man dort nach gewonnener besseren Einsicht einen solideren Unterbau zu geben. Freilich, wenn Nicolaus neben der Allgewalt, die über ein Vierteljahrhundert in seine Hände gelegt war, die entsprechende Herrscherweisheit besessen hätte, so würde Rußland allerdings zu gewaltiger Machtentwickelung gelangt, in einen

---

*) Man kann die heutige Bewegung in Polen, die Art und Weise derselben bespötteln und man thut das reichlich, aber aufhalten wird man sie nicht, denn man kann sie eben nicht fassen, weil sie geistig ist — man stößt sich an der Form und Solche, die sonst im Leben nicht für die Heiligkeit der Kirche geschwärmt haben, sehen plötzlich Entweihung des Kultus und der Kirche da, wo sie als einziges Asyl für den Ausdruck unerträglichen Leides benutzt wird. Aber diesen Herrn Kritikern geht es wahrlich nicht um die Heiligkeit der Kirche, es ist das nur die Maske für den Unmuth darüber, daß dasjenige, was sie Ordnung nennen, einige Gefahr läuft. Ueberhaupt ist es in der civilisirten Welt anständig, dann erst seinen Rath zu ertheilen, wenn man darum gefragt wird und ich besinne mich nicht, daß Polen jemals die deutsche Presse um Rath gefragt hätte. Fair play, meine Herren, will man angreifen, so muß man auch die Mittel zur Vertheidigung gestatten, vor einem unfreien Gegner ist es Regel, das Schwert in der Scheide zu halten.

reich bevölkerten, blühenden Staat verwandelt worden sein. Kaiser Nicolaus wollte den Schein und vergaß das Wesen, zog es vor, über ein Volk zitternder Sclaven als über freie Bürger zu herrschen. Kein Wunder, wenn ein solches System der ersten ernstlichen Prüfung erlag und der stolze Kaiser mit dem Bewußtsein in die Gruft seiner Väter sank, Rußland gründlich zerstört und auf Generationen verfault zu haben. Es unterliegt keinem Zweifel, daß der jetzige Kaiser wohlmeinende Absichten habe, aber das Gesetz der Geschichte läßt sich nicht beugen und man kann von schlechter Aussaat keine gute Ernte erwarten, der gute Wille eines Einzigen genügt allein nicht, man muß auch Menschen haben, die nach Fähigkeit und Richtung im Stande sind, ihn auszuführen, denn sonst producirt er bei solchen Zuständen nothwendig für sich selbst das Gegentheil, wenngleich er für die Geschichtsentwickelung nicht verloren geht.

Die in den nachfolgenden Blättern enthaltenen Memoiren werden zu dem oben Gesagten den Commentar liefern und es begreiflich machen, daß ein solches System auf die Dauer unhaltbar geworden, werden darthun, welche verschiedenartigen Elemente in Rußland vorhanden sind, die es unmöglich machen, den Zusammenhang des Ganzen durch despotische Mittel zu erhalten, zugleich aber auch das Gute hervorheben, was sich dort findet und Andeutungen über die Zukunft dieser weiten Ländermassen liefern.

Bekanntlich verließen nach dem unglücklichen Verlauf der Insurrection vom Jahre 1830, 31 eine große Masse Polen, etwa 15000, ihr Vaterland, theils um nicht der Gnade eines unversöhnlichen Feindes zu verfallen, theils aber auch und vorzugsweise, um in ihrer compacten Masse im Auslande eine permanente, thatsächliche Protestation gegen die an ihrem Vaterlande verübte Gewalt zu bilden, während die Sanguiniker unter ihnen nur in der Hoffnung gingen, um bald im Bunde mit den Unzufriedenen aller Nationen mit bewaffneter Hand zurückzukehren; sehr wenige nur gewiß gingen, um sich im Auslande weich zu betten und finanzielle Speculationen zu machen.

Diese heimathlosen Polen siedelten meist nach Frankreich über, denn das französische Volk hatte ihnen, den zum Theil alten Waffengefährten, sein Land als Asyl eröffnet und je nach dem Range, den jeder in der Armee bekleidet hatte, Sold für sie aus Staatsmitteln votirt. Es war das eine großherzige That des französischen Volkes, die nicht hoch genug angeschlagen werden kann, denn wenn auch damals alle civilisirten Völker Europa's, Deutschland und selbst Preußen nicht ausgeschlossen, vereinzelte Sympathien für Polen hatten, so gingen dieselben doch mehr aus einem momentanen, unklaren Gefühle für die Gerechtigkeit der Sache Polens, mehr aber noch für das augenblickliche Unglück desselben hervor, ohne dabei einem bewußten Principe Folge zu geben, und darum mußten diese Sympathien mit der Zeit gradatim in Antipathien umschlagen, in dem Maaße, als Polen die Frage seiner Existenz vom Umsturze der bestehenden staatlichen Eintheilung Europa's abhängig machte und sich überall betheiligte, wo es nach der Berechnung des spießbürgerlichen Verstandes nichts zu thun hatte, in dem Maaße, als Polen keine Sympathien, sondern factische, ihm nach seiner Ueberzeugung rechtlich zustehende Rehabilitirung forderte.

Die nach Frankreich und zum geringen Theile nur nach England übergesiedelten Polen sahen sehr bald ein, daß der damalige politische Zustand Europa's, namentlich das Princip Louis Philippe's: la paix à tout prix keine Hoffnung für sie ließe, im offenen Kampfe das Vaterland wiederzuerobern. Die Folge davon waren naturgemäß heimliche Conspirationen.

Dem Auslande gegenüber bildete die polnische Emigration zwar eine compacte Masse, die in dem Grundgedanken und Ziel ihrer Bestrebungen einig war, daß das Vaterland zu erlösen sei; allein das verhinderte nicht, daß sie sich selbst wieder in Parteien schied, die je nach dem mehr oder minder entschiedenen Gepräge und Character ihrer Principien und Mitglieder sich auf's Heftigste anfeindeten.

Zunächst begann man mit der Kritik der verunglückten November-Insurrection, man forschte den Ursachen nach, warum sie, die mit so viel Heldenmuth und Opferfreudigkeit begonnen, im Anfange gute Fortschritte gemacht hatte, endlich, ohne das Aeußerste gewagt zu haben, erlag. Natürlich knüpfte man zunächst das Mißlingen derselben an einzelne Persönlichkeiten, die absichtlich oder unabsichtlich, positiv oder negativ Verrath geübt, den an sie ertheilten Befehlen nicht Folge geleistet, den Glauben an die Möglichkeit des Gelingens zu früh aufgegeben oder endlich die sociale Richtung, welche die Revolution zu nehmen drohte, mehr gefürchtet haben sollten, als selbst das Mißlingen der ganzen Unternehmung. Jede einigermaßen namhafte Person bildete den Mittelpunkt einer kleineren oder größeren Fraction, so daß die Emigration das unerfreuliche Bild innerer Zerrissenheit und Unfreiheit darbot. Und doch war dies eine sehr natürliche und nothwendige Erscheinung, die derjenige, der die Geschichte nicht blos als Lectüre behandelt, sondern der mit der nach dem Besseren ringenden Menschheit im Großen wie im Kleinen mitfühlt und leidet, sehr wohl begreift. Allmählig nachdem die ersten Ausbrüche der Leidenschaften in Pamphleten und Brochuren sich abgekühlt hatten, begann man die Ursachen in tiefer und ferner liegenden Umständen zu suchen. Mit forschendem Geiste drang man in die Geschichte der Vergangenheit des polnischen Volkes, suchte dort die Quellen für das Mißlingen der bisherigen Kämpfe um Polens Wiederherstellung und fand dieselben mit mehr oder weniger Glück in der ganzen socialen Entwickelung Polens oder vielmehr in dem eigentlichen Mangel einer solchen, einem Mangel, den zu redressiren den hochherzigen Männern, die an der Constitution vom 3. Mai 1791 gearbeitet hatten, nicht gestattet worden war. Die literarische Welt verdankt den Forschungen auf diesem Gebiete viel Schätzbares. — Nach Frankreich wie in eine neue Welt versetzt, anfänglich zwar auf einzelne Städte, namentlich Avignon, Besançon, Bourges, Chateauroux, Paris ꝛc. angewiesen, allmählig aber über ganz Frankreich verbreitet und auf den Umgang mit der französischen Umgebung angewiesen, konnte sich Keiner dem stufenweisen Einflusse des dort herrschenden Geistes und seiner Doctrinen verschließen, und zwar um so weniger, als eben Polen und Franzosen in ihren politischen Anschauungen, in der Beweglichkeit ihres Geistes, dem chevaleresk militärischen Sinne und endlich auch in der römischen Confession viel Annäherungspunkte haben. Hatte man früher, wie gesagt, sich nur in verschiedene Fractionen getheilt, deren jede nicht sowohl eine Doctrin, eine politische oder sociale Ansicht vertrat, vielmehr nur dem ihr guten Klang habenden Namen eines Führers folgte, so änderte sich das in dem Maaße, als die Emigranten französisch lernten, politische und literarische Zeitschriften studirten, französische Parlamentsreden hörten und mit verschiedenen französischen Notabilitäten aller Richtungen in näheres Verhältniß traten.

Jetzt begann man sich nach gewissen Principien in zwei größere Parteien zu scheiden, die ihr bestimmt ausgeprägtes Programm aufstellten. Die Doctrinen der französischen Demokratie, mit mehr oder weniger socialistischer Zuthat, wurden nun von der Menge der Emigration adoptirt und zur Richtschnur für ihre fernere Wirksamkeit angenommen. Nach dem Maaßstabe dieser Principien prüfte man jetzt die Vergangenheit Polens und fand, daß es eigentlich die Adelseinseitigkeit gewesen, die Polen vernichtet und zur Anomalie unter den übrigen Staaten Europa's gemacht hatte. Waren es bisher einzelne Personen, denen man den Verfall

Polens, wie schließlich den unheilvollen Verlauf der jüngsten Insurrection zur Last gelegt hatte, so wurde jetzt eine ganze Kaste der polnischen Gesellschaft zum Träger dieser Sünde und man begann sich in die sogenannten Demokraten und Aristokraten zu scheiden, und seine Principien in Zeitschriften zu publiciren, Propaganda zu machen und sich zuweilen schonungslos anzugreifen, wie das denn dem Fanatismus eigen ist, mit welchem neue Adepten ihr System vertheidigen. Nur in der Verwirklichung der Demokratie nach französischer Schablone sah man das künftige Heil Polens und nur ein demokratisches Polen sollte auferstehen. Dies waren die jugendlichen Ansichten des zweiten Jahrzehntes der Emigration, Ansichten, die 1848 in Frankreich wie bekannt auf kurze Zeit zur Herrschaft gelangten und ihre Unhaltbarkeit für das heutige Frankreich wie Europa vollständig bewährten, denn man vergaß, daß demokratische Principien nur im Vereine mit der absolutesten Sittlichkeit, mit einer für Sterbliche auf die Dauer wohl unerreichbaren Höhe der Bildung beider, des Herzens wie des Kopfes, bestehen könne. Der schwache Versuch, den diese Partei in dem Jahre 1846 machte, mit diesen Principien Polen ins Leben zu rufen, hat bekanntlich in Galizien zur Abschlachtung eines Theiles des Adels, im Posenschen zur Einsperrung und Verurtheilung der Complicirten und im Königreich Polen zu den dort gewöhnlichen Resultaten solcher Ereignisse geführt, nämlich zum Galgen und nach Sibirien.

Die Extremsten unter den polnischen Demokraten gingen in den Consequenzen ihres Princips soweit, den Adel, nach ihrer Meinung das Grundübel Polens, gänzlich abgeschafft sehen zu wollen, ja nöthigenfalls denjenigen, der das nicht begreifen wollte, zu beseitigen, ohne zu bedenken, daß sie den Feinden ihrer Nationalität keinen größeren Dienst hätten leisten können, als wenn sie diese Doctrin durchgeführt hätten, da ja eben nur der Adel der fast ausschließliche

Träger der polnischen Nationalität ist und noch lange bleiben wird. Aber wenn diese Principien auch zu Verirrungen führten, so trugen sie auf der anderen Seite auch manche gute Frucht, denn wo die Besonnenheit und Männertugend sie adoptirten, da entstand ein ernstes Streben nach Versittlichung durch Arbeit, durch Concentrirung der Kräfte zu gemeinschaftlichen Zwecken, so weit dies unter den bestehenden Verhältnissen gesetzlich möglich war. So gründete man unter Anderem in Paris eine vortreffliche Schule für die polnische Jugend, so in Posen namentlich durch Marcinkowski's unermüdliche Bemühungen und nach seinem Plane den Verein zur Unterstützung der lernenden Jugend, der einen bedeutenden Einfluß auf die Bildung der bisher mehr vernachlässigten Schichten der Gesellschaft ausübte.

Zu den specifischen Axiomen der demokratischen Gesellschaft gehörte der Gedanke, daß man nur in Polen und durch Polen für Polen wirken könne, daß andere Umstände zwar nicht außer Berechnung zu lassen, daß sie indessen nur immer als secundäre zu veranschlagen wären. Eine Folge dieses Axioms war nothwendig, die Verbindung mit dem Vaterlande ununterbrochen zu erhalten. Auf offenem ehrlichen Wege war dies, wie die Verhältnisse lagen, unmöglich, es mußte also auf Umwegen unter falschen Pässen und Namen geschehen. Dazu konnten sich natürlich nur Naturen entschließen, denen ein gewisser Fanatismus für ihre Sache eigen war, die vor keiner Gefahr zurückschreckten und in der Stunde der Versuchung auf sich selbst rechnen konnten, Naturen, die nur insofern Werth auf ihre Existenz legten, als dieselbe im Dienste des Vaterlandes nützlich sein konnte, kurz apostolische Naturen. Die ersten Blutzeugen dieser Art, die mit dem Tode ihre Doctrin besiegelten, waren Zawisza, Wołowicz und ihre Gefährten. Ihnen folgten später andere, wie Leon Zalewski, Simon Konarski, Robert Chmielewski. Sie verfielen der russischen Gerechtigkeit und setzten alle diejenigen, mit welchen sie nah oder fern in Berührung gekommen waren, den schonungslosesten Verfolgungen und Strafen aus. Man kann diesen Männern vielleicht vorwerfen, daß sie in der Zeit und den Mitteln fehlten, man kann sie wahnsinnig nennen, aber doch wird man ihrer Selbstverleugnung, dem Stahl ihrer Seele hohe Bewunderung nicht versagen können. Alle fielen unter Henkers Hand mit einem Gleichmuth, mit einer Würde und Freudigkeit, die nicht verfehlte, sogar auf ihre Richter tiefen Eindruck zu machen. Nicolaus verstand leider diese Seelengröße nicht, konnte natürlich nichts Anderes als Verstocktheit und Bosheit darin gewahren, das heilige Feuer, das in ihnen glühete, nicht begreifen und vernichtete unbarmherzig ein Material, das er zum Piedestal eigener Größe und geschichtlichen Nachruhms hätte verwenden können.

Es würde das Maaß des mir Gestatteten überschreiten, wenn ich jede einzelne Mission der demokratischen Gesellschaft aufführen wollte, ich will nur noch bemerken, daß sie im Einzelnen viele Familien in Trauer und Thränen, in großes Unglück — wenn man die Verfolgungen durch die Behörden so nennen darf — gebracht haben, daß sie auf der anderen Seite aber auch eine Saat ausstreuten, die bessere Früchte trug, als alle, freilich unblutigen, diplomatischen Verhandlungen der ihnen gegenüberstehenden sogenannten monarchischen oder aristokratischen Partei, welche ohne allen Zweifel ihr Vaterland eben so redlich liebten, wie jene und gleiche Opfer zu bringen stets bereit waren. — Diese Partei ging von dem Grundsatze aus, daß Polen durch den Mangel eines festen, erblichen Königthums gefallen. Ihrer geschichtlichen Ueberzeugung nach war Polen niemals, wie viele von Jenen meinten, eine eigentliche Republik, sondern stets ein durch die Adels-Reichstage mobificirte und neutralisirte Monarchie gewesen, die zu keiner Machtentfaltung gelangen konnte, weil der König dem Adel gegenüber zu wenig

Competenz besessen, ein Umstand, der bereits in den 90er Jahren auf dem constituirenden Reichstage erkannt, durch die Constitution vom 3. Mai beseitigt werden sollte. — Sollte also Polen gerettet werden, argumentirten sie, so könnte das nur durch unbedingte Annahme des monarchischen Princips geschehen, weil auch dann nur von Seiten der nicht unmittelbar bei der Theilung Polens betheiligten Höfe Europa's auf eine mögliche Unterstützung zu rechnen sei, während, wenn man an ein republikanisch-demokratisches Polen denke, man nur Widerspruch oder mindestens Theilnahmlosigkeit von Seiten dieser zu erwarten habe. Diese Richtung wurde von dieser Partei in den von ihr herausgegebenen Schriften im größeren Publicum und, so oft die Gelegenheit sich dazu bot, mündlich in hohen Kreisen vertreten, zu welchen einige hervorragende Mitglieder der Partei vermöge ihrer socialen Stellung und ihrer aus früheren Zeiten datirenden Connexionen Zutritt hatten. Mit dieser Partei stand der moderne polnische catholische Pietismus in Verbindung, der im monarchischen Principe, so wie darin mit ihr übereinstimmte, daß nur ein römisch-catholisches Polen denkbar sei, ein Axiom, das auf die Spitze getrieben, bei Einzelnen in die Consequenz ausmündete: lieber gar kein Polen, als ein acatholisches. Dies Axiom zu verbreiten, dienten die jesuitischen Missionen und die catholischen Jahrbücher. Durch dieses Medium stand die Partei mit den Coryphäen der französischen Legitimisten und Clericalen in Verbindung, wodurch sie namentlich bei der modernen italienischen Frage in ein unangenehmes Dilemma gerieth und den alten Satz bewährte, daß man nur einem Herrn dienen, einem Principe huldigen kann.

Im Vaterlande Polen selbst ist trotz der Erscheinung der forcirten Kirchlichkeit, diese Partei nicht sehr stark vertreten, da dem polnischen Character im Allgemeinen kirchlicher Fanatismus immer fern lag und der größere Theil des catholisch-polnischen Clerus zwar eifrig catholisch ist, aber, wenn die Wahl zwischen Rom und Polen gestellt wird, doch Polen den entschiedenen Vorrang giebt, ein Umstand, der aus der früheren staatlichen Stellung der Geistlichkeit in Polen, ihrer Zusammengehörigkeit mit den Adelsgeschlechtern und ihrer steten unmittelbaren Theilnahme an allen Staatsverhandlungen, leicht erklärlich ist, weshalb man sich auch nicht wundern darf, wenn heute noch die polnische Kirche an der Politik mehr Antheil nimmt, als sonst im Berufe der Kirche, als solcher, liegt.

Außer diesen beiden Hauptparteien, in welche sich die Masse der Emigration einreihete, gab es noch kleinere Abtheilungen solcher, die sich um einzelne Persönlichkeiten schaarte, wie z. B. diejenige des Generals Rybiński, als des letzten Generals en chef, der das Recht für sich allein prätendirte, der nicht abgelöste Chef der Nation zu sein und als solcher aufzutreten, ferner diejenige des Propheten Towiański, der mit seinen Anhängern, die ihm mehr oder weniger blindlings ergeben sind, factisch die römische Kirche verlassen und eine religiös-politische Secte mit wundersamer Lehre gebildet hat, einer Lehre, die jedenfalls ihre unwiderstehlichen Zauber haben mußte, da sie einen Mann, wie Adam Mickiewicz, den hoch begabten, kenntnißreichen, aber freilich auch wie alle echt slavischen Naturen, tief mystischen Dichter und Seher auf einige Zeit zu fesseln wußte. Die Lehre erinnert einigermaßen an die phantastischen Systeme der syrischen Gnostiker der ersten Jahrhunderte des Christenthums, während das Moderne, die Politik darin in einer räthselhaften, geheimnißvollen Apotheose des ersten Napoleon mit Hinweisung darauf sich documentirt, daß seine Seele in einer neuen Incarnation in der Fülle der Zeiten Polen erlösen werde.

Aus dieser nur flüchtigen Skizze sieht man, daß das künftige Polen immer doch ziemlich disparate Elemente hat, die aber dennnoch da, wo sie sich dem Centrum nähern, den wesentlichen Vereinigungspunkt in dem Losungswort haben, daß Polen wieder hergestellt und daß es in erster Linie durch eigene Kraft wieder hergestellt werden müsse, und so schroff sich diese Elemente in ihren äußersten Ausläufern gegenüberstehen, so sind die Gemäßigten doch gern bereit, im gegebenen Falle sich gegenseitig Concessionen zu machen.

Es gab eine Zeit, wo der Schwerpunkt des polnischen Lebens und der polnischen Hoffnungen in der Emigration lag, denn von dort aus, meinte man, müsse die Initiative für Polens Auferstehung ausgehen, dort sei die Möglichkeit, wirksam für Polens Zukunft zu arbeiten, dort die Gelegenheit, die für alle Eventualitäten nothwendigen Studien zu machen, Kenntnisse zu sammeln, und förmliche Cadres für die künftige Revolutionsarmee zu bilden, Polen selbst dagegen könne nichts anderes thun, als Alles, was es nur an Mitteln entbehren könne, in die Emigration zu senden, um dieser zu beweisen, daß das Land zu jedem Opfer bereit sei, sobald die Emigration es an der Zeit finden würde, die Waffen in die Hand zu nehmen. Es war das ein großer aber verzeihlicher und leicht begreiflicher Irrthum. Individuen und Völker, die in ein großes Unglück gerathen sind, ob durch eigene Schuld, oder nicht, gilt gleichviel, hoffen namentlich in der ersten Zeit nach einer verhängnißvollen Catastrophe feuriger und sind daher zu Extravaganzen geneigter, hoffen auf das unmittelbare Eingreifen der Gerechtigkeit Gottes und vergessen daß der Proceß der Geschichte ein ungemein langsamer, geregelter und sehr weiser ist, den man durch voreiliges Eingreifen nur scheinbar fördert, wirklich aber verzögert. Die Emigration hat die Probe nicht bestanden, und konnte sie nicht bestehen, mußte vielmehr in ihren einzelnen Versuchen erliegen, weil sie die Zeit nicht verstand, mit materiellen Mitteln erreichen wollte, was nur durch sittliche zu erreichen ist, und oft mit einem nicht zu rechtfertigenden Leichtsinne störend in eine ernstere sittliche Entwickelung eingriff, welche allein im Stande war, das Material vorzubereiten, durch welches im Verlauf der Zeiten die Selbständigkeit Polens, wie eine reife Frucht hervorgehen kann. Sie konnte freilich diese Entwickelung, welche ihre politischen Heißsporne und Querköpfe nicht verstanden, vielmehr lächerlich fanden, und hinlänglich bespöttelten, nicht zerstören, aber nichts destoweniger hat sie jahrelange Arbeit besonnener Patrioten rückgängig gemacht. Aber so wie aus jedem Uebel etwas Gutes entspringen muß, so hatten diese verfehlten Versuche die Folge, daß man den Schwerpunkt der nationalen Action ins Land zurücktrug, auf keine Emigration, weder die kämpfende noch diplomatisirende mehr ausschließlich rechnete, sondern im Lande selbst die Kraft auszubilden suchte, welche dereinst im Stande sein könnte, das Bestehende aus den Angeln zu heben. Conspiration und Demagogie ist dort nicht nöthig, wo das gemeinschaftliche Ziel klar vorliegt, wo der einzige Verbündete in der geläuterten Vaterlandsliebe der Bürger, in ihrer engen Verbindung zu ernster Thätigkeit in allen Zweigen sittlicher Wirksamkeit liegt. Ich will damit keineswegs sagen, daß eine Zeit kommen werde, wo man Polen wie auf einem Präsentirteller fix und fertig von selbst anbieten werde, aber, daß die Zeit kommen wird, wo der politische Verstand der europäischen Gesellschaft die Nothwendigkeit der Wiederherstellung eines gesonderten polnischen Staatswesens nicht aus Rechtsgefühl, aber aus Interesse, was auf dasselbe hinauskommt, als unvermeidlich begreifen muß. In der Geschichte aber ist im Begriffe stets die Sache selbst involvirt.

Der Verfasser vorliegender Memoiren, der zwar principaliter die Ansichten der demokratischen Gesellschaft theilte, zu der er auch zeitweise als eifriges Mitglied gehörte, wich doch insofern von ihr ab, als er nicht alle die von dieser in Vorschlag gebrachten Mittel, zum Ziele zu gelangen, als zweckentsprechend, auch nicht alle aus jenem Principe gezogenen Consequenzen als für sein Vaterland heilsam anerkannte, war dagegen von der Ueberzeugung durchdrungen, daß man nothwendig im Lande selbst wirken, daß man dazu nicht auf irgend welche Ereignisse erst warten, sondern unverzüglich ans Werk gehen müsse. Alle seine Bemühungen, entweder allein oder in Gesellschaft von der Centralgewalt der demokratischen Gesellschaft eine Mission ins Vaterland zu erhalten, waren vergebens, besonders da er sich Freiheit bewahren wollte, nur nach eigenem Ermessen dort zu handeln und darum beschloß er, als seine Sehnsucht nach vaterländischer Luft unwiderstehlich geworden war, auf eigene Hand und mit eigenen Mitteln die gefahrvolle Bahn zu betreten. Wie es ihm dabei ergangen, welche Erfahrungen er dabei an sich und Anderen gemacht, welche Consequenzen er daraus für sein Vaterland sowohl wie für diejenigen Ländergebiete, mit denen er in Berührung kam, zu ziehen sich für berechtigt glaubte, wird der Leser aus den nachfolgenden Blättern erfahren, von deren Lectüre ich ihn vielleicht schon zu lange abgehalten habe.

Posen, im October 1861.

Inhalts-Verzeichniß.

		Seite
I.	Paris. Eine glückliche Bekanntschaft im Hospital..............	1
II.	Mein Paß. Meine Verhandlungen mit der Emigration. Vorbereitungen zur Abreise. Meine Mittel. Mein Plan.....	3
III.	Abreise von Paris. Meine Reise durch das südliche Deutschland nach Wien..	9
IV.	Von Wien nach Pest. Ankunft daselbst. Unterredung mit Kossuth..	19
V.	Reise von Pest über Erlau, Tokaj, Syhot, Trybufa und Köresmöfe (Jaßn)...	43
VI.	Fortsetzung der Reise nach Podolien über die Karpaten, Dylatyn, Kolomea, Czerniejowice, Nowoſielica, Chocim in Beſſarabien und Ankunft in Kamieniec podolski...............	65
VII.	Mein Aufenthalt in Kamieniec. Erlaubniß daselbst zu bleiben. Ich werde Lehrer der französischen Sprache. Unannehmlichkeiten in Folge meines angenommenen Characters. Damaliger Zustand dieser Provinzen. Mißbräuche der russischen Behörden..	79
VIII.	Kamieniec. Ausflucht nach Beſſarabien. Mein Geheimniß wird kundbar. Vergebliche Bemühungen der Behörde. Mir droht Gefahr. Warum ich nicht entfliehen wollte...............	106
IX.	Meine Verhaftung. Anfängliche Untersuchung. Bekenntniſſe Anderer. Albert Nitowski's und Leszczyński's Niederträchtigkeit Characterschwäche vieler meiner Mitangeklagten. Meine Geständniſſe..	120

		Seite
X.	Abreise von Kamieniec. Reise nach Kijów. Begebenheiten während derselben. Ich werde in Ketten gelegt. Ankunft in Kijów	151
XI.	Gefangenschaft in Kijów. Der Generalgubernator Bibikow	163
XII.	Die Untersuchungs-Commission. Einige meiner Collegen. Einrichtung der geheimen Polizei in Rußland	178
XIII.	Neue Aussagen gegen mich. Meine Vertheidigung dagegen. Ein Wahnsinniger. Der gefangene Czerkesse	188
XIV.	Confrontation vor der Untersuchungscommission. Was kaiserliche Gnade bedeutet. Mein Signalement. Erkenntniß gegen meine Mitangeschuldigten. Ich werde vor das Kriegsgericht gestellt und zu lebenslänglichen schweren Arbeiten in Sibirien verurtheilt	198

I.

Paris. Eine glückliche Bekanntschaft im Hospital.

Wer keine Familie und kein eigenes Haus hat, wer fremd auf fremdem Boden weilt, und wem die Mittel fehlen, sich Pflege und Wartung zu erkaufen, wenn Krankheit ihn überfällt, dem bleibt nichts anderes übrig, als die öffentliche Barmherzigkeit in einem Hospitale in Anspruch zu nehmen. Ich befand mich in einem solchen Falle und seit Wochen bereits lag ich in einer der Pariser öffentlichen Anstalten der Art, wo mich die barmherzigen Schwestern mit christlicher Liebe pflegten.

Kranke, zumal in einem Spitale durch gleiches Elend zusammengewürfelt, machen leicht und schnell mit einander Bekanntschaft. Seit einiger Zeit kam zuweilen ein Solcher, der sich jedoch ungleich wohler befand als ich, an mein Lager, um mit mir zu plaudern; sein Aeußeres war angenehm, auch schien er mir nicht ungebildet. Ich hielt ihn für einen Franzosen, doch sagte er mir, daß er nordamerikanischer Bürger sei. Aus der über meinem Lager aufgehängten Tafel, auf welcher mein Name vermerkt war, oder auch vielleicht aus dem Accent meiner französischen Aussprache schloß er ganz richtig, daß er in mir einen Polen vor sich habe. Nachdem wir einmal Bekanntschaft gemacht hatten, verkehrten wir oft und viel mit einander. Die fünfte Woche meines Aufenthalts im Spitale ging bereits zu Ende, als er eines Tages zu mir sagte: „gewiß haben sie eine große Sehnsucht nach ihrem Vaterlande „und würden ohne Zweifel, wenn sich ihnen eine Gelegenheit „dazu böte, gern dahin zurückkehren." „Die Hälfte meines Lebens

„gäbe ich dafür, wenn ich diesen Wunsch ausführen könnte; aber „es ist leider keine Aussicht dazu vorhanden, die Schwierigkeiten „sind zu groß." — „Ich sollte meinen, daß sie sich darin irren, ich „verstehe mich einigermaßen auf solche Dinge; machen sie nur, daß sie „bald gesund werden, dann wollen wir darüber weiter sprechen." — „O! sie wollen mir wohl nur Muth machen, aber ich bin sehr „ungläubig in solchen Dingen." „So werde ich sie überzeugen." — „Aber, beiläufig, haben sie Geldmittel?" „Einige Franken." — „Das ist allerdings nicht viel; doch das wird sich finden."

Mit diesen Worten verließ er mich. Die Entschiedenheit, mit welcher er gesprochen, und die Vorsicht, welche er dabei angewendet hatte, daß uns Niemand hören möchte, machte mich stutzig, — ich dachte über die mögliche Ausführung meines Wunsches nach, und fand endlich, daß die Schwierigkeiten doch wohl zu überwinden sein möchten. Ich sprang von meinem Lager auf, ging zu meinem Amerikaner und versicherte ihn, daß ich bereits vollständig hergestellt sei und daß ich das Spital in einigen Tagen verlassen könne. In der That hatten der Gedanke und die Hoffnung, welche mich ganz beherrschten, wohlthätig auf meinen Zustand eingewirkt, zumal wirklich meine Krankheit mehr ein Seelenleiden und der Körper nur in zweiter Linie davon berührt war.

Mein Amerikaner hielt meine Aufregung für fieberhaft, bat mich, seinem Versprechen volles Zutrauen zu schenken und mich einstweilen ruhig zu verhalten. Ich kehrte zu meinem Lager zurück und dankte Gott, daß er mir eine Möglichkeit eröffnet hatte, mein Vaterland vielleicht wieder zu sehen. Der Amerikaner kam jetzt öfter als gewöhnlich zu mir und fragte nach dem Zustand meiner Gesundheit, der in der That sich von Tag zu Tag so besserte, daß ich den Herrn Inspector bat, mich aus dem Spitale zu entlassen, worin er nach einigen Tagen mir willfahrte.

Trotz der zuversichtlichen Dankbarkeit, welche ich für den Unbekannten fühlte, stiegen mir doch von Zeit zu Zeit Zweifel auf. Wer weiß, dachte ich, ob nicht eine Schelmerei dahinter steckt, ob mein vermeintlicher Freund nicht vielleicht zur geheimen Polizei oder zur Gesandtschaft einer der uns feindlichen Mächte gehört, der durch ein derartiges Bubenstück auf meine Kosten sich selbst dienen will?

Ich schwankte hin und her, aber endlich siegten Hoffnung und Glaube, denn die Liebe zum Vaterlande und die Sehnsucht nach ihm warf alle Zweifel über den Haufen.

Nachdem ich aus dem Spital entlassen war, ging ich zu meinem Amerikaner, den ich jedoch bis heute noch für einen Pariser halte, und erinnerte ihn an sein Versprechen. „Sein sie nur ganz „ohne Sorgen," erwiderte er mir, „und kommen sie nach 3 oder „4 Tagen wieder, dann werden sie Alles nach Wunsch bereit fin„den; doch bitte ich 5 Franks mitzubringen. Eigentlich kostet es „mehr, aber, wie ich sehe, sind sie unbemittelt, und so mag es „damit genug sein." Ich versprach mich einzustellen und empfahl mich.

II.

Mein Paß. Meine Verhandlungen mit der Emigration. Vorbereitungen zur Abreise. Meine Mittel. Mein Plan.

Mit Hilfe dieses Amerikaners gelang es mir wirklich einen englischen Paß zu erhalten. Derselbe war auf den Namen Joseph Catharro's ausgestellt, Geburtsort: La Valette auf Malta; Alter: 36 Jahr; Gewerbe: Kaufmann.

Der Grund, weshalb ich grade diese Nationalität und die englische Unterthanenschaft wählte, lag darin, daß ich etwas italienisch verstand, und auf diese Weise die Rolle eines Italieners unter dem mächtigen englischen Schutze spielen wollte, dann zog ich einen englischen Paß jedem anderen vor, weil ein solcher den russischen und östreichischen Behörden weniger zu irgend welchem Verdacht Anlaß geben konnte als z. B. ein französischer. Ich ließ denselben nach Constantinopel deshalb ausfertigen, um jede Vermuthung über meine wahre Nationalität zu beseitigen; denn leider muß ich hier bemerken, daß manche polnische Emigranten bereits so tief gesunken waren, den Gesandschaften der uns feindlichen Höfe als Spione zu dienen und ihnen Alles zu hinterbringen, was in der Emigration sich zutrug.

Wenn irgend ein Emigrant plötzlich aus Paris verschwand, so bemühten sie sich zunächst auszuforschen, wohin er gegangen; es genügte, nur die Richtung der Reise zu wissen, um nicht selten

das Richtige zu errathen. Mithin waren meine oben erwähnten
Maaßregeln durchaus nothwendig, um jene Spione von der Spur
abzuleiten, auf die sie dennoch, wie ich später erfahren habe, ge=
rathen sind.

In Constantinopel konnte ich meinen Paß leicht gegen einen
anderen, bereits von dort datirten, umtauschen, was mir dazu be=
hülflich sein konnte, die russische Grenze ohne Verdacht zu über=
schreiten; denn von Constantinopel kann man höchstens nur die
Pest nach Rußland bringen, was nach russischen Begriffen ein weit
geringeres Uebel ist als irgend welche liberale Idee aus Paris.
Indessen mußte ich später aus finanziellen wie politischen Rücksichten
meine ursprüngliche Marschroute ändern.

So hatte ich denn einen möglich besten Paß und die ganze Welt
stand mir offen, mithin war die größte Schwierigkeit beseitigt. Jetzt
handelte es sich um die zur Reise nöthigen Geldmittel. Zu dem
Zwecke und auch, um eine Art von Auftrag an der Hand zu haben,
wandte ich mich an die Centralisation der polnischen democratischen Gesell=
schaft, welche in Versailles residirte. An ihrer Spitze stand damals,
im Jahre 1843 Theophil Wisniowski, — derselbe der zugleich mit
Kapuściński 1847 im Juli in Lemberg sein an seltenen Tugenden
reiches Leben mit dem Märtyrertode besiegelte, — Victor Helt=
mann, Joseph Wysocki, Alcyato und noch ein fünfter, dessen Namen
ich vergessen habe. Ihnen theilte ich meinen Plan mit und daß
ich entschlossen sei, denselben sofort in Ausführung zu setzen. —
Ich stieß auf Widerspruch. Man hielt meinen Schritt für unzeit=
gemäß, sagte mir, daß die Geldmittel erschöpft seien, ich mithin auf
ihre Unterstützung für jetzt in keiner Weise rechnen könnte. Ich
erklärte, daß ich darum nicht gebeten hätte, sondern vielmehr aus
eigenen Mitteln die Kosten bestreiten könne und wolle, daß ich nur
Empfehlungen und weiter nichts begehre, um, einmal im Vat=rlande
angelangt, Vertrauen erwecken zu können. Man ging darauf nicht
ein, gab mir sogar ein gewisses Mißtrauen zu erkennen, — und
das schmerzte mich tief.

Ich sagte ihnen daher offen meine Meinung und setzte ihnen
die Gründe auseinander, welche mich bestimmten, ihre Ansichten
nicht theilen zu können, daß ich nicht die Absicht hätte, weder mich in

das Großherzogthum Posen noch nach Galizien zu begeben, sondern mich vielmehr nach Reußen wenden wolle. Alles was sie mir dagegen sprachen, war für mich nicht überzeugend, so daß ich ihnen schließlich erklärte, ich würde jedenfalls und zwar auf eigene Hand reisen.

Spät Abends kehrte ich in trüber Stimmung nach Paris mit der Gewißheit zurück, daß meine einzige Hülfe bei Gott stehe.

Am folgenden Tage ging ich zur badenschen, würtembergschen, bairischen und türkischen Gesandtschaft, wo ich das erforderliche Visa ohne Schwierigkeiten erhielt. Zur östreichischen Gesandtschaft wagte ich nicht zu gehen, weil ich dort bei verschiedenen Gelegenheiten gewesen war und mithin leicht hätte wiedererkannt werden können. Vor der russischen Gesandtschaft hatte ich natürlich auch die Dreistigkeit nicht mich zu zeigen, denn obwohl man mich dort nicht kannte, so würde man doch sofort nach Petersburg gemeldet haben, daß Jemand ein Visa über Constantinopel nach Reußen erhalten. Zur Vollständigkeit der Legalität meines Passes fehlte nur noch das Visa des französischen Ministers für auswärtige Angelegenheiten; hätte ich indessen gewußt, was meiner dort harrete, so würde ich mir dennoch dieses Visa erspart haben. Der Secretair nämlich, nachdem er ein Amtssiegel auf meinen Paß gelegt hatte, druckte mit großen schwarzen Lettern hinzu: valable pour se présenter à la Police. Diese fatalen Worte machten mir viel Kopfzerbrechens. Unmöglich konnte ich mich auf der Polizei mit einem Passe, der auf einen fremden Namen ausgestellt war, präsentiren, da man mich dort sehr gut kannte, insofern ich wie jeder Emigrant allmonatlich den unglücklichen Sold, den Frankreich uns zahlte, von der Polizei empfangen hatte; aber selbst wenn man mich auch nicht erkannt hätte, so würde man doch, da mein Paß in Paris ausgestellt war, nach meinem früheren Passe gefragt haben, was nothwendig noch zu anderen Nachforschungen geführt haben würde. Keine Polizei der Welt ist so trefflich organisirt wie die französische, hätte ich mich ihr also vorgestellt, so wäre es mir unmöglich geworden, mich herauszuwickeln. Auf der anderen Seite durfte ich mich aber auch mit einem Passe, der mit jener fatalen Ordre versehen war, nicht auf den Weg machen, ohne ihr Folge geleistet zu haben. Es handelte sich also darum, auf irgend eine Weise diese Schwierigkeit zu beseitigen. Ein chemisches Mittel die Schrift auszumerzen war mir nicht bekannt, irgend Jemandem mich darin anzuvertrauen, hielt ich nicht für rathsam; ich nahm also zu dem Einfachsten meine Zuflucht, d. h. ich goß ein Dintenfaß darüber und machte dieses schwarze Meer einem zufälligen Entstehen so ähnlich wie möglich. Der Stempel blieb davon unberührt, nur die Schrift wurde gründlich und spurlos vernichtet. Die Operation war vollkommen gelungen; ich lachte über meinen Schäferwitz, war indessen nicht ganz ohne Besorgniß, ob der abscheuliche Fleck nicht etwa Verdacht erregen würde, daß etwas dahinter stecke. Doch darauf mußte ich es nun ankommen lassen.

Jetzt galt es Gelder zur Reise flüssig zu machen. Das französische Gouvernement hatte seit einiger Zeit, gewiß um sein Ausgabebudget zu verringern, die verlockende Bestimmung erlassen, daß wer von den Emigranten seinem zu erhaltenden Solde gänzlich entsage, die einmalige Unterstützung von 100 Franks erhalten solle. Ich beschloß davon Gebrauch zu machen. In meinem deshalb gestellten Gesuche gab ich vor, daß ich in Straßburg — welches ich nothwendig passiren mußte, da ich der Kürze wegen den Weg durch Deutschland und nicht den Seeweg über Marseille gewählt hatte — eine Beschäftigung erhalten hätte, die mir meine Zukunft sicherte, daß ich daher, um nicht ferner die Güte des Gouvernements zu mißbrauchen, bäte, mir die in einem solchen Falle zugesagten 100 Franks und die Erlaubniß zu gewähren, nach Straßburg übersiedeln zu dürfen. Ohne langen Verzug wurde meinem Gesuche gewillfahrt.

Alles in Allem besaß ich auf diese Weise mit Hilfe von Ersparnissen und Geschenken 150 Fr. Mit dieser Summe und zwei Pässen, jenem englischen und einem französischen auf meinen Namen machte ich mich am 5. Januar 1843 auf, um Polens Unabhängigkeit zu erkämpfen; reich und glücklich in der Hoffnung die schönsten Wünsche meiner Seele zu verwirklichen.

Ich stand allein mit meinem Plane, dessen Ausführung mit Gefahren verbunden war, die mir klar vor der Seele standen, deren Größe und Augenscheinlichkeit mich aber nicht abschreckten;

auch bangte mir nicht um mein Leben, aber um das Gelingen des Planes. Ich bedurfte dazu höherer Weihe und ich lechzte danach, denn daß „aller Weisheit Anfang die Furcht Gottes," davon war ich lange bereits überzeugt, und klar sah ich, daß derjenige, der in seinem Gewissen die Stimme der ewigen Wahrheit unterdrückt, nicht im Stande ist, sich selbst zu leiten und es daher seinerseits eine verbrecherische Anmaßung sei, in die socialen und politischen Verhältnisse einer Nation eingreifen und ihr Schicksal bestimmen zu wollen. Keine menschliche Doctrin, wenn sie nicht aus dem reinen Quell göttlicher Wahrheit entsprungen, wenn sie nicht frei ist von irdischen selbstsüchtigen Zwecken, mithin im Widerspruche steht mit den göttlichen Absichten und Wegen, abweicht von Gottes Gerechtigkeit, keine solche Doctrin, sage ich, kann in größeren oder kleineren Kreisen Segen bringen. Stellt einen Menschen auf die Probe wenn der entscheidende Augenblick des Handelns beginnt, und seht zu ob er bereit ist, sein Leben in die Schanze zu schlagen? Das kann nur der Wahnsinnige oder der göttlich Begeisterte, der durch Glauben an göttliche Zustimmung Gefeite. Nur die Liebe zu Gott läßt uns den Bruder lieben, sie allein giebt uns die Kraft für jenen freudig die größten Opfer zu bringen, nicht vor Gefahr zu erzittern, sich durch Menschen nicht schrecken zu lassen, den schmachvollsten und schmerzlichsten Tod für nichts zu achten. Ich fühlte nur zu sehr, daß ich selbst fern von dieser Vollkommenheit eines Märtyrers für eine heilige Sache war, aber zugleich auch hatte ich das ernste Streben, mich von dieser Wahrheit durchdringen zu lassen und mich für meine Mission dadurch zu stärken. Ich warf allen menschlicher Natur eigenthümlichen Ballast von mir und mich selbst ganz in die Arme der Religion und bereitete mich zu meinem schweren, wie ich meinte, letzten Gange vor. Seit 11 Jahren hatte ich die heiligen Gebräuche unserer Vorfahren vernachlässigt, jetzt an der Schwelle meines Unternehmens bedurfte ich der Stärkung durch Beobachtung derjenigen unserer Hülfsmittel, in denen meine fromme Mutter mich erzogen hatte. Der Glaube meiner Kindheit schlug zu hellen Flammen in mir wieder auf, und durch Beichte und Abendmahl weihete ich mich der ungewissen Zukunft und stärkte mich im Hinblick auf das hohe Ziel, das ich aus der reinsten

Liebe zur Aufgabe meines Lebens gemacht hatte, gegen die unvermeidlichen Gefahren.

In solchen Momenten fühlt der Mensch mehr als sonst den Zwiespalt seiner doppelten Natur. Die eine begeistert ihn gleichsam göttlich, Alles andere für nichts zu achten und nur der inneren Stimme Folge zu leisten, frei von aller menschlichen Schwäche und Besorgniß, frei von aller Anhänglichkeit für das, was diese Welt zum lieblichen Aufenthalte macht, unverrückt nur das Eine im Auge zu halten und mit aller Kraft sittlicher Anstrengung das zu erstreben, was dem Menschenleben den Stempel göttlicher Natur aufprägt, dem Rufe reiner Pflicht gehorsam zu sein bis zum Tode, zum Tode aus Nächstenliebe; die andere macht eben so ihre Rechte geltend, spricht von Selbstüberhebung, von Eitelkeit und Thorheit, nach der Märtyrerkrone zu ringen, während das eigentliche Motiv dieser Sprache doch nur Menschenfurcht und Anhänglichkeit an das Leben und seine zweifelhaften Freuden ist.

Ich habe ein Recht von diesem Seelenkampfe zu sprechen, denn ich habe ihn durchgekämpft, ich kann um so mehr davon sprechen, weil ich bekennen muß, daß ich ihm fast erlegen und von meinem Vorhaben abgeführt worden bin.

Inmitten meiner Absichten und Pläne nämlich, grade als die Zeit, sie ins Werk zu setzen, herannahte, erwachte in mir plötzlich, ich weiß selbst nicht wie, eine gewaltige leidenschaftliche Liebe, deren ich nicht immer Herr werden konnte. Wer jemals in einem ähnlichen Fall gewesen, der wird mir verzeihen, wenn ich auf Augenblicke in meinem Vorhaben schwankend geworden, eine lockende, ruhige Zukunft nicht ohne schweren Kampf gegen die voraussichtlichen Gefahren, Qualen und, wie mir es schien, unvermeidliche Märtyrerpalme aufgab.

Nachdem ich bereits Alles zu meiner Abreise vorbereitet, der Stimme meines liebvollen Herzens Schweigen geboten hatte oder wenigstens Herr meiner Gefühle geworden war, beschloß ich den ganzen 8. Januar in aller Heiterkeit zuzubringen, allen Kummer, alle Sorgen zu vergessen und Kräfte für die bevorstehenden Schwierigkeiten zu sammeln. Fast den ganzen Tag brachte ich im Kreise einer befreundeten Familie zu, der ich mit aller Anhänglichkeit ergeben war und die mir ihrerseits die unzweifelhaftesten Beweise von Freundschaft und herzlicher Zuneigung gegeben hatte.

III.

Abreise von Paris. Meine Reise durch das südliche Deutschland nach Wien.

Am 9. Januar 1843 um 7 Uhr Morgens setzte ich mich auf die Messagerie und gelangte am 11. glücklich nach Straßburg. Am Thor zeigte ich meinen französischen Paß vor. Am 12. schickte ich meine wenigen Reiseeffecten nach dem badenschen Städtchen Kehl jenseits des Rheins und ging selbst am Abend in Begleitung eines zur Zeit in Straßburg wohnenden Emigranten dorthin. Die ankommende Post brachte mich nach Rastadt, wo ich zum erstenmal wie zur Probe meinen englischen Paß vorzeigte, der sich glücklicherweise gut bewährte. Mit einer sogenannten Gelegenheit fuhr ich am folgenden Tage nach Carlsruh, von wo ich am zweiten Tage nach Stuttgart gelangte. Ich hatte keinen Grund mich irgend wo aufzuhalten, vielmehr eilte ich von innerer Unruhe getrieben vorwärts und es war kein Wunder, wenn ich die Post, die mich am folgenden Tage weiter brachte, für entsetzlich langsam hielt. Mir gegenüber saß ein walachischer Bojarensohn, der in Paris seine Studien gemacht hatte und nun über Wien und Lemberg nach der Walachei zurückkehrte. Er hieß Diamand und ich erkannte ihn sofort, da ich ihn in Versailles öfters gesehen und gesprochen hatte. Es handelte sich mir darum, von ihm nicht erkannt zu werden; als er daher bemerkte: „es scheint mir, mein Herr, als wenn ich „sie früher in Paris gesehen hätte," so entgegnete ich, daß dies allerdings möglich sei, ich mich jedoch dessen nicht entsinnen könnte. „Wie heißen sie?" „Catharro!" „O nein, dann sind sie nicht „der, den ich meine, denn der hatte einen polnischen Namen auf ski, „außerdem trug jener auch keinen Bart, aber sie sind ihm außer„ordentlich ähnlich, so daß ich mich leicht täuschen konnte." „Gewiß, „das kommt nicht selten vor, und darf man sich darüber nicht wundern." Um ihn noch sicherer zu machen, fragte ich ihn ebenfalls nach Namen und Vaterland. Wir sprachen dann noch viel und allerlei mit einander über Zweck der Reise, über Nationalitäten und endlich auch über die Walachen. Mein Reisegefährte war ein eifriger Patriot, sprach von dem verderblichen und wirksamen Einflusse Rußlands, der die Unabhängigkeit der Walachei bedrohte; klagte über den Verfall der Bedeutung seines Vaterlandes und sprach endlich von dessen ehemaliger Größe, seinem Ruhme und seiner Macht, die einst so gewaltig und den benachbarten Polen namentlich so furchtbar gewesen, daß bis zum heutigen Tage noch ein großer Buchenwald in der Walachei bestehe, der auf einem Felde gesäet und gewachsen, das durch polnische Gefangene umgepflügt worden sei. Ich wußte das, aber doch konnte ich bei dieser Ruhmredigkeit die Bemerkung nicht unterdrücken: „da mußte „eure Nation sehr feige und niederträchtig sein, wenn sie mit Kriegs„gefangenen so unmenschlich umging!" — „Und wie so feige?" „Weil dem wahren Muthe der Adel so angeboren ist, wie der „Feigheit die Grausamkeit; möglich daß ich mich für diesen Fall „darin irre; aber im Allgemeinen gilt das als Regel." Die Antwort kränkte ihn, obwohl er nichts darauf entgegnete. Bald änderte ich den Gegenstand des Gesprächs und ich suchte meine Aufwallung vergessen zu machen, um keinen Verdacht zu erregen. Uebrigens war er ein sehr angenehmer und dienstfertiger Reisegefährte.

In Ulm erinnerte ich mich an die unsterbliche Heldenthat des östreichischen Generals Mack, der ohne Kampf den Franzosen die Stadt mit 3000 Mann übergab.

Spät in der Nacht kamen wir nach Augsburg, von wo wir am folgenden Tage auf der Eisenbahn nach München fuhren. Hier trennte ich mich von meinem Reisegefährten, der einige Tage hier verweilen wollte, um Münchens Merkwürdigkeiten in Augenschein zu nehmen. Ich dagegen ging auf die Polizei um meinen Paß zu holen, den man mir am Thore abgenommen hatte. Nachdem ich dort mein Gesuch angebracht und einige Minuten gewartet hatte, kam aus einem Seitenzimmer ein etwas dicker, freundlicher Herr auf mich zu, der mich fragte: „quando volete partire, Signore, domani o postrodomani?" „Domani Signore;" — „Pe

„la diligenza?" — Si Signore!" Damit ging er wieder von bannen und ich war froh, daß ich mit meinem Italienisch fertig war, als ein dicht neben mir stehender junger Mann im reinsten Toskanischen sich zu mir wandte und mich fragte, wo ich geboren und wo ich in Italien gewesen sei, ob ich Palermo, Neapel, Rom, Florenz ꝛc. gesehen, und dergl. mehr. Ich gab ihm darauf, soviel ich vermogte, befriedigende Antworten und zwar in den möglich kürzesten Worten, um mich mit meinem Italienischen nicht zu compromittiren. Er selbst war kein Italiener, sondern Preuße, ein Tourist und Bewunderer Italiens. Ich stand wie auf Kohlen, bis ich endlich durch Entgegennahme meines visirten Passes von diesem langweiligen Schwätzer befreit wurde. Wie von der Tarantel gestochen eilte ich von dannen, denn mir war bei der Unterhaltung ganz heiß geworden, obwohl es Winterzeit und ich eben nicht sehr warm angezogen war.

Von der Polizei begab ich mich auf die östreichische Gesandtschaft um dort das nöthige Visa zur ungehinderten Durchreise durch Oestreich zu erhalten. Der Secretair richtete nur einige gleichgültige Fragen in gutem Französisch an mich, die ich ihm ohne Schwierigkeit beantwortete. Nachdem ich so die nöthigen Geschäftsgänge abgemacht hatte, sah ich mich nach einer meiner Casse angemessenen Gelegenheit um. Freilich muß man eine eben deutsche Geduld haben, um die Fahrt mit einem solchen Locomotiv auszuhalten, aber was blieb mir übrig, nolens volens mußte ich den Flügeln meiner Sehnsucht die Schwungfedern unterbinden. Ich nahm einen Platz bis Salzburg, und in deutscher Gesellschaft, mit der ich durchaus nicht verkehrte, fuhr ich am folgenden Tage gegen Mittag aus München. Während wir uns langsam dem Inn näherten, dachte ich daran wie einige Meilen südlich im schönen Tyrol auf der Feste Kufstein einige meiner Landsleute in schwerer Haft, auf verschiedene Zeit von 5—20 Jahren verurtheilt, seufzten. Wer „Meine Gefangenschaft" von Silvio Pellico gelesen hat, mithin weiß, was östreichisches hartes Gefängniß bedeutet, der wird mit der detaillirten Grausamkeit bekannt sein, mit der man dort namentlich Gefangene der gebildeten Classen raffinirt zu peinigen versteht. In trüber Stimmung erreichte ich die östreichische Grenze. Hier forderte man meinen Paß, den der Controlleur sofort als englischen erkannte und sich in schlechtem französisch mit mir in ein Gespräch einließ, über die Königin, Lord Cowley ꝛc. fragte und von mir genügende Antwort erhielt. Während dessen wurde mein Felleisen durchstöbert, worauf wir nach Salzburg hineinfuhren.

Ich war so glücklich gleich denselben Abend noch einen Landkutscher nach Wien zu finden, den ich sofort miethete. Er sagte mir, daß ich sehr bequem reisen würde, indem nur eine einzige Person noch mitfahre und daß wir früh um 4 Uhr aufbrechen könnten. Um die bestimmte Zeit fand ich mich ein und stieg in den Wagen, in dem natürlich die dickste Finsterniß herrschte. Beim Einsteigen stieß ich an Etwas und da ich glaubte, den anderen Passagier berührt zu haben, so sagte ich auf deutsch: „Guten Morgen!" erhielt indessen keine Antwort. Nach einiger Weile fragte ich wieder: „ fahren sie nach Wien?" aber da wieder keine Antwort erfolgte, so gab ich jeden weiteren Versuch zu einer Unterhaltung auf. Als der Wagen endlich sich in Bewegung setzte, begann ich mein Morgengebet zu sagen und es kam mir vor, als wenn ich ein Geräusch neben mir hörte, welches demjenigen glich, das beim Beten des Rosenkranzes verursacht wird. Dies ließ mich vermuthen, daß mein Nachbar in seine Gebete so vertieft gewesen, daß er entweder meine Fragen nicht gehört hatte oder seine Andacht nicht hatte unterbrechen wollen. Wir mochten etwa eine Stunde gefahren sein, als neben mir der äußerst eintönige, traurige und bange Gesang einer weiblichen Stimme ertönte, der auf Disharmonie der Seele und ein zerrüttetes Gemüth schließen ließ. Dieser Gesang dauerte über eine halbe Stunde und machte auf mich einen deprimirenden Eindruck. In der That befand ich mich in der Gesellschaft einer Geisteskranken. Als es Tag wurde hatte ich Gelegenheit meine Nachbarin ins Auge zu fassen. Sie war in einen dichten schwarzen Schleier gehüllt, etwa 30 Jahr alt, ihr Gesicht nicht schön aber angenehm; mit einer gewissen Eleganz gekleidet, hielt sie Rosenkranz und Gebetbuch fortwährend in den Händen. Wenn sie nicht sang, so betete sie entweder aus dem Buche oder den Rosenkranz. Ich versuchte es noch einige Mal aber immer vergebens ein Gespräch mit ihr anzuknüpfen. Endlich als ich es am wenigsten vermuthete, fragte sie mich plötzlich: „Vous etes sans doute Fran„çais." „Non, Madame, mais je viens de Paris." „Est ce „que vous parlez l'italien?" „un peu, Madame, aber darf ich „sie fragen wer sie sind?" „Ich bin aus Innsbruck, war einige „Zeit in Triest und Venedig, kehrte dann vor einigen Jahren in „meine Heimath zurück, wo mich ein großes Unglück traf," und hier begann sie zu weinen und laut zu schluchzen, dann lobte sie den Muth der Tyroler, ihre Anhänglichkeit an das Haus Habsburg, dessen Alter und Tugenden sie erhob und schwatzte allerlei ähnlichen Unsinn. Oft aber unterbrach sie sich selbst, sang oder betete, und zuweilen auch lachte oder weinte sie ohne allen äußern Grund. Nach unserer Ankunft in Linz verschwand sie plötzlich, so daß wir sie vergebens 4 Stunden hindurch suchten; der Kutscher aber wollte ohne sie nicht weiter fahren, da er noch nicht bezahlt war. Endlich fanden wir sie in einer Kirche eingeschlossen vor dem dem großen Altare knieend im innbrünstigen Gebete.

Ihr Geist war ohne Zweifel nicht im normalen Zustande, doch hatte diese Gestörtheit nichts wildes, vielmehr war Güte und Milde der vorherrschende Charakter. Sie fuhr bei keinem Armen vorbei, ohne ihm einen Almosen zuzuwerfen und für einen ermüdeten Wanderer, den der Landkutscher für die Quote, die jener anbot, nicht mitnehmen wollte, zahlte sie bis dahin, wohin er wollte, das Fahrgeld.

Am vierten Tage nach unserer Abreise von Salzburg gegen 8 Uhr Abends langten wir an den Thoren Wiens an. Hier revidirte man meine Effecten, indem man nach Tabak und Cigarren suchte, und verlangte meinen Paß. Während dieser für jeden Reisenden unangenehmen Operation sah mich der Häuptling der Steuer- und Paßofficianten mit einem so impertinent forschenden Blicke an, als ob er aus mir herauslesen wollte, was ich fühlte und dachte. Dies langweilte mich endlich, ich fand es unerträglich und fragte ihn mit einem Ton, der Unmuth wie Verachtung ausdrückte, weshalb er mich auf diese Weise fixirte? „Verzeihen's, Ew. Gnaden, schauen's „wir erwarten hier Jemanden." Endlich stieg ich wieder in den Wagen und bald fuhren wir in ein Hotel, in welches meine Reisegefährtin bei ihren häufigen Touren nach Wien, stets einzukehren pflegte. Dies Hotel lag am Ende der Judenstraße und trug das Schild: Zur Dreifaltigkeit. Hier trennte ich mich von jener Unglücklichen, wahrscheinlich für immer.

Ich sah sehr wohl ein, daß ich mit den geringen Mitteln, die mir zu Gebote standen unmöglich Constantinopel, wohin ich angeblich wollte, erreichen konnte, indessen galt Constantinopel vorläufig nur für diejenigen, die mir den Paß ertheilt hatten und welche denselben revidirten als Ziel meiner Reise, ob ich im Verlaufe der Zeit und Verhältnisse es angemessen finden würde dorthin zu gehen oder nicht, hing von Umständen ab, die heute noch nicht zu bestimmen waren.

Obwohl ich überzeugt war, daß Polen, wenn es nur gelänge in einem einmüthigen Geiste zu handeln, Mittel und Kräfte in sich selbst hinreichend besitze, um die fremde Knechtschaft abzuschütteln, obwohl ich fühlte, daß man nur in Polen selbst nachhaltig dafür wirken könne und daß in dieser Beziehung noch viel zu thun übrig wäre, bevor der entscheidende Augenblick eintrete, so war ich dennoch der Ansicht, daß in Erwägung seiner politischen Lage, in Erwägung der Wachsamkeit und des Drucks, in welcher und unter welchem es durch seine drei in gemeinschaftlichem Interesse verbündeten Feinde gehalten wurde, in Erwägung endlich, daß es ganz entwaffnet, zum Theil demoralisirt und durch den Schrecken vor den unmenschlichen Strafen, die jeder mißlungene Versuch nach sich zog, schon vor jedem Gedanken an seine Befreiung selbst sonst edle Herzen und männlicher Muth zurückbebten, in Erwägung dieser und anderer Gründe war ich der Ansicht, daß wenn auch nicht die thätige Unterstützung, so doch wenigstens die freundliche Gesinnung derjenigen seiner Nachbarn, die mit ihm ein gleiches Interesse hatten, in dem entscheidenden Augenblicke von wesentlichem Nutzen für Polen sein könnte und müßte.

Ungarn, das nachdrücklich von Oestreich die Herstellung und Unabhängigkeit verlangte, schien mir eine derjenigen Nationen zu sein, welche ihrer geographischen wie politischen Lage nach, im gegebenen Augenblicke in dieser Beziehung von höchster Bedeutung für Polen werden konnte. Ich war gewiß, daß Oestreich den Ungarn diejenigen Freiheiten gutwillig nie gewähren würde, welche sie verlangten, weil es wohl einsah, daß dann nur noch ein Schritt übrig blieb, um Ungarn von Oestreich gänzlich loszureißen, ein Schritt, der ohne Zweifel erfolgen mußte, der jedoch ohne offnen Krieg nicht gethan werden konnte. Wenn mithin Oestreich, während eines polnischen Aufstandes, mit Ungarn hinlänglich beschäftigt war, so konnte das bereits eine bedeutende Hilfe sein. Fassen wir dazu noch die geographische Lage ins Auge, die Karpaten als Operationsbasis mit freiem Rücken und freier Durchfuhr von Waffen und Munition, so ist leicht einzusehen, welche Vortheile für beide Völker, wenn sie in einem Geiste und zu einer Zeit handelnd auftraten, daraus für beide hervorgehen konnten, ja mußten. Es handelte sich mir also zunächst darum, die Ungarn von der Identität der beiderseitigen Interessen zu überzeugen.

Hatten die Ungarn dies eingesehen und waren sie im gegebenen Falle bereit, demgemäß zu handeln, so mußten in zweiter Linie der Türkei die Gefahren gezeigt werden, welche ihr von Seiten Rußlands drohten; stand Polen gegen Rußland, Ungarn gegen Oestreich in Waffen, dann mußte die Türkei Rußland den Krieg erklären, wozu es ihr an den trifftigsten Gründen nicht fehlen konnte.

So lange ich Hoffnung hatte, daß mich die Centralisation verwenden würde, so lange hatte ich nicht die Absicht mit Ungarn und Türken mich persönlich einzulassen, und wenn ich dann diese Reiseroute genommen hätte, so wäre es eben nur geschehen, um Spione und Polizei irre zu leiten. Ich würde dann von Polen aus meine Agenten nach Ungarn und der Türkei gesendet haben, und würde ich selbst nicht Einfluß genug gehabt haben, so hätte ich diese Mittel und Wege anderen wenigstens angerathen. Als indessen die Centralisation mir jede Hilfe und Mitwirkung versagte, ich mithin ganz allein und selbständig handeln mußte und konnte, hielt ich es für unbedingt nothwendig, Ungarn auf einige Zeit zu besuchen. Gelang es mir, mich mit den Ungarn in dieser Beziehung zu verständigen, so konnte ich dann vielleicht im Auftrage und in Uebereinstimmung mit den Ungarn nach Constantinopel gehen und von dort aus erst, nachdem ich dort wirksam für meine Pläne gewesen, wollte ich nach Reußen, Galizien und ins Posensche mich begeben.

Bei ehrenhaften Unternehmungen wächst dem Menschen der Muth mit den Gefahren. Hat man sich nur erst das Ziel klar vor Augen gestellt, welches man erreichen will und ist das Ziel zeitgemäß, d. h. liegt dessen Erreichung im Plane Gottes, dann finden sich die zweckdienlichen Mittel, und die Vorsehung hat den Menschen mit hinreichenden Kräften ausgerüstet, um denjenigen Standpunkt mit Würde einzunehmen, den er sich frei von allen persönlichen Interessen und mit dem ehrlichen, festen Willen erwählt hat, alle daran sich knüpfenden Verpflichtungen rücksichtslos zu erfüllen und vor keiner Gefahr, ja vor dem Tode nicht zurückzuschrecken.

Während meiner Reise durch Deutschland hatte ich mir die Pläne für meine Operationen zurecht gelegt; die Größe derselben imponirte mir zwar, aber ich erbebte nicht davor. Es war nicht Vermessenheit und Wahnsinn, was mich auf diese Bahnen trieb, nicht Selbstsucht und Ruhmgier, nein es war meine innerste Natur, es war die Natur die den Vogel zum fliegen nöthigt, weil er Flügel hat und die Luft ihn trägt, ich war auf dem Standpunkt angelangt, wo der Mensch begeistert ausruft: hier stehe ich, ich kann nicht anders, Gott helfe mir.

Mancher wird mein Unternehmen für wahnsinnige Verwegenheit eines Zwerges halten und mich auslachen. Ich gestatte ihm das gern, aber wo die Riesen schlafen gegangen sind oder Göttliches mit Menschlichem besudelt, wo sie Ehre in Schande, Ruhm in Schmach verkehrt haben, da mag man es dem Zwerge verzeihen, wenn er sich an Unternehmungen riesiger Dimensionen macht, man mag ihm den Muth nicht als Vermessenheit anrechnen, wenn er den Handschuh zum Kampfe mit einem Tiger aufnimmt, ja den Kampf selbst provocirt. Gott wird ihn nicht verlassen, wenn seine Sache gerecht ist. Und eine heiligere, gerechtere Sache giebt es für einen Menschen nicht, als sein Vaterland zu erlösen.

An ein Gelingen meiner Pläne für den Augenblick, glaubte ich nicht, doch schreckte mich das nicht ab, mein Glaube war und ist, daß wenn jeder nach dem Maaße der Kräfte, die ihm verliehen, unablässig Bausteine und Mörtel zum künftigen Bau heranbringt, doch endlich einmal der Tag erscheinen werde, erscheinen müsse, an welchem der Bau begonnen werden kann. Wie viel oder wie wenig der Einzelne dabei geleistet, darauf kommt es nicht an, wenn nur jeder seine Pflichten im heiligen Glauben redlich erfüllt hat. Viele freilich, ich verhehlte mir das nie, sind menschlichen Schwächen erlegen, sind von der Arbeit abgestanden in bangem Zweifel und in Todesfurcht, desto eifriger muß die Arbeit derjenigen vorwärts gehen, die noch ungebeugt und stolz dastehen. — Und sie geht vorwärts in dem Maaße, als die Welt vorschreitet auf dem Wege zur allseitigen unumschränkten Gerechtigkeit, als die Völker von dem Alp unerträglicher Herrschaft sich frei zu machen suchen und die Fürsten selbst in ihrer Angst um die Fortbauer ihrer elenden Wirthschaft beginnen Concessionen zu machen.

Ich hatte mich nicht getäuscht. Ich stieß auf Hindernisse, deren Beseitigung nicht von mir abhingen. Ich stand ganz allein, ohne Geldmittel, ohne irgend welche Bedeutung, namenlos, ohne vornehme Abkunft und daher ohne allen Einfluß; denn so lächerlich dies scheinen mag, so gilt selbst dieser letzte Punkt sehr viel und ist eine conditio, sine qua non noch immer in der Welt, selbst bei den edelsten Bestrebungen. Doch genug hiervon.

Die ganze Nacht gingen mir solche und ähnliche Gedanken im Kopfe herum. Gegen 10 Uhr Morgens am folgenden Tage begab ich mich mit meinem Passe auf die Polizei, um mir die Erlaubniß zu einem achttägigen Aufenthalte zu erbitten. Der Herr Commissarius, oder wer es war, der meinen Paß entgegennahm, sah mich lange von oben bis unten an, ebenso meinen Paß, den er nach allen Seiten umdrehte; — offenbar intriguirte ihn jener schwarze Fleck, den er besonders genau aber erfolglos ins Auge faßte; denn er war so vollendet gelungen, daß er dem Künstler Ehre machte. Doch fingen diese wiederholten stummen Blicke an, mich zu beunruhigen. Endlich fragte er: „warum sind Sie nicht zur „See nach Constantinopel gegangen?" — „Weil die Seereise in „dieser Jahreszeit gefährlich und kalt ist, außerdem hatte ich in „Deutschland einige Handelsgeschäfte abzumachen." Darauf richtete er noch einige nicht polizeiliche Fragen an mich, die ich ihm alle leicht beantwortete, besah dann den Paß noch einmal genau, und sagte mir schließlich, daß er mir nur drei Tage Aufenthalt gewähren könne, ohne mir weiter einen Grund dafür anzugeben. An einem andern Tische saß ein junger Mann, aus dessen Gespräch mit einem Andern ich zu meinem Erstaunen die polnische Sprache heraushörte. Mit blutendem Herzen vernahm ich diese heimatlichen Laute und beklagte Zustände, die einen Polen als Diener in die östreichische Polizeistube getrieben.

Obwohl ich meinem theuren Vaterlande, das ich vor elf in der Emigration vervegetirten Jahren verlassen hatte, so nahe war, daß ich, so zu sagen, seine Luft athmete, und obwohl eben durch diese Nähe meine Sehnsucht dahin fast zur Manie geworden, so gebot ich doch meinem Herzen und gab meinem Verstande Gehör, nicht nach Galizien, sondern nach Ungarn und zwar unverweilt aufzubrechen. Wien interessirte mich nur insofern, als zu seiner Befreiung einst auch leider polnisch Gut und Blut vergeudet worden war, was besser gegen Oestreich hätte verwendet werden können.

Wie sehr ich mich auf meiner Reise von Paris bis Wien auch eingeschränkt, indem ich nur zweimal Mittag und dreimal warmen Kaffee genossen, sonst den hungrigen Magen mit Brodt und Bier beruhigt hatte, so war meine Kasse doch fast auf die Hälfte zusammengeschmolzen, deshalb eilte ich einen billigen Lohnkutscher nach Preßburg zu engagiren. Man wies mich nach der Vorstadt, die nach jener Stadt zu lag, und dort einigte ich mich auch bald um den Fuhrlohn. Da nicht sofort angespannt wurde, so benutzte ich noch die wenige Zeit, um in einer benachbarten Schenke einzusprechen. Die große Gaststube war voller Gäste, doch interessirten mich nur drei Gestalten daselbst, die anders gekleidet besonders standen und mit ernstem Blick in das im Uebrigen fröhliche Schenkenleben hineinschauten. Ich näherte mich ihnen, um zu hören, in welcher Sprache sie mit einander verkehrten, doch sprachen sie so spärlich und so leise, daß ich mich vergebens darum bemüht hätte, wenn nicht in diesem Augenblicke eine Frau zu ihnen getreten und sie in einer dem Polnischen sehr ähnlichen Sprache angeredet hätte: „wie geht's, ihr Mähren?" Nun verstand ich Alles, was sie mit einander sprachen, aber hütete mich wohl, mit ihnen mich einzulaſſen; dachte indeſſen, wie leicht es ſein würde, wenn alle ſlaviſchen Stämme, die ſo nah mit einander verwandt ſind und faſt ein und dieſelbe Sprache reden, ſich verſtändigten, das fremde Joch abzuſchütteln. Mitten in dieſen Reflexionen meldete mir der Kutſcher, daß der Wagen zum Beſteigen bereit ſei.

IV.

Von Wien nach Peſt. Ankunft daſelbſt. Unterredung mit Koſſuth.

Die Nacht brach ſchon faſt herein, als ich Wien verließ. Der Wagen war ein einfaches Leitergeſtell, auf das man zum Sitzen einige Bund Stroh gelegt hatte, denn an der Grenze Deutſchlands muß man von Bequemlichkeit, Federbetten und Bier Abſchied nehmen. Es war eine kalte Regennacht. Wir ſchleppten uns langſam vorwärts bis bald nach Mitternacht der Bruch einer Axe uns nöthigte, in einer am Wege gelegenen Schenke zu nächtigen, wo wir die blanke Erde und einige Tiſche und Bänke als Hausgeräth und Ameublement fanden. Am Boden und auf Tiſch und Bänken lagen lang ausgeſtreckt im tiefen Schlafe zehn und mehr Menſchen. So manche Nacht hatte ich in unſerer Ukraine ähnlich zugebracht und ohne mich lange zu beſinnen, machte ich es wie jene, ſtreckte mich auf eine noch leere Bank und ſchlummerte bis zum Morgen. Unſer Fuhrmann, deſſen Nationalität mir zweifelhaft blieb, hatte unterdeſſen unſere Equipage mit Hülfe einer ſtarken Stange halbwegs practicabel gemacht, ſo daß wir unſere Fahrt wieder beginnen konnten. Gegen 10 Uhr Vormittags kamen wir an die ungariſche Grenze, wo die gewöhnlich an Grenzen ſtattfindenden Ceremonien mit uns vorgenommen wurden. Die Phyſiognomieen der Grenzbeamten frappirten mich, die Schönheit ihres Wuchſes, die Eleganz ihrer Bewegung, ihr mit Würde verbundener Anſtand, wie ihre höflichen Formen bildeten einen angenehmen Gegenſatz gegen das Benehmen der franzöſiſchen und deutſchen Douaniers, ſo daß ich ſchon daran gewahrte, daß ich von dem civiliſirten Europa Abſchied genommen und an den Pforten der Barbarei angelangt ſei.

Bald erblickte ich Preßburg, das sich am Fuße einer nicht unbedeutenden Landhöhe am linken Donau-Ufer hinzieht und mit seinen weißen Häusern mir wiederum lebhaft meine liebliche Ukraine und mit ihr meine dort verlebte Jugendzeit mit ihren Freuden und Leiden vor die Seele führte.

„Schauen's, da h'aan mer die Reis' gemacht!" sagte mein Fuhrmann, indem er im Angesicht Preßburgs, aber am rechten Donau-Ufer anhielt. „Aber ich habe ja bis Preßburg verdungen." „Na schauen's, da hoan's es ja, jetzt steigen's in e Kahn und fahren nüber!" Es war nichts zu thun, ich bezahlte, nahm meine sieben Sachen und ließ mich hinübersetzen. Die Stadt war, ich weiß nicht aus welchem Grunde, ungemein öde — hin und wieder nur sah man einen Menschen — und glich in ihrem ganzen Wesen mehr einem großen Dorfe als einer Stadt. Da es erst Mittag war, so beschloß ich gleich weiterzureisen. Wen ich nur traf, den fragte ich, wo man wohl eine Gelegenheit nach Pest oder wenigstens nach Komorn finden könnte. Nicht alle verstanden mich, wenn ich sie deutsch anredete und diejenigen, die mich verstanden, gaben mir verschiedene Anweisungen, einen Fuhrmann ausfindig zu machen, im Allgemeinen aber zweifelte man, daß ich überhaupt heute einen solchen finden würde. Um keine Zeit zu verlieren, entschloß ich mich zu Fuß weiter zu wandern. Als ich mich nun nach dem Wege erkundigte, wies mich der Eine auf das rechte, der Andere auf das linke Ufer der Donau, bis sich endlich Jemand fand, der darüber genauere Auskunft geben konnte, daß man auf beiden Wegen nach Komorn gelangen könne. Da ich einmal auf dem linken Ufer war, so zögerte ich nicht lange, warf mein Felleisen über die Schulter und wanderte an einem mächtigen Stabe auf der breiten Straße vorwärts.

Einsame Wanderungen habe ich immer lieb gehabt, ging doch die ganze schöne Natur mit mir, und ich konnte ungestört meinen Gedanken freien Lauf lassen. Schnellen Schritts eilte ich bis in die späte Nacht und trat endlich in eine Schenke am Wege, um dort zu nächtigen. Der Wirth war ein Magyar. Ich machte ihm begreiflich, daß ich Nachtquartier begehrte, das er mir auch nach Durchsicht meines Passes bewilligte, indem er mir einen

Winkel im Zimmer an der blanken Erde anwies. Auf meinen Wunsche brachte er mir einiges Stroh, und ich streckte mich nieder, legte als Kopfkissen mein Felleisen unter, deckte mich mit Rock und Frack zu und schlief ganz prächtig ein; indessen wachte ich oft auf, denn ich lag hart und kalt und deshalb stand ich auch schon vor Tage auf und wanderte flüchtigen Schrittes weiter, um mich zu erwärmen.

Der Anblick der Dörfer und Häuser, welche den polnischen und besonders denjenigen in Reußen so ähnlich sind, deren Gehöfte größeren Umfangs und geschmackvollerer Bauart zeigen, daß dort der Besitzer oder Pächter wohnt; die ebenso wie bei uns gebauten mit Vieh reichlich versehenen Stallgebäude; jene Wuth der in jedem Dorfe massenweise vorhandenen und auf den Wanderer hervorstürzenden Hunde, die derselbe Mühe hat sich mit seinem guten Stock vom Leibe zu halten, um einen freien Durchgang zu schaffen; die Einfachheit der Sitten und Gewohnheiten der Bewohner, ihre rauhe Außenseite, die frische Gesundheit, die sich auf ihren Wangen malt, ihr schlichter Anzug aus Tuch oder Pelz, jene dreiste ungeschminkte Freundlichkeit, die bilderreiche Ausdrucksweise, die sie den Bewohnern Polens und noch mehr denjenigen Podoliens, Volhyniens und der Ukraine so ähnlich macht, kurz Alles, Alles machte auf mich einen so heimathlichen Eindruck, daß ich sofort Ungarn und seine Bewohner lieb gewann.

In der That tritt die Eigenthümlichkeit Ungarns im Vergleich mit dem westlichen Europa sofort beim Eintritt in dasselbe deutlich hervor. Alles ist hier anders von der Physiognomie des Landes ab bis zu derjenigen der Einwohner und der Stufe ihrer Bildung. Es scheint, als ob die Civilisation des Westens hier noch keinen Einfluß, namentlich auf die Masse des Volkes geübt hätte. Sonderbarerweise verschwand der Schnee, der von Paris bis Wien auf der Reise, wenn auch nur in sehr dünner Schicht, mich begleitet hatte, unmittelbar hinter Wien, was den Unterschied zwischen dem Westen und Ungarn noch frappanter hervortreten ließ. Die Landerhebung, die an der Grenze bei Preßburg hervortritt und sich an der Donau entlang zieht, die weiten darum sich lagernden Ebenen, hin und wieder von einzelnen Hügeln unterbrochen waren, schon damals mit einem dem Auge wohlthätigen Grün bedeckt.

Gegen Abend kam ich in ein kothiges Dorf, eine Eigenschaft, an der hier alle Dörfer ganz so wie in meinem Vaterlande participiren, wo ich bei einem Juden in Gesellschaft eines Moraven, Kroaten und Slavaken nächtigte. Ich verstand fast Alles, was diese unter einander sprachen, doch verkehrte ich nur deutsch mit ihnen. In der Nacht war Schnee gefallen, Alles hatte einen mehr winterlichen Charakter angenommen, die Luft war ziemlich frisch, so daß ich, nachdem ich wohl eine gute Meile gewandert, das Bedürfniß fühlte, etwas Warmes zu genießen. Ich ging in einen Krug, den ich am Wege fand, der aber weder Thüren noch Fenster, nur Oeffnungen für beide hatte, durch welche der Schnee haufenweise hineingeweht war. In diese Wüste trat ich hinein, sah mich um und gewahrte endlich in der Tiefe eine Thüre, an die ich zu klopfen begann. Ich klopfte lange und heftig, bevor sich dieselbe öffnete, und als ich hineintreten wollte, drang mir aus der mit Juden, Weibern und Kindern angefüllten kleinen Stube ein so penetranter Gestank in die Nase, daß ich mich schleunigst zurückzog, in einem nach allen Windrichtungen offenen Zimmer schnell ein Glas schlechten dicken Weins trank, dazu etwas, was man Semmel nannte, aß und dann ungehalten über die Täuschung, die mein armer Magen erfahren hatte, wie über den Schmutz der Juden meine Straße fürder wanderte. Der Schnee schmolz vor den erwärmenden Strahlen der Sonne und ich hatte in dem fetten, schwarzen Boden einen höchst ermüdenden und beschwerlichen Gang. Am schwierigsten war die Passage durch die Dörfer, wo ich wörtlich nicht ging, sondern mich vorwärts schleppte, indem ich bis über die Knöchel, ja zuweilen bis an die Knice in dicken Koth versank, wo ich Gefahr lief meine Stiefeln zu verlieren.

Was Wege und Brücken in Ungarn anbetrifft, so zweifle ich, daß sich je eine Administration damit beschäftigt hat oder daß man selbst eine solche dem Namen nach kennt, denn beide sind in einem unbeschreiblich schlechten Zustande. Endlich gelangte ich zu einem geräumigen und ordentlich gebauten Wirthshause. Ich traf dort eine Menge Reisender verschieden an Stand, Gewerbe und

Bildung, doch meistens Landleute und Handwerker. Darunter befand sich ein bereits ältlicher Mann von Achtung gebietender Gestalt, gekleidet in einen sogenannten Attila, mit ernstem Gesicht und einer Decoration am Rocke. Wir näherten uns einander und begannen theils italienisch, theils latein, theils deutsch mit einander zu sprechen. Jeder nur einigermaßen gebildete Ungar spricht unbezweifelt stets mehrere Sprachen und latein sprechen sogar viele Landleute, was darin seinen Grund hat, daß in Ungarn die Geistlichen verpflichtet sind, die Kinder lesen und schreiben zu lehren, was merkwürdigerweise gewöhnlich in der lateinischen Sprache geschieht. Mein Magyar war ein ehemaliger Militär, der in der napoleonischen Zeit viele Länder Europas gesehen hatte, und nun nach seiner Entlassung auf seiner Hufe saß. Er gab mir viel Aufklärung über seine Landsleute, über die Bestrebungen derselben, allen Bewohnern Ungarns ihre Sprache aufzudrängen, über den Haß, der dadurch zwischen den Magyaren, deren Zahl sich nur auf vier Millionen belaufe, und den Slaven ausgebrochen, deren doppelt so viel seien; über die verschiedene Abstammung der Bevölkerung, die Verschiedenheit ihrer politischen Tendenzen, ihrer Sympathien und Antipathien, was Alles als schwer zu überwindende Hindernisse sich dem entgegenstelle, um vom Kaiser das zu erhalten, wonach die Magyaren strebten, nämlich die Anerkennung der besonderen Magyarischen Nationalität, eine fast gänzliche, nur durch eine Personal-Union mit den Habsburgern verbundene, Unabhängigkeit und Selbständigkeit. Schließlich sagte er mir noch, wohin ich mich nach meiner Ankunft in Pest zu wenden hätte, um mich in den Journalen als französischer Sprachlehrer, als welchen ich mich ihm vorstellte, bekannt zu machen.

Wir übernachteten nach ungarischer allgemein angenommener Sitte auf einer am Boden ausgebreiteten Streu und Jeder reiste am folgenden Morgen seiner Bestimmung nach weiter. Ich ging mit einem jungen Stellmacher, der nach Komorn wanderte und der mir am Abende vorher bereits seine Begleitung angeboten hatte, obwohl mir daran gar nichts weiter gelegen war, ich vielmehr weit lieber allein gegangen wäre. Vom frühen Morgen ab war bereits ein dichter Regen gefallen, der ununterbrochen andauerte, so daß mein Stellmacher meinte, daß es wohl gerathen sein möchte, das Aufhören des Regens ruhig abzuwarten. Ich freute mich der Gelegenheit, seiner Gesellschaft los zu werden, spannte meinen Regenschirm auf und wanderte vorwärts, doch mein Gefährte, durch mein Beispiel beschämt, nahm ebenfalls sein Handwerkszeug über die Schultern und folgte mir trotz Sturm und Regen; später dankte er mir, daß ich ihm nicht gestattet hatte, einen Tag zu versäumen, und war mir seinerseits sehr nützlich. Er lehrte mich wie man auf ungarisch sagen müsse um für einen Groschen Brod und für einen Groschen Wein zu fordern: — ecz garusz kenich, ecz garusz bor und viele andere Ausdrücke, die ich bereits vergessen habe. Obwohl es stark regnete und ein bodenloser Koth war, so ging die Reise doch munter vorwärts, denn ich war guten Humors, da ich mich bereits nicht mehr fern von Pest, einem Hauptpunkte für meine Operationen wußte. Obwohl mein decorirter Magyar mich aus meiner Täuschung über ungarische Zustände gerissen hatte, so konnte ich doch nicht alles glauben, was er mir gesagt hatte, hielt es zum Theil für Uebertreibung und behielt die Hoffnung, daß die Zustände nicht so schwarz sein möchten, wie er sie geschildert, eine Hoffnung, die leider bald verschwinden sollte. Wir sind gewöhnlich gegen Erfahrungen Anderer mißtrauisch und halten unsere theoretische Ueberzeugung für die richtigere, deshalb verfehlen wir gewöhnlich unser Ziel und werden dann erst vorsichtiger und horchen auf die Erfahrungen Anderer.

Durchnäßt bis auf die Haut kamen wir gegen Abend nach Komorn am linken Ufer der Donau. Die Stadt ist nicht schlecht gebaut, sogar gepflastert und dabei eine der stärksten Festungen Ungarns, an deren Restaurirung man eben beschäftigt war. Mein Gefährte gehörte als Stellmacher zur Innung seines Gewerks und ging daher mit mir zu dem Vorsteher derselben. Wir fanden ein ordentliches, warmes und bequemes Haus. Der Wirth war von Geburt ein Deutscher, seine Frau magyarisch, sie nahmen mich freundlich und zuvorkommend auf, erlaubten mir zu nächtigen, mich umzukleiden und meine Sachen zu trocknen, welcher letzteren Operation die Wirthin selbst so gütig war sich zu unterziehen. Mein Abendbrod aß ich mit vielem Appetit. Nach demselben proponirte mir der Wirth eine Partie Mariage zu machen. Glücklicherweise war dies grade das einzige Spiel, das ich kannte und das mich mein Vater noch gelehrt hatte. Wir setzten uns unserer vier zum Spiele: der Wirth, zwei junge Mädchen und ich. Zu meinem großen Erstaunen zählte eines derselben fließend lateinisch: duo, sex, sedecim, viginti ꝛc. Während wir so uns amüsirten, vergaß man nicht, alles mögliche zu thun, um einen Fuhrmann für mich nach Pest aufzufinden, denn außerdem, daß mich die Fußwanderung in dieser Jahreszeit und in dem schweren Wege einigermaßen ermüdet hatte, so wollte ich auch so schnell als möglich nach Pest kommen. Endlich kam ein junger Magyar angethan mit einem Pelze, auf dem allerlei buntes Schnurwerk angebracht war, wie das so in Ungarn Mode ist, der mich zu einem Fuhrmann begleiten sollte, mit dem er selbst auch beabsichtigte nach Pest zu reisen. Obwohl er im Latein nicht sehr geläufig war, so wiederholte er mir doch, um mich seiner Zuneigung zu versichern, fortwährend den Ausdruck: amice.

Nach einer ausgezeichnet gut und warm durchschlafenen Nacht erwachte ich wie neu geboren. Die vortreffliche Wirthin brachte mir ein schäumendes Glas Wein und einen schmackhaften Imbiß, wofür sie eben so wenig wie für Abendbrodt und Nachtquartier etwas annehmen wollte. Mittlerweile kam mein amicus, um mich zu holen und mit dankbarem Herzen nahm ich von meinen braven Wirthsleuten Abschied. Wir setzten auf das rechte Donauufer nach einer Art Vorstadt über, wo die Fuhre auf uns warten sollte. Da dieselbe indessen noch nicht zur Hand war, so bat mich mein amicus hier zu warten, während er selbst gehen wollte, um die Sache zu beschleunigen. Ueber zwei Stunden hatte ich bereits gewartet und beschloß endlich, um die Zeit nicht unnöthigerweise zu versäumen, meinen amicus, den ich mittlerweile schon wiederholentlich in die Hölle gewünscht hatte, nicht abzuwarten, sondern zu Fuß aufzubrechen, als ich von Ferne: „amice, amice!" rufen hörte, und den Rufenden bereits mit dem Wagen kommen sah, der sogar mit einem starken Leinwandplan überdeckt war, was in Ungarn immer für eine Act exquisiten Luxusses gelten kann. Außer meinem amicus fuhren noch zwei Magyaren mit, von denen der eine bereits bejahrt, corpulent und ein fanatischer Anhänger des Hauses Habsburg war, dessen Genealogie er am Schnürchen hatte, und deren Alterthum ihm namentlich höchst verehrungswürdig erschien. Der andere Begleiter war jung, angenehm und mehr republikanisch und antiöstreichisch gesinnt. Die ganze Reise hindurch waren sie in fortwährendem Streite, der theils magyarisch theils deutsch geführt wurde, bei dem indessen nichts herauskam, indem Keiner den Anderen überzeugte, und schließlich jeder bei der Behauptung blieb, von welcher er ausgegangen war.

Ein Paar tüchtiger Pferde schaffte uns schnell über einen abscheulichen Weg, auf dem stellenweise Knüppel lagen, um ihn nicht bodenlos werden zu lassen. Der Wagen stieß bei der im ganzen schnellen Fahrt unbarmherzig, aber ich ertrug das ganz gern, da ich schnell vorwärts kam. Wir nächtigten in einem Gasthause, das sogar Fremdenzimmer und Betten hatte, was schon andeutete, daß wir uns der Hauptstadt des Landes näherten. Indessen ließ ich mich durch diese verlockenden Bequemlichkeiten nicht verführen, sondern streckte mich mit dem jüngeren Republikaner auf die Streu an der Erde.

Am folgenden Tage, d. h. am 27. Januar, kamen wir beim Sommerpalais des Palatin von Ungarn vorbei, und schon spät am Abende nach Buda, deutsch Ofen. Die schwimmende Brücke, welche sonst Buda mit Pest verbindet, war abgefahren, und ich mußte lange suchen, bevor ich einen Fährmann fand. Mein amicus war spurlos verschwunden, ich machte mich also mit dem jungen Republikaner und noch einigen anderen Passagieren auf und nach einer ziemlich langen und nicht gefahrlosen Fahrt kamen wir über die hier schon ziemlich breite und tiefe Donau. Als wir die Straßen Pest's durchschritten, lobte mir mein junger Republikaner mit Begeisterung ihre Pracht und Herrlichkeit, die Breite der Straßen, den Reichthum der Läden, die Architektur der Häuser ꝛc., und wenn ich wegen der Dunkelheit der Nacht und der schlechten Straßenbeleuchtung das Alles nicht beurtheilen konnte, so war ich wenigstens über den Patriotismus des jungen Mannes erfreut, der in seinem Vaterlande alles schön und gut und unvergleichlich fand. Ich liebe und ehre den Patriotism, die Anhänglichkeit an sein Heimathland in jedem Menschen, selbst wenn er darin von Vorurtheilen befangen sein sollte, denn die Liebe zum Vaterlande ist der Boden auf dem jede höhere Tugend gedeiht, und ich verachte von Grund der Seele das gerühmte: ubi bene, ibi patria.

Das Hotel, in das wir endlich einkehrten, führte einen rothen Ochsen zum Schilde. Ich fand dort eine Menge polnischer Bergbewohner aus den Karpaten, wenigstens waren sie in Kleidung und Sprache jenen ähnlich. Sie waren mit Wolle oder Getreide gekommen. Es that meinem Herzen und Ohre wohl, ihren Gesprächen, jenem lieblichen Klange der polnischen Sprache, zu lauschen, einer Sprache, die, wie der Dichter sagt, aus liebendem Herzen entsprossen; ich freute mich ihrer Heiterkeit und ihres feinen Witzes, der einen scharfen Gegensatz zu ihrer rohen ärmlichen Kleidung bildete, die aus einem knappen Schafpelz und ledernen wie auf den nackten Leib genähten Beinkleidern bestand.

Gern hätte ich an ihrer Unterhaltung Theil genommen, allein auf die Folgen bedacht, die eine solche Unbesonnenheit leicht hätte haben können, zog ich es vor, den stummen Beobachter zu spielen, obwohl es mir manchmal Mühe machte, das Lachen zu unterdrücken. — Hier aß ich zum ersten Mal ein ungarisches Gericht, gulasz genannt. Dasselbe besteht aus klein geschnittenem Fleische, das mit reinem Wasser und Salz abgekocht wird; die so zusammengekochte Masse, in der nur einige Stückchen Fleisch ganz bleiben, wird dann auf Teller gegossen, worauf sich jeder nach Belieben Pfeffer und Ingwer dazuthut. Gulasz ist die gewöhnliche Speise des gemeinen Volkes. Ist das Fleisch frisch und das Wasser, in welchem es gekocht wird, mit Gemüse und Gewürz versehen, dann ist das Ganze eine wohlschmeckende Speise, wird es aber von bereits gekochtem Fleische bereitet, so ist es ganz geschmacklos, man mag noch soviel Pfeffer und Ingwer dazu thun. Eine zweite in Ungarn allgemein beliebte Speise ist der Speck, ohne welchen kein Magyar leben kann. Einen besonders feinen Geschmack aber soll der Speck erhalten, wenn man trockenen Meerrettig ohne Essig hinzuthut; ich habe diese Speise ebenfalls gekostet, habe sie indessen o antieuropäisch gefunden, daß ich allen Respekt vor einem zweiten Versuche bekam.

Nach dem Abendbrodt legte ich mich auf die Streu. Mein Republikaner und die Bergbewohner schnarchten bald in festem Schlafe, aber ich drehte mich trotz meiner Müdigkeit lange lange von einer Seite zur andern, ohne rechten Schlaf finden zu können; denn mir ging zu viel im Kopfe herum. Jetzt wo ich auf dem Punkte angekommen war, wo meine ersten Operationen für die Zukunft beginnen sollten, war ich bei der gänzlichen Unbekanntschaft mit Ort, Verhältnissen und Menschen zweifelhaft, wie am besten anzufangen wäre; ich faßte diesen und jenen Gedanken, aber verwarf sie auch sogleich wieder, bis mir endlich der Vorschlag und Rath meines decorirten Magyaren ins Gedächtniß kam und ich beschloß ihm Folge zu leisten. Damit schlief ich ein.

Am folgenden Morgen nahm ich Abschied von meinem Republikaner, der sich weiter auf die Reise machte, und ging zunächst auf die Polizei, um meinen Paß vorzuzeigen und die Erlaubniß zu einem vierwöchentlichen Aufenthalte nachzusuchen, was mir auch sofort gewährt wurde. Gott sei Dank! der Anfang war günstig. Ich verlor keine Zeit und ging sofort auf das mir von meinem Decorirten nachgewiesene Bureau, und gegen eine geringe Vergütigung wurde ich als Lehrer der französischen Sprache öffentlich bekannt gemacht und das Publikum für mich um Beschäftigung ersucht.

Wenn ich die wirkliche Absicht gehabt hätte, nur Lehrer zu sein, so würde ich trotz der Geringschätzung und Abneigung, welche die Magyaren gegen die Franzosen, als ein leichtsinniges und unbeständiges Volk haben, wohl Beschäftigung und mein gutes Auskommen gefunden haben, aber da ich den Titel eines Sprachlehrers nur als Vorwand gebrauchte, um meine besonderen Pläne verfolgen zu können, so durfte ich natürlich keine anderen Verbindlichkeiten übernehmen, die mir in meinem eigentlichen Vorhaben leicht hätten hinderlich werden können. Ich mußte also alle diejenigen, die sich in Folge meiner Ankündigung wegen Unterrichts an mich wendeten, durch allerlei Gründe, die mich angeblich verhinderten, auf ihre Bedingungen und Wünsche einzugehen, abweisen. Wenn ich mich indessen auch auf nichts der Art einließ, so benutzte ich meine Stellung doch insofern, als ich durch Bekanntschaft mit einer

Menge von Menschen verschiedenen Standes mich so unmerklich als möglich über die Zustände Ungarns zu orientiren suchte.

Bevor ich jedoch darüber Näheres mittheile, will ich den Leser zunächst mit den Städten Pest und Ofen bekannt machen.

Pest ist eine für Ungarn umfangreiche, große, sehr bevölkerte Stadt, zum großen Theile, namentlich an der Donauseite, mit schön construirten Gebäuden geschmückt, unter denen sich in der Mitte der Stadt besonders der Palast des Grafen Karoli auszeichnet. Die Stadt liegt am linken Donauufer auf einer weiten Ebene, welche der Ausdehnung jener keine Grenzen steckt. Die Straßen sind breit und gepflastert, die öffentlichen Plätze oder Ringe umfangreich. Man findet daselbst einige sehr gut eingerichtete Caffeehäuser, reich ausgestattete, glänzende Kaufmannsläden, höhere Schulen und einige katholische und reformirte Kirchen, welche sich zwar durch keine besondere Architektur auszeichnen, dennoch aber nicht unansehnlich sind. Mit Recht nennt sich Pest die Hauptstadt Ungarns. Ihr gegenüber auf der anderen Seite der Donau liegt Buda (Ofen), schlecht und ohne Plan an dem sich zu einer Anhöhe erhebenden Ufer gebaut. Das Schloß selbst, einst die Residenz der ungarischen Könige, heute dem jedesmaligen Palatin zum Wohnsitz angewiesen, liegt auf einer länglichen, gegen die Donau ziemlich steil abfallenden ansehnlichen Anhöhe, welche rechtwinklich zur Donau gerichtet, die Stadt in zwei gleiche Theile scheidet. Diese ganze Anhöhe mit dem Schlosse, das weder durch Architectur noch Größenverhältnisse ausgezeichnet ist, und vielen Privathäusern, die sich daran lehnen, ist mit einer Mauer umgeben, welche an der inneren Seite schattige Promenaden bietet. Im Mittelalter mogte diese Festung wohl widerstandsfähig sein, heute aber ist sie nicht im Stande einen Kugelregen von den sie in einem Halbkreise umringenden und sie beherrschenden Anhöhen, lange auszuhalten.

Auf dem höchsten der Buda umgebenden Berge, der, wenn man von Pest aus dahin schaut, links nach der Donau abfällt, befand sich ein Observatorium; dicht dabei Golgatha. Steigt man von hier zur Stadt hinab, findet man die sogenannten Stationen des Leidens Christi in ziemlich sorgfältiger Malerei oder schlechten Holzreliefs. Die Lage Buda's ist herrlich, die Aussicht auf Pest und

und die weite dieses umgebende Ebne jenseit der Donau wahrhaft schön, nach der anderen Seite aber durch Berge verdeckt. Unmittelbar unter dem Schlosse befindet sich nach der Donauseite das Staatsgefängniß, in welchem Kossuth, der während meines Aufenthalts in Pest erster Redacteur der ungarischen Zeitung war, sehr lange gesessen, viel gelitten und seine Gesundheit dermaßen ruinirt hatte, daß er heute noch daran leidet. Beide Städte Pest und Buda sind, wie oben bemerkt wurde, durch eine schwimmende Brücke verbunden, die im Winter immer abgefahren wird und bald nach meiner Ankunft in Pest wieder hergestellt wurde. Während meiner Anwesenheit begann man auch etwas stromaufwärts eine neue stehende Brücke zu bauen. Die Materialien dazu waren bereits vorbereitet und angefahren, große Granitblöcke lagen behauen am Ufer und zwei enorme Pfeiler, auf welche sich die Drahtbrücke stützen sollte, standen bereits in der Donau.

Im Verlaufe der Zeit lernte ich die ungarischen Zustände nach allen Seiten hin kennen, und je tiefer ich in dieser Beziehung blickte, desto mehr überzeugte ich mich, daß auf eine wirksame Hülfe für Polen von dieser Seite nicht zu rechnen sei, und daß ich mich vollständig im Irrthume darüber befunden hatte. Eine Reform zu Gunsten der magyarischen Nationalität, an deren Spitze Kossuth stand, wurde mit aller Energie, ja mit dem allen Sectirern eigenen Fanatismus betrieben. Die Magyaren befanden sich zwar gegen die übrige Bevölkerung in bedeutender Minorität, besaßen aber entschieden mehr Energie, Selbstbewußtsein und Selbständigkeit des Characters, waren stolz auf ihre Abkunft von Eroberern, stolz auf die Macht, die sie von Geschlecht zu Geschlecht besessen hatten, waren unfähig ihre große Vergangenheit jemals zu vergessen, und fühlten sich nach Herkunft und politisch=socialer Bildung und Stellung höher und berechtigter, als die viel zahlreicheren Slaven, in deren Mitte ihre Vorfahren einst als Sieger sich niedergelassen und die sie im Allgemeinen bisher beherrscht hatten, dabei begriffen sie weder die Anforderungen der Zeit noch die veränderten Verhältnisse, die eben im Verlaufe der bildenden Zeit zwischen ihnen und den Slaven sich gestaltet hatten, und geblendet durch die Ueberschätzung ihrer eigenen Macht und jedes Gefühls der Gerechtigkeit für ihre weit zahlreicheren slavischen Landesgenossen baar konnten oder wollten sie dieselben vielleicht nicht begreifen.

Bei politischen Reformen und Revolutionen kann man nicht umsichtig genug sein, vor Allem aber muß man an seine eigenen Kräfte den richtigen Maaßstab legen und sie gegen die Schwierigkeiten und Hindernisse, welche zu überwinden sind, abwägen, dann müssen aber auch diese Hindernisse auf das möglichst geringste Maaß reducirt werden. Die Magyaren thaten grade das Gegentheil, obwohl ihnen die Umstände bei ruhiger, gerechter Prüfung unzweifelhaft günstig gewesen wären. Ihr Ziel war ein doppeltes, und zwar ein principiell sich widersprechendes. Sie hatten zunächst das ganz gerechte und gerechtfertigte Verlangen der Anerkennung vollständiger nationaler Autonomie von Seiten des Kaisers von Oestreich, mit welchem Ungarn eben nur in so weit in Verbindung bleiben sollte, als der Kaiser von Oestreich zugleich ungarischer, constitutioneller König wäre, dem ohne vom ungarischen Landtage ertheilte Vollmacht keine Competenz in irgend welcher Beziehung zustände. Dabei aber wollten sie gleichzeitig und in zweiter Linie allen Einwohnern Ungarns die ungarische Sprache als allgemein geltende Landes- und Hoheitssprache aufzwängen, eine Ungerechtigkeit, mithin eine Thorheit, wogegen sich die Slaven natürlich mit aller Gewalt sträubten.

Die Magyaren überschätzten jedenfalls ihre Kräfte und mußten natürlich im Kampfe mit solchen doppelten Hindernissen erliegen, denn so gerecht die erste Forderung war und möglicherweise in umsichtiger Benutzung aller zu Gebote stehenden Mittel hätte durchgesetzt werden können, so lag eben in der zweiten, die entschieden ungerecht war, der Grund, woran die erste scheitern mußte.

Sei dem wie ihm wolle, die Magyaren verlangten damals von Oestreich, daß die ungarische Armee unter lediglich ungarischen Führern in Ungarn stehen sollte, daß die ganze Administration des Landes nur ungarischen Händen anvertraut würde; daß die ungarische als die Nationalsprache angesehen sein, in den Schulen, Kirchen und der Administration allein gelten sollte, daß niemand, der diese Sprache nicht vollständig besäße, zu irgend einem Amte im Lande zugelassen werden sollte und dergl. Diese letzte Forderung paralyfirte Alles, denn fast in derselben Zeit begannen die Slaven, als Urbewohner des Landes und an Zahl bei weitem den Magyaren überlegen, ebenfalls ihre Nationalität zu pflegen, und, eingedenk ihrer früherer Größe und Herrschaft, zu verlangen, daß ihre Sprache in ganz Ungarn in unbeschränkte Anwendung komme.

Dieser Umstand wurde von Oestreich geschickt ausgebeutet, insofern er gelegentlich zu einem Bürgerkriege führen konnte. Der Haß dieser beiden Nationalitäten ging so weit, daß sich die zahlreiche lernende Jugend in Pest in zwei entschieden feindliche Ungarn- und Slavenparteien theilte, welche ihre besonderen Versammlungspuncte, Caffeehäuser ꝛc. hatten. Der Anhänger der Slaven sprach mit dem Magyaren nicht, und die Magyaren ihrerseits klagten über die Slaven, daß ihnen der Geist für Unabhängigkeit fehle, daß sie moralisch verkommen und die östreichische Sklaverei der Freiheit vorzögen. Die Slaven dagegen warfen den Magyaren vor, daß sie als eine später als sie ins Land gekommene Nation ihnen mit Gewalt ihre fremde Nationalität aufdrängen wollten, während sie für die gefundene Gastfreundschaft dankbar mit ihnen in einen politischen Körper übergehen sollten.

Dazu kam eine dritte deutsche oder östreichische Partei, welche durchaus nur die deutsche Sprache in allen amtlichen Verhandlungen, Dikasterien, Schulen und Kirchen gelten lassen wollte, die mit allen ihr zu Gebote stehenden Kräften es sich angelegen sein ließ, den bisherigen status quo zu erhalten. Bemerken wir dazu noch die Verschiedenheit der Abstammung und der Sprachen der anderen Bevölkerung Ungarns wie: Slaven verschiedenen Dialectes, Magyaren, die man Schekler nennt, Sachsen, Zigeuner, Juden, Rumänen, alle von verschiedener Sprache, Religion, verschiedenen Sitten und Gebräuchen, Rechten, Ansprüchen, Sympathien, Antipathien, Bildung und Character u. s. f., so wird mir jeder leicht beipflichten, daß von hier aus wenig für Polen zu hoffen war. Es wurde mir sehr schwer, diese Ueberzeugung in mir aufkommen zu lassen, ja es war mir schmerzlich, meine früheren Ansichten aufzugeben, denn von Kindheit an hatte ich die Magyaren geliebt, weil ich in ihnen dieselben Tugenden und dieselben Fehler sah, die meine Nation einerseits zieren, andererseits ins Verderben stürzen. Die

Vergangenheit Ungarns war stets in genauem Zusammenhange mit derjenigen Polens gewesen. Wir hatten ihnen und sie uns zuweilen Könige gegeben, und wenn heute jeder Pole mit Stolz an die Zeiten Hedwigs und Batory's denkt und die Stirne in Achtung neigt, so erinnert sich der Magyar nicht ohne Hochgefühl des ritterlichen Geistes unseres Wladyslaw Warnenczyk. Und malt nicht das uralte Lied:

Węgier, Polak dwa bratanki,
I do szabli i do szklanki!
Magyar, Pole sind zwei Brüder,
So zum Säbel wie zum Glase!

die Zuneigung dieser Beiden zu einander und ihre Aehnlichkeit in Tugend wie in Untugend?

Nachdem ich Ungarn auf diese Weise kennen gelernt hatte, glaubte ich zwar, daß mir hier nichts zu thun übrig bleibe; aber der Mensch behält einmal selbst in der schwierigsten Lage die täuschende Hoffnung und bemüht sich durch alle Hindernisse und Schwierigkeiten hindurch sich Bahn zu brechen, seine Hoffnung in Wirklichkeit umzusetzen. Meiner Lage nach mußte ich zwischen Magyarism und Slawianism wählen. Nach langem Schwanken entschied ich mich für den ersteren, denn in ihm sah ich mehr Energie und Leben, und mit ihm nur war ich in näheres Verhältniß getreten. So lange ich mit den Magyaren von ihren eigenen Angelegenheiten sprach, da hörten sie mir zu, wenn sie mir auch nicht in allem beistimmten, aber sobald ich davon zu sprechen begann, wie die polnische und ungarische Frage durchaus ein und dieselbe sei, wenn ich ihnen zu beweisen suchte, daß das, was die Polen getroffen, die Ungarn ebenfalls sehr bald treffen könne, daß wenn sie keinen Verbündeten hätten, sie im entscheidenden Kampfe unterliegen müßten, daß dieser einzige Verbündete Polen und in zweiter Linie die Türkei sei, daß in Polen trotz aller Verfolgungen und Unglücksfälle, von denen es betroffen, dennoch viel Kraft und Material stecke, daß die Polen, in Unglück und Kampf erfahrener, ihnen mit Rath und That von größtem Nutzen sein könnten, wenn ich, wie gesagt, von diesen und ähnlichen Dingen sprach, so schienen sie dafür nicht das geringste Verständniß zu haben, nicht haben zu wollen. Sie beklagten das Unglück Polens und seiner Bewohner, zeigten dafür Mitgefühl, sprachen indessen im Allgemeinen mit Gleichgültigkeit ja zuweilen mit Geringschätzung von den Polen, hielten das Schicksal Polens für alle Zeiten entschieden und jeden Gedanken an Wiederherstellung seiner Unabhängigkeit für eitel und schlossen natürlich daraus, daß Polen in seinem heutigen Zustande trotz seines besten Willens für Ungarn nicht nur von keinem Nutzen, sondern der Lösung der ungarischen Frage nur hinderlich sein könnte, weshalb an eine Verbindung dieser beiden Fragen in Keines Interesse zu denken wäre. Schließlich gaben sie mir den Rath, außerordentlich vorsichtig im Sprechen zu sein und Niemanden weder mich noch meine Pläne zu entdecken, daß ich vor Allem mit keinem der vielen in Ungarn sich aufhaltenden Polen verkehren möchte, da viele von ihnen verdächtigen Rufes wären, ich mich ihnen also nicht ohne Gefahr anvertrauen könnte. Diesem Rathe gab ich Folge und sprach mit allen Polen, welche ich traf als Catharro nur französisch.

Alles dies ging mir zwar sehr zu Herzen, aber ich beschloß dennoch in meinem Vorhaben auszuharren. Damals leitete, wie bemerkt, Kossuth die ganze magyarische Bewegung; jedes Wort aus seinem Munde, jeder Satz aus seiner Feder war ein Orakel, besonders für die Jugend. Mit ihm also wollte ich das letzte Wort sprechen. Ich bat daher einige, die mit ihm vertraut zu stehen und die mich gut zu kennen schienen, ihn mit meinen Plänen bekannt zu machen und ihn zu versichern, daß er mit mir über alles ganz offen sprechen könne. Ich weiß nicht warum, aber keiner von ihnen wollte dies übernehmen, und ich war wiederum auf mich selbst angewiesen.

Diese Schwierigkeiten und Hindernisse grade von der Seite, wo ich sie am allerwenigsten erwartet hatte, fingen an mich schwankend zu machen, um so mehr, da die anscheinende Unmöglichkeit sie beseitigen zu können, das ganze Fundament meines Gebäudes zerstörte. Ich war nahe daran meinen ganzen Plan aufzugeben, doch ermannte ich mich, schalt mich zaghaft und kleinmüthig, und die Liebe zu meinem Plane gab mir den weichenden Muth wieder. Ich beschloß mich persönlich ohne alle Empfehlung bei Kossuth einzuführen, obwohl ich ihm ganz unbekannt war und meine äußere Erscheinung nicht dazu beitragen konnte, ihm zu imponiren.

Es mogte um den 20. Februar sein, als ich mich in seine Wohnung begab, wo auch zugleich sein Redactionsbureau war. Aus dem Vorzimmer ging ich in ein anderes größeres, in welchem an verschiedenen Tischen viele junge Leute mit allerlei Bureauarbeiten beschäftigt waren. Ich fragte, ob ich Kossuth sprechen könnte? Man sagte mir, daß er in diesem Augenblicke beschäftigt sei, aber bald frei sein würde, worauf ich ihn dann sehen könnte. Während dieser Zeit der Erwartung sah ich mir die Gallerie berühmter Leute an, welche in Glas und Rahmen in zahlreicher Vertretung an den Wänden hing. Ich fand Washington, Bolivar mit der Unterschrift: ingrata patria ꝛc., Lafayette, sogar Cas. Perrier, Thiers, Dupin, Sauzet und Maugin; aber trotz angestrengten Suchens konnte ich weder Kosciuszko noch Dąbrowski noch Poniatowski finden. Dies galt mir als schlechte Vorbedeutung. Mitten in meinen Betrachtungen rief man mich zu Herrn Kossuth ab. Ich trat in ein anderes Zimmer links von dem, wo ich mich eben befunden hatte. Das Zimmer war lang, sauber aber höchst einfach meublirt. Ich fand dort Kossuth ganz allein in langem Schlafrock und einer runden schirmlosen Mütze auf dem Kopfe.

Als ich hereingetreten war, redete ich ihn französisch an: „Verzeihen sie, daß ich es wage, sie in ihren wichtigen Arbeiten „zu stören und ihnen mit einer Bitte beschwerlich zu fallen. Ich heiße „Catharro, komme aus Frankreich, und da ich ihnen durch Niemand „mich konnte vorstellen lassen, so unternahm ich es selbst, mich „an sie zu wenden und sie zu ersuchen, da sie hier Einfluß und „Bedeutung haben, mich als Lehrer der französischen Sprache zu „empfehlen." — „Sie sprechen so schnell, daß ich nicht weiß, ob „ich sie in Allem richtig verstanden habe und ob sie meine Ant„wort verstehen werden, denn obwohl ich französisch verstehe, wenn „ich es lese, so fehlt mir im Hören und Sprechen doch alle „Uebung." Kossuth antwortete mir deutsch und fügte sogleich hinzu: „verstehen sie deutsch?" „Ich verstehe es einigermaßen, aber kann „es nicht sprechen" und ich wiederholte nun im langsamen Französisch, was ich vorher gesagt hatte. Diesmal verstand er mich gut und

„antwortete mir: „wir haben schon soviel Lehrer der französischen
„Sprache, daß ich bezweifeln muß, ihrem Wunsche mit Erfolg ge=
„nügen zu können." „Da erlaube ich mir ihnen zu bemerken," sagte ich
„darauf, daß der Lehrerstand bei mir eigentlich nur Vorwand ist
„und mir nur dazu dienen soll, mich in Ungarn aufhalten zu dür=
„fen und daß ich auch mit ihnen von wichtigeren Dingen zu sprechen
„wünschte." „Sprechen sie ganz offen." „Wohlan, ich bin
„ein Pole, komme von Frankreich, um nach Polen zu gehen, muß
„mich aber einige Zeit in Ungarn aufhalten." Er blickte mich
„darauf seltsam und lange an; endlich sagte er: „vielleicht brauchen
„sie Geld und damit kann ich ihnen einigermaßen helfen!" Ich
„wurde roth bis über die Ohren und sagte schnell: „nein, ich
„danke ihnen, ich kam nicht deshalb zu ihnen." — „Wie heißen
„sie?" — „Rufin Piotrowski." — „Ich begreife nicht, warum
„einige von ihnen fortwährend Frankreich verlassen, um nach Polen
„zu gehen, wo doch heute gar nichts zu thun ist, andere wieder,
„und wir hatten hier deren genug in Ungarn, durchaus nach
„Frankreich reisen wollten und reisten, wozu wir ihnen die
„Mittel geben mußten." — „Das ist Alles möglich und ich
„begreife, daß sie sich darüber wundern und darum möchte ich
„eben offen mit ihnen sprechen." Kossuth, der mich eben so durch=
„dringenden Blicks wie ich ihn ansah, entgegnete darauf: „Ich
„fühle durchaus keinen Beruf mich in fremde Interessen zu mischen
„oder ihre Geheimnisse zu erfahren." — „Auch darüber wundere
„ich mich nicht, denn da ich ihnen nicht bekannt bin, so habe ich
„kein Recht darauf, sofort Zutrauen von ihnen zu beanspruchen,
„aber ich meine, daß zwischen Menschen guten Willens und Glau-
„bens man sich leicht verständigen kann, und sollten sie auch in
„der Hauptsache sich nicht zu einigen im Stande sein, so können
„sie doch wenigstens mit einander offen und vertrauungsvoll dar=
„über verhandeln." — „Aber ich habe ihnen ja gesagt, daß ich
„von nichts, weder von den Planen noch den Geheimnissen An=
„derer etwas wissen will." — „Ich sehe, daß sie das, was ich
„ihnen eben mitzutheilen beabsichtige, zu leicht nehmen. Lassen sie
„mich nur einen Augenblick ruhig sprechen!" — „Nun, was wol=

„len sie denn?" — „Ich will ihnen sagen, daß in Polen binnen „Kurzem ein neuer Aufstand ausbrechen wird, denn ich bitte nicht „zu wähnen, daß die Polen sich für alle Zeiten für überwunden „halten, daß sie vielmehr noch geistige und materielle Kraft genug „besitzen, um sich von ihrem Falle wieder zu erheben, es handelt „sich nur darum, diese Mittel durch Verbindung mit einer andern „Nation, welche dasselbe Interesse hat, zu erhöhen." — „Die Po= „len wissen selbst nicht, was sie wollen. Welche verbündete Na= „tion haben sie denn im Sinne?" — „Ich meine Ungarn, welches „dasselbe Interesse hat wie Polen." — „Die Ungarn denken im „Entfernten nicht an eine Revolution und ihre Angelegenheiten ha= „ben mit denjenigen Polens nichts Gemeinsames." — „Das glaube „ich, daß in diesem Augenblicke Ungarn an keine Revolution denkt, „allein der Fall könnte doch sehr bald eintreten, und ich will sie „eben davon überzeugen, daß das polnische und ungarische Interesse „bei weitem innigeren Zusammenhang haben, als es bei oberfläch= „licher Betrachtung erscheint." — „Verzeihen sie, meine Zeit ist „dazu zu kurz, ich bin sehr beschäftigt." — „So bestimmen sie mir „Tag und Stunde und ich werde mich pünktlich einfinden." — „Das kann ich nicht, denn ich weiß selbst nicht, wenn ich Zeit „haben werde." — „Das heißt, sie wollen mit mir darüber nicht „mehr verkehren, und doch versichere ich sie, daß die Sache sehr „der Beachtung werth ist; denken sie ein wenig darüber nach und „versagen sie mir die wenigen Augenblicke nicht, die ich nöthig haben „werde, um sie von der Reinheit meiner Absichten und ihrer Wichtigkeit „für die ungarischen Angelegenheiten zu überzeugen." — „Ich habe „ihnen bereits gesagt, daß die Ungarn an keinen Aufstand denken, „daß ihre Angelegenheiten mit den polnischen nichts zu thun haben „und daß ich ihnen keine Sprechzeit bestimmen kann; aber wenn sie „es durchaus wünschen und sie mich hier noch einmal aufsuchen „wollen, so können sie das meinetwegen thun, und sollte ich dann „Zeit haben, so werde ich ihnen zu Diensten stehen."

Die letzten Worte sprach Kossuth mit dem gleichgültigsten Tone, als ob er mich für immer loswerden wollte. Das that mir weh und ich entgegnete sofort: „Wenn ich Gelegenheit finden sollte, „ihnen so wenig wie möglich beschwerlich zu fallen, so werde ich

„von ihrer Erlaubniß Gebrauch machen; einstweilen bitte ich sie
„nochmals um Verzeihung, daß ich ihnen einige Augenblicke ihrer
„kostbaren Zeit geraubt habe." — Ich machte meine Verbeugung
und empfahl mich. Die ganze Unterredung hatten wir an der
Thüre stehend zugebracht. Ich hatte ihn als einen Mann von
Bedeutung und großem moralischen Einflusse, der vielleicht berufen
war, einst die Geschicke seiner Nation zu leiten, scharf ins Auge
gefaßt, er seinerseits hatte mich auch fortwährend mit einer ge=
wissen Neugierde fixirt und war ohne Zweifel über diese neue Gattung
von einem Diplomaten verwundert. Kossuth ist mittlerer Größe, we=
nig größer als ich selbst, er ist verhältnißmäßig für seinen Wuchs
kräftig und breitschultrig, doch von schwacher Gesundheit, sein Ge=
sicht mager von einem bleichen Ton, die Nase länglich, die Augen=
brauen dicht, die Farbe der Augen habe ich vergessen, von Stirn
und Haar kann ich nicht sprechen, denn sie waren von der Mütze
bedeckt, sein Schnurrbart war dicht und dunkel, aber unordentlich
gehalten, ein Backenbart garnirte ringsum das Gesicht; seine
Stimme war ohne laut zu sein deutlich, klangvoll, außerordentlich ange=
nehm, ich möchte sagen rührend. Wenn er zu sprechen beginnt, so macht
er eine kleine Mundverzerrung; er spricht dreist und treffend ohne
alle Umstände. Diese Dreistigkeit, welche einen determinirten Cha=
racter andeutet, bildet einen auffallenden Gegensatze zu seiner beschei=
denen Gestalt und Haltung. Die ganze Persönlichkeit Kossuths,
das Spiel seiner Mienen, sein bleicher Tint, der über sein ganzes
Gesicht ausgegossene Ausdruck des Leidens, sein Blick und seine
Stimme, Alles deutet auf eine tief fühlende, leidenschaftliche, feu=
rige Seele und innig tief empfindendes Herz. Ich verließ ihn voll
von Bewunderung für ihn, zugleich aber auch mit großem Miß=
behagen.

Es ist begreiflich, daß ich nach der Art und Weise, wie
Kossuth mich aufgenommen hatte, namentlich bei seiner totalen Gleich=
gültigkeit für polnische Angelegenheiten, lange mit mir darüber
schwankte, ob ich noch einmal zu ihm gehen sollte? Möglich, dachte
ich, daß ich ihn doch endlich von der Richtigkeit meiner Ansichten
überzeuge; aber darüber konnten Monate vergehen und zu einem
so langen Aufenthalte in Pest fehlte es mir an Mitteln, und mein

Stolz erlaubte mir nicht angebotene Unterstützungen anzunehmen. Kossuth's Art, mit der er namentlich die letzten Worte hingeworfen hatte, schreckten mich ab, noch einmal mich Aehnlichem auszusetzen. Ich beschloß also, da ich in Ungarn nichts mehr zu thun hatte, es so schnell als möglich zu verlassen und bei der Ueberzeugung, die ich hier erworben hatte, wie schwer es sei, Fremde von der Wichtigkeit gemeinsamer Interessen zu überzeugen, hatte ich natürlich auch für jetzt in der Türkei nichts zu thun. So kehrte ich zu meinem ersten Plane zurück, nämlich mich nach Polen und zwar ins Reussische durchzuschlagen. Bevor ich jedoch dazu schritt, will ich noch einiger untergeordneter Dinge erwähnen.

Noch im Anfange meiner Anwesenheit in Pest, als ich mit den Magyaren in ein näheres Verhältniß zu treten begann und alle die Schwierigkeiten sah, die sich mir entgegenstellten, waren bereits verschiedene Gedanken und Gefühle in meinem Kopfe und Herzen aufgetaucht, als ich mich aber vollständig überzeugt hatte, daß es unmöglich wäre, die Ungarn für meine Ansichten zu gewinnen und als selbst Kossuth für jetzt wenigstens nichts davon hören wollte, da in meinen Hoffnungen und heißesten Wünschen getäuscht, gerieth ich in einen Zustand unbeschreiblichen Schmerzes und Grolls. Verachtung und Wehmuth bemächtigten sich meiner abwechselnd. In dieser Stimmung hatte ich mich oft auf meinen einsamen Spaziergängen an den Ufern der Donau mit verschiedenen Gedanken und Betrachtungen gequält, war mit meinem Herzen und den Pflichten gegen mein Vaterland in Kampf getreten. Fast bedauerte ich Frankreich verlassen zu haben, und doch war es mir unmöglich gewesen, dort länger zu leben, ich bereute, daß ich das elende aber doch ruhige und sichere Emigrantenleben aufgegeben, in welchem ich, wenn ich mich lediglich nur mit meiner persönlichen Zukunft hätte beschäftigen wollen, ohne Zweifel zu einigermaßen glücklichen Umständen hätte gelangen können. Wäre meine Liebe zu meinem unglücklichen Vaterlande, wäre mein Pflichtgefühl nicht stärker, mächtiger gewesen als eitle Selbstsucht, so wäre ich umgekehrt, aber, Gott sei Dank, der bessere Mensch siegte und mit neuer Liebe, mit größerer Energie erfaßte ich meine alten Pläne.

Auch die Betrachtung kam mir oft in den Sinn, daß bei

dem Umgange mit Menschen irgend welches äußere Decorum noth=
wendig sei, entweder ein Titel von Geburt oder von Amtswegen
oder ein äußeres Auftreten, welches auf Bedeutsamkeit schließen
läßt. Dann sieht man dich lieber und glaubt dir leichter. Wenn
du auch das edelste Herz, die redlichsten Absichten hättest, ist deine
Außenseite und dein Auftreten nicht von der Art, ohne welche die
Welt sich jene einmal nicht denken kann, so wirst du mit vielen
bitteren Unannehmlichkeiten zu kämpfen haben, bevor es dir ge=
lingt, Vertrauen zu erwecken. So sehr mich dies Alles abstieß
und zurückschreckte, so reizten mich auf der anderen Seite eben diese
Schwierigkeiten zu desto größerer Anstrengung.

Unter anderen Bekanntschaften machte ich in Pest auch die=
jenige eines Franzosen, der seit den napoleonischen Kriegen in Ungarn
geblieben war. Er war früher Fechtmeister im Orte gewesen, jetzt
vertrat ihn sein Sohn in dieser Kunst. Er besaß als merkwür=
dige Liebhaberei eine reiche Sammlung von Pfeifen verschiedener
Zeiten und Nationen, Größe und Gestalt; diese Sammlung war
in der That merkwürdig und hätte füglich in einem Museum von
Merkwürdigkeiten einen würdigen Platz gefunden. Die Größe
einiger Pfeifen, ihre kunstvolle Arbeit, die darauf angebrachten
Schnitzereien, welche die Wappen ihrer früheren Besitzer darstellten,
waren außerordentlich. Um seine sonderbare Leidenschaft zu be=
friedigen, machte er oft Reisen in fremde Länder zu keinem anderen
Zwecke, als vielleicht irgend wo ein Stück für seine Sammlung
zu erwerben. Er hatte dazu ein eigenes Zimmer in seinem Hause
eingerichtet, wo er diese seine Schätze in Glasspinden nach einem
gewissen System geordnet aufgehängt hatte.

Außer einigen polnischen Emigranten, mit denen ich jeden
Verkehr mied, fand ich leider auch ein ganzes Regiment Polen dort
im östreichischen Dienste. Ich versuchte es, ihre Gespräche zu er=
lauschen, um zu erfahren, ob sie noch an Polen dächten, oder ob
sie ihr Vaterland schon vergessen, aber ich hörte nichts, was
mich hätte erbauen können, denn sie sprachen nur von den alltäg=
lichsten Soldatenangelegenheiten.

Ich siedelte vom rothen Ochsen zu einem Juden über, einigte
mich mit ihm auf monatliche Miethe ganz billig und lebte so ein=

fach wie möglich. Wollte ich mir einmal ein Festmahl bereiten, so aß ich eine Schaale unglücklichen Gulasches und trank ein Glas Wein; meine gewöhnliche Nahrung indessen war Brodt, Salz und Wasser. So lebte ich Wochen lang, ja einen ganzen Monat und was das fatalste dabei, war, daß ich diese Lebensart heimlich treiben mußte, damit niemand es merkte; und doch ist, wie ich später erfahren habe, der Jude dahinter gekommen. Ob die große Masse des Wassers, die ich zu meinem gesalzenen Brodte zu mir nahm, ob diese ganze Art und Weise des Lebens, oder ob irgend eine andere Ursache auf meinen Organism wirkte, genug, obwohl ich nicht krank war, nichts mich schmerzte, so fühlte ich mich doch sehr geschwächt. In einer, aber auch nur in einer Nacht gerieth ich ohne alles Gefühl von Leiden so in Schweiß, daß nach meinem Erwachen das ganze Bett, Kopfkissen, Laken, Decken und Strohsack nicht nur feucht, sondern wie mit Wasser geschwängert war; ja der Strohsack war da, wo ich gelegen hatte, bis auf die untere Seite durch und durch naß, als wenn Jemand einen Eimer Wasser darauf gegossen hätte. Den ganzen folgenden Tag fühlte ich ich mich außerordentlich abgeschwächt, aber am zweiten Tage fand ich mich wieder ganz normal.

Trotz meiner großen Sparsamkeit nahmen meine Fonds doch so ab, daß, als ich mich entscheiden mußte, nach Polen aufzubrechen, mir nur noch eine sehr kleine Summe übrig blieb. Bevor ich indessen an die weitere Reise denken konnte, war noch eine, anscheinend kleine, aber in meiner Lage gefährliche Schwierigkeit zu überwinden. Mein nach Constantinopel visirter Paß konnte mir zur Reise nach Rußland nichts helfen, zumal er nicht einmal das Visa des russischen Gesandten trug, ich erwog also, ob ich den englischen Gesandten in Wien nur um ein Visa der russischen Gesandtschaft oder auch um einen neuen Paß bitten sollte. Wer nie in einer ähnlichen Lage gewesen ist, der weiß nicht, wie viel Unruhe und Qual dergleichen Angelegenheiten bereiten, denn eben Augenblick können sie uns in die größte Gefahr bringen und, was schlimmer ist, alle Pläne zerstören. Nach langem Hin- und Hersinnen schrieb ich an den englischen Gesanden einen französischen Brief, in welchem ich ihm auseinandersetzte, daß meine

Handelsangelegenheiten es mir dringend nothwendig machten nach Rußland zu gehen, ich bäte ihn also, daß er mir auf Grund meines beigefügten alten Passes einen neuen ausfertigen lassen, das Visa der russischen Gesandtschaft daselbst darauf eintragen lassen und mir denselben nach Pest senden möge, wo mich eine Krankheit fessele, die mich auch verhindere, mich persönlich bei ihm zu stellen.

Mit großer Unruhe und Ungeduld erwartete ich die Antwort; ich war nicht ganz frei von Besorgniß, ob als Antwort nicht der Befehl käme, mich zu arretiren. Wie groß war also mein Erstaunen und meine Freude, als ich nach Verlauf einiger Tage einen neuen Paß, ausgerüstet mit allem Erforderlichen und Erwünschten, erhielt. Leider habe ich die Namen beider Gesandten vergessen, welche mir durch diese schnelle und gefällige Paßausfertigung neuen Lebensmuth in die verzweifelnde Seele gehaucht und mir Kraft zur Ausdauer in meinem mühseligen und gefahrvollen Vorhaben gegeben haben. Was dem Paß einen besonderen Werth für mich gab, war, daß, derselbe aus Wien und nicht mehr aus Paris datirt war, ein Umstand, der für russische Behörden von großer Bedeutung war und gegen den Inhaber eben so wenig Verdacht erwecken konnte, als wenn der Paß aus Peking datirt gewesen.

Ich begab mich mit diesem neuen werthvollen Documente sofort auf die Polizei, um das nöthige Visa und Vermerk der bedeutenderen Ortschaften zu erhalten, die ich auf dem kürzesten Wege nach Podolien zu berühren hatte. Der Polizeicommissarius konnte indessen keinen anderen Weg ausfindig machen als denjenigen, der sich über Koszyce (Kaschau) nach Galizien zieht und der mich von dem Ziele meiner Reise weit abführte, da ich entschlossen war, direct nach Podolien zu gehen, von wo ich erst auf der Rückkehr Galizien berühren wollte. Da wir uns gegenseitig nicht vereinigen konnten, ja sogar ziemlich hart an einander geriethen, so erklärte mir der Oestreicher schließlich, daß er mir gleichsam zur Strafe gar keine Reiseroute vermerken werde, wodurch ich erreichte, was ich wünschte, nämlich die Freiheit den kürzesten oder bequemsten Weg mir auswählen zu können.

V.

Reise von Pest über Erlau, Tokaj, Syhot, Trybusa und Köresmöse (Jasyn.)

Als ich mit allen Vorbereitungen zu meiner ferneren Reise fertig war und meinen Wirth bezahlt hatte, blieben mir für die ganze Route von Pest bis Kamieniec pobolski nur noch 29 polnische Gulden, d. h. 4 Thlr. 25 Sgr.. — Mein Jude, der jedenfalls wußte, wie ich den ganzen Monat hindurch gelebt und daraus geschlossen hatte, wie es mit meiner Kasse beschaffen sein mußte, brachte mir, als ich eben mein Felleisen zurechtpackte, ein großes Brodt, was er mich anzunehmen bat, indem er sagte: „nehmen sie das gefälligst von mir an und verachten sie diese „Gabe nicht, weil sie von einem Juden kommt; auf der Reise ist „Brodt immer zu brauchen; ich hätte ihnen lieber Geld gegeben, „aber das hab ich selbst nicht, sein sie also so freundlich, dies an„zunehmen." Mit aufrichtiger Dankbarkeit nahm ich des braven Juden Geschenk an, da es aus reinem Herzen und rein menschlichem Mitgefühle kam. So zu meiner Reise ausgerüstet brach ich am 28. Februar 1843 von Pest auf.

Der Himmel, welcher den ganzen Februar hindurch heiter gewesen war, begann sich mit Wolken zu beziehen und eben als ich von meinem braven Wirthe Abschied nahm, fing es an zu regnen. Es schien schlechtes Wetter eintreten zu wollen, der Weg wurde immer weicher und ich hatte eine mühselige Wanderung. Zu Mittag kehrte ich in einer am Wege stehenden Schenke ein. Hier traf ich einige mit leeren Wagen von Pest zurückkehrende Magyaren, die nach derselben Richtung fuhren, wohin ich eben wollte. Einer von ihnen bot mir an, mich für eine unbedeutende Kleinigkeit mitzunehmen. Ich bestieg also den Wagen, auf dem nichts als ein Sack Hafer als Gesäß war. Spät gegen Abend kamen wir in ein Dorf, wo wir nothgedrungen nächtigen mußten. Wir machten mitten im Dorfe in einer ziemlich breiten Straße halt, wo in Folge des Regens ein förmlicher See entstanden war, so daß das Wasser den Pferden bis an den Bauch reichte. Mein Magyar wie seine Begleiter sprangen, nachdem sie sich ihre sack-

weiten Hosen aufgenommen hatten, baarfuß ins Waſſer und wa=
teten durch den tiefſten Koth zu einem Hauſe, wo, wie ich aus
ihren Geſten ſchloß, der Wirth war, zu dem ſie zu Nacht einkeh=
ren wollten. Ich blieb im Regen auf dem Wagen ſitzen und
harrte ihrer Rückkehr wenigſtens eine halbe Stunde. Abſteigen
konnte ich nicht, denn entweder hätte ich meine Kleidung ganz be=
ſudelt oder ich hätte mich ausziehen müſſen. Ich wurde unge=
duldig und fluchte in meiner Seele auf die Schelmen von Magya=
ren. Endlich kamen ſie, kletterten auf den Wagen und gaben mir
zu verſtehen, daß wir ein gut Nachtquartier haben würden. Bald
fuhren wir auch auf einen weiten gut umbauten Hof. Ich freute
mich, daß ich Gelegenheit haben würde, mich trocken anzuziehen,
denn ich war bis auf die Haut durchnäßt, obwohl ich den Regen=
ſchirm fortwährend als Schutz angewendet hatte. Er hatte mir
zum letzten Male gedient, denn mein ungeſchickter Tölpel von Fuhr=
mann hatte ihn mir, als er wie ein Bär auf den Wagen kletterte,
eben zerbrochen. Man ſpannte aus und führte die Pferde in einen
kleinen Stall, ich erwartete mit Ungeduld den Augenblick, wo man
die Thür des Hauſes öffnen würde und wunderte mich über die
barbariſche Sitte, ſeine Gäſte ſo lange warten zu laſſen.

Mittlerweile wurde auf dem Hofe alles ruhig, Pferde und
Menſchen verſchwanden und immer wartete ich noch vergebens,
daß man mich rufen würde, bis endlich mein Magyar ſeinen Kopf
zur Stallthüre hinausſteckte und mir zu verſtehen gab, daß ich zu
ihm kommen möchte, und zwar ſchien er mir durch den Ausdruck
des Geſichts, das er mir zeigte, ſagen zu wollen! komm nur und
du wirſt ein prächtig Nachtquartier finden. Ich geſtehe, daß ich
von dieſer Art Gaſtfreundſchaft nicht ſehr erbaut war, aber was
war zu thun, uolens volens mußte ich ſie annehmen. Meine
Maygaren ſchlugen Feuer an und inmitten eines mit Stroh ge=
deckten niedrigen Stalles machten ſie aus Miſt und Stroh ein
ganz herrliches, luſtiges Feuer, langten aus ihren Fourageſäcken
Brodt und Speck, den ſie an kleinen Holzſpießen brieten und dann
halb und halb geſchmolzen mit dem Brodte verzehrten. Um mich
ebenfalls zu fetiren, gab mir mein Magyar ein bereits geröſtetes
Stück und zeigte mir den Modus, wie dies am ſchmackhafteſten

zu genießen sei. Ich bedurfte seiner Unterweisung kaum, denn in der Ukraine lebt das Volk auch so und manchmal hatte ich das mitgemacht. Es schmeckte mir vortrefflich. Den Rest des nicht ganz durchgebratenen Specks schmierte sich mein Magyar in die Haare, und zwar so gründlich, daß jedes seiner dichten schwarzen Haare bis auf die Wurzel eingeseift war. Alle thaten dasselbe und als ich nach dem Grunde fragte, weshalb sie das thaten, sagten sie mir, daß dies das wirksamste Mittel gegen alles Ungeziefer sei.

Nach dem reichlichen Abendmahl zogen sie ihre Hemden aus und nackt setzten sie sich um das Feuer herum, um dieselben zu trocknen. Ich zog ebenfalls Rock und Frack aus, um dasselbe zu thun, doch war das bei Strohfeuer nicht möglich. Endlich legten wir uns, naß wie wir waren, auf nassen Mist zum Schlafen nieder, wo eben jeder konnte, glücklich wer in eine Krippe kriechen konnte. Mein Magyar suchte mir den bequemsten Platz aus und gab mir sogar den Hafersack als Kopfkissen; aber der Raum war so kurz, daß Kopf und Füße die Hufe der an beiden Seiten stehenden Pferde berührten und ich, aus Besorgniß von ihnen getreten zu werden, den Hafersack gegen die Seitenwand legte und fast in sitzender Stellung die ganze Nacht zubrachte.

Früh am folgenden Morgen brachen wir wieder auf. Um mich zu erwärmen trank ich im nächsten Wirthshause ein tüchtig Glas Brandtwein, der in Ungarn gut und billig ist. Gegen Mittag erreichten wir das Städtchen Gyöngyös, berühmt durch guten Wein, den ich ebenfalls kostete. Wegen des schlechten Weges, in den die Räder bis an die Axen einschnitten, ging die Reise sehr langsam und wir kamen erst spät Abends in dem Dorfe an, wo mein Magyar zu Hause war. Hier hoffte ich mich endlich trocknen und erwärmen zu können, allein mein Magyar, wahrscheinlich der allgemeinen Sitte folgend, fuhr anstatt ins Haus in die Scheune, wohin man ihm ein reichlich Abendbrodt brachte, das er mit mir theilte und dort bot er mir auch an seiner Seite auf frischem Dung Nachtquartier an. Da Heu genug vorhanden war, so bohrte ich mich da hinein, wo ich warm und weich lag, und wo ich so gut schlief, daß ich erst um 10 Uhr am folgenden Tage erwachte.

Nachdem ich meinen Magyar bezahlt und nach dem Wege gefragt hatte, wanderte ich zu Fuß auf allerlei Nebenwegen weiter. Ich kam bei den Ruinen eines alten Schlosses vorbei nach einem Dorfe, wo Hunde von einer schönen, mir ganz unbekannten Rasse, von gewaltiger Größe und weißen, dichten, langen zottigen Haaren mich dermaßen umringten, daß ich in der That Gefahr lief, von ihnen zerrissen zu werden. Nur meinem guten Stock und einer Menge von Steinen, die ich wie Kugeln auf sie schleuderte, verdankte ich meine Rettung. Bald darauf gelangte ich querfeldein nach Erlau, einer für Ungarn ansehnlichen, aber unordentlich zwischen Bergen gebauten Stadt. Ich gewahrte an ihrem Eingange eine Menge Felsenkeller, wo der berühmte Erlauer bewahrt wird. Bei meiner Wanderung durch diese Stadt, in der ich mich gar nicht aufhielt, und die unendlich schmuzig war, bemerkte ich eine schöne Kirche von großen Dimensionen.

In der Nähe hinter der Stadt fand ich ein hübsches Wirths=haus, in das ich einkehrte, um etwas auszuruhen. Der Wirth, die Wirthin und ihre junge schöne, hübsch gekleidete Tochter spra=chen ehe sie sich zu Tisch setzten ihr Bittgebet und nachher mit großer Frömmigkeit und Andacht das Dankgebet, eine Sitte, die mir sehr gefiel. Während ich dort saß, kam ein alter Bettler, der einen schweren Sack auf den Boden warf; das junge schöne Mäd=chen reichte ihm sofort freundlich einen Almosen, und als der arme Greis den schweren Sack nicht wieder auf die Schultern bekom=men konnte, und wir Männer gleichgültig zusahen, eilte sie trotz ihres eleganten Anzuges dem alten aus der Noth und die Last aufzuhelfen. Dieser Act anspruchsloser Nächstenliebe beschämte mich und ließ mich nun das junge Mädchen unvergleichlich schön finden. In der That ist auch nur da wahre Schönheit, wo Herzens=güte ist.

Auf breiter Landstraße zog ich weiter. Ein Magyar, der des=selben Weges wanderte, gab mir zu verstehen, daß er mir einen weit kürzeren Weg zeigen könne; ich verließ also mit ihm die Hauptstraße. Er schritt rasch über den frischen Acker, denn er war baarfuß, leicht angezogen und hatte nichts zu tragen, ich aber sank tief in den lockeren schwarzen Boden, so daß ich nur mühsam vor=

wärts kommen konnte, und doch wollte ich nicht zurückbleiben, obwohl mir der Schweiß aus allen Poren brach; auch kam der Abend bereits heran, und wenn ich nicht auf dem Felde nächtigen wollte, so mußte ich mich dazu halten. Endlich kamen wir auf einen festen Anger und da ich nicht fern ein Dörfchen gewahrte, so hielt ich an, um etwas auszuruhen, während mein Begleiter fürbaß zog. Nachdem ich einige Augenblicke geruht hatte, ging ich mit Sonnenuntergang langsam nach dem Dorfe, wo ich bei einem Juden nächtigte. Von diesem lernte ich wieder einige nothwendige ungarische Ausdrücke, die ich mir notirte, heute aber schon vergessen habe. Mein zerbrochener Regenschirm, den ich schon gestern wegwerfen wollte, gefiel der jungen Jüdin dermaßen, daß sie mir denselben gegen 4½ Gulden polnisch d. h. 22 Sgr. 6 Pf. abkaufte, wodurch meine Fonds verhältnißmäßig bedeutend stiegen.

Nachdem ich gut und warm geschlafen hatte, eilte ich rüstigen Schrittes weiter. In der Nacht war ein leichter Schnee auf den erweichten Boden gefallen, worauf ein frischer Frost und Wind alles trocken und steif gemacht hatte, so daß es sich leicht wanderte und ich auch fast den ganzen Tag ohne Halt zu machen vorwärts schritt, bis ich spät Abends in ein elendes im Thale am Abhange eines Berges gelegenes, überaus schmutziges und von lauter Juden bewohntes Städtchen kam. Ich war sehr ermüdet und bedurfte der Ruhe und Nahrung. Ich mochte wohl in 10 und mehr Häusern vergebens um Nachtquartier angefragt haben, als ich endlich bei einem alten Juden, der eben seine Gebete sprach, angenommen wurde, doch nur unter der Bedingung, daß ich ihm die Lichter auszulöschen versprach, sobald er zu beten aufgehört haben würde. Ich glaubte anfänglich, daß er nur gescherzt habe, aber nachdem ich mich überzeugt hatte, daß dies wirklich eine conditio sine qua non war, so ging ich darauf ein und ohne Zeit zu verlieren zog ich mich aus, streckte mich auf eine schmale Bank, deckte mich mit Rock und Frack zu und wartete, daß der Jude zu beten aufhöre, um ihm den Pakt zu erfüllen. Endlich verstummte er und ich machte mich also an die Lösung meiner Verpflichtung und: paff, paff, paff, waren alle 7 oder 9 Lichter gelöscht. „Aj waj! aj waj!" schrie der Jude laut auf, „was haben's gemacht! was haben's gemacht!" Endlich nachdem er sich vom ersten Schrecken erholt hatte, begann er mir zuerst zornig dann fast unter Thränen auseinander zu setzen, wie ich jedes Licht einzeln mit dem Zeigefinger und Daumen hätte auslöschen sollen. Ich lachte herzlich über seinen Unterricht künftig Juden die Lichter zu löschen, aber er rächte sich dafür, wenn auch wider Willen, ganz gründlich, denn die ganze Nacht konnte ich vor Kälte nicht schlafen, auch war ich in steter Angst, so wie ich einschlief von der schmalen Bank herunterzukugeln.

Kaum begann es zu tagen, und schon war ich angezogen. Ich ging auf den Hof und gewahrte zu meinem Entsetzen, daß furchtbare Schneemassen gefallen waren und ein kalter Nordwind wehte. Nichts desto weniger brach ich auf und ging soweit die Kräfte reichten; aber der heftige eisige Wind, der oft mit dickem Schnee mir in die Zähne wehete, machte mir heute das Leben kalt und sauer. Gegen Abend legte er sich einigermaßen und es trat eine gelindere Temperatur ein. Ich fühlte, daß ich vom Frost durch und durch geschüttelt war und eines warmen Nachtquartiers bedurfte. Ich ging zum nächsten Wirthshause das am Wege stand. Der Wirth, ein Jude, nahm mich zwar sehr freundlich an, aber wies mir zum Nachtquartier ein Zimmer mit scheibenlosen Fenstern an, wo große Schneehaufen zusammen geweht waren. Ich ging mit dem festen Vorsatze von dannen, wo möglich nie wieder bei einem Juden vorzusprechen. Indem ich aus diesem fatalen Haus trat, erblickte ich in der Nähe einen Mann mittleren Alters und gewaltigen Wuchses, den ich auf deutsch fragte, ob in dem benachbarten Dorfe, das zu sehen war, irgend ein Wirthshaus zu finden wäre, doch kein jüdisches. „Po słoweński do mnie, po słoweński — po niemiecku nie rozumiem" (sprecht doch slavonisch, ich versteh' kein Deutsch). Doch wagte ich es nicht, ihn wie er es wünschte anzureden, sondern suchte ihm vielmehr durch Zeichen begreiflich zu machen, was ich wünschte, indem ich wiederholte: Madziar kaczmaro, Madziar kaczmaro nicht Jude. Er schien mich verstanden zu haben, denn er wies mich schließlich zu einem Magyaren.

Es scheint, daß in Ungarn eben so wie in Polen, um den

Reisenden gründlich zu peinigen und ihn die Annehmlichkeiten des häuslichen Herdes desto mehr fühlen zu lassen, alle möglichen, erdenklichen Unbequemlichkeiten und Widerwärtigkeiten, welche nur immer den armen Menschen auf dieser Welt zu plagen bestimmt, an den Namen eines Landkruges geknüpft sind, mag ein Jude oder Christ in demselben sitzen, wenigstens war derjenige, in den ich nun trat, obwohl der Wirth ein Magyar und kein Jude war, kalt, naß, und schmutzig. Im Allgemeinen herrscht in Ungarn nicht nur in den Krügen, sondern überall in Bezug auf Bequemlichkeit des Lebens, auf Reinlichkeit und Ordnung die größte Gleichgültigkeit. In Schnee und Frost sah ich oft Weiber in leichtem Ueberwurf und barfuß umherlaufen, während die Männer fast nur Schafpelze oder weite rauhe Burken tragen, die über die Schultern geworfen, um den Hals zugehaftelt werden. Die Häuser sind gewöhnlich gegen die Kälte schlecht geschützt und die Oefen so eingerichtet, daß die ganze Hitze zum Schornstein hinausfährt. Durchfroren wie ich war und ohne Aussicht darauf, mich wärmen zu können, zog ich traurig zum Trost mein Gebetbuch heraus, um bis zur Schlafenszeit mein Abendgebet zu sagen. Als ich eben damit beschäftigt war, kam ein Magyar, augenscheinlich ein guter Bekannter meines Wirths, der sich mit mir in eine lateinische Unterredung einließ und dem ich gefallen mußte, denn er bat mich zur Nacht zu sich, indem er sagte, daß ich es bei ihm bequemer und wärmer haben würde. In der That fand ich zwar ein kleines aber warmes Häuschen, was für mich die Hauptsache war; Wein und Abendbrodt, wofür er nichts nehmen wollte, war, wie es mir damals schien, sehr gut, und wenn ich das glückliche Landleben pries, wiederholte er mir immer: Vere, vere, panis est, vinum est, pecus est, sed pecunia deest (Alles richtig, Brodt, Vieh, alles ist da, aber Geld fehlt). Als es Schlafenszeit war, brachte er zwei große Strohbündel, breitete auf dieselben ein reines Laken, legte ein Kopfkissen darauf und lud mich ein, mich darauf niederzulegen. Ich schlief, wie seit lange nicht, und erwachte frisch und gestärkt.

Den folgenden Morgen, es war Sonntag, begleitete mich mein freundlicher Wirth, um mir den rechten Weg zu zeigen, und

da er trotz meines bringenden Anerbietens nichts annehmen
wollte, dankte ich ihm und nahm für immer Abschied. Es war
Schnee und Frost, der Weg namentlich von einem Dorfe zum andern nicht eben sehr betreten, vom Schnee verweht, daher war es
schwer nicht zu verirren, und in der That wich ich auch von dem
mir gezeigten Wege ab und steuerte so gut ich konnte auf Nebenwegen zum nächsten Dorfe, wo man mir den Weg nach Töller
ganz genau angab. Auf diesem kam ich an einen breiten, hoch an-
geschwellten, tiefen, mit dünnem Eise bedeckten Bach, über den keine
Brücke führte. Vergebens schaute ich mich um, ob nicht vielleicht
ein Wagen zu erblicken wäre, der mich hinüber bringen könnte.
Nichts war zu sehen; ich versuchte also über das Eis zu gehen,
doch kaum hatte ich einige Schritte gethan, als ich auch schon ein-
brach und mir die Stiefeln voll füllte. Ich sprang zurück und
sann nach, wie ich diese Calamität überwinden könnte. Die Noth ist
bekanntlich erfinderisch. Ich nahm also schließlich mein Felleisen von
den Schultern, legte es auf's Eis und stieß es mit einem heftigen
Ruck vorwärts, dann legte ich mich auf den Bauch, kroch ihm nach, gab
ihm wieder einen Stoß und nachdem ich das einigemal wiederholt
hatte, kamen wir beide glücklich drüben an. Im nächsten Dorfe
trat ich in die Schenke, als das Volk eben aus der Kirche kam.
In Ungarn wie in Polen herrscht dieselbe abscheuliche Sitte,
daß man aus der Kirche sofort in die Schenken geht, weshalb auch gewöhnlich diese ganz in der Nähe der ersteren stehen.
Kaum war ich dort eingetreten, als sie sich bald mit Magyaren
füllte, Magyaren der reinsten Rasse, nicht groß von Wuchs, aber
breit und stämmig, mit kräftigen, wilden Physiognomien und langen
nach oben gedrehten Schnurrbärten. Sie waren mit langhaarigen
zottigen Burken angethan und trugen runde, den tatarischen
ähnliche Mützen, von denen einige mit Pfauenfedern geschmückt
waren. Ich gestehe, daß ich bis heute, obwohl ich manches Land
durchwandert bin, Leute von so wilder Außenseite noch nicht gesehen hatte.

Nachdem ich Töller, ein in einem ziemlich breiten Thale gelegenes Städtchen, passirt hatte, stieg ich eine ziemliche Anhöhe
hinan, von welcher herabsteigend ich auf dem Wege, der sich die

Berge entlang zog, zwei Leute traf, die ruſſiniſch mit einander ſprachen, eine Sprache die ich leicht verſtand, weil ſie von derjenigen der Ukraina ſich nur ſehr wenig unterſchied. Gegen 2 Uhr Nachmittags gewahrte ich in der Ferne einen einzeln ſtehenden Berg, an dem, wie man mir ſagte, der berühmte Tokayer wächſt. Obwohl der Weg aufgethaut war, eilte ich doch tüchtig vorwärts und kam zur Nacht in ein ſchmutziges faſt nur von Juden bewohntes Städtchen in der Nähe von Tokay. Ich mußte trotz meines Widerwillens bei einem Juden einkehren und fand es natürlich kalt und ſchmutzig. Der Jude verſprach mir zwar Stroh zur Streu, aber nichtsdeſtoweniger mußte ich auf zwei langen ſchmalen Bänken, die ich nebeneinander geſtellt hatte, nächtigen.

Auf hart gefrorenem Boden eilte ich aus der elenden Herberge am anderen Morgen vorwärts und gelangte innerhalb einer Stunde nach Tokay, immer an dem Fuße jenes ſich rechter Hand hinziehenden Berges entlang. Ich ließ mir eine halbe Flaſche Tokayer geben, aber fand ihn ſo ſchlecht, daß ich den Juden ſcheltend fragte, warum er mich betrügen wolle und mir ſtatt Tokayer nur eine Art ſchlechten Moſtes gegeben habe. Er antwortete mir indeſſen ganz kaltblütig, daß wer Tokayer trinken wolle, nicht nach Tokay kommen möge, da hier der beſte Wein am Stocke bereits verkauft werde, in Tokay ſelbſt aber nur der ſchlechteſte zurückbleibe. Kaum hatte ich mein elendes Getränk hinuntergeſpült, als der Jude mich fragte, woher ich ſei und ob ich einen Paß habe? Ich gab ihm zur Antwort, daß er ſeinen Schank beſſer beſorgen und ſich um andere Dinge nicht kümmern möge, worauf er ſich zu einigen Magyaren wandte, welche in Folge deſſen mir den Weg vertraten und meinen Paß verlangten. Ich widerſetzte mich ihrem Begehr ganz kaltblütig, bis endlich ein Beamter kam, den ſie geholt hatten, der dann ganz auf ungariſch meinen Paß verlangte. Nachdem ich mich überzeugt hatte, daß er wirklich ein Beamter, ſo langte ich meinen Paß hervor, bei deſſen Anblick er ſowohl wie der Jude die Mütze abnahm und mich ſehr um Verzeihung baten. So wirkt das Vorzeigen eines engliſchen Paſſes.

Das Städtchen Tokay, klein, ſchmutzig, ſchlecht und unordentlich gebaut, hat meiſt nur einſtöckige hölzerne Gebäude und liegt unmittelbar am Fuße eines hohen steilen Berges am Flusse Theiß (Tisza), über welchen eine hölzerne Brücke führt. Ich hörte hier auf dem Markte ungarisch, polnisch und russinisch sprechen, b. h. im Bergdialecte.

Es war ein schöner, heiterer, warmer Tag. Nachdem ich den Fluß passirt und mich nach dem Wege erkundigt hatte, wählte ich denjenigen, der mir als der geeignetste erschien. Nach mehrstündiger Wanderung auf ein und demselben theilte er sich in mehrere kleine Wege, und da ich unglücklich wählte, gerieth ich bald in complette Wegelosigkeit, auf ein weites Stoppelfeld. Ich ging indessen unverdrossen in der Richtung nach einem Dorfe, dessen weiße Häuser ich von fern erblickte, ohne weiter auf den Weg Acht zu haben. Obwohl ich rüstig vorwärts schritt, so sah ich doch, so oft ich zurückschaute, immer noch den Tokajer Berg dicht hinter mir, was mich langweilte, denn es schien, als wenn ich wenig Weges zurückgelegt hätte, und doch zeugte die Müdigkeit meiner Füße für das Gegentheil.

Vom letzten Nachtquartiere und dem anstrengenden Marsche ermüdet, sprach ich gegen Sonnenuntergang die Gastfreundschaft eines jungen Magyaren an, der vor der Thür eines ordentlich gebauten nicht fern vom Dorfe gelegenen Häuschens stand. Er gab mir ein Zeichen der Einwilligung, trat ins Haus, um bald mit seiner Schwester, einem jungen hübschen ländlich gekleideten Mädchen zu meinem Empfange herauszukommen. Diese lud mich aufs Freundlichste ein, ins Haus zu treten und bald darauf begann sie, sich mit Anrichtung des Abendbrodts zu beschäftigen, indem sie noch die Rückkehr der Mutter, einer älteren Schwester und des Schwagers erwartete. Einstweilen zog ich Stiefeln und Rock aus, um Alles einmal ordentlich zu trocknen, während meine junge Wirthin mit ihrem jüngeren Bruder Kartoffeln schabten. Da ich nichts anderes zu thun hatte und mich ihnen nützlich beweisen wollte, machte ich mich auch daran, ihnen bei der Arbeit zu helfen, benahm mich aber dabei so ungeschickt, daß sie vor Lachen selbst kaum weiterzuschaben vermochten. Ich mußte selbst über mich lachen, denn trotz dem, daß meine junge liebliche Wirthin sich viel Mühe gab, um mich in dieser Kunst zu vervollkommnen, so gelang es ihr nicht, den alten Schüler zu belehren. Nachdem diese Arbeit vollendet war, wurde Feuer gemacht und dazu Maisstrünke verwendet, die ein vorzügliches Feuer gaben.

Endlich kamen die Erwarteten, aber leider so angetrunken, daß sie sich kaum auf den Beinen erhalten konnten. Nach dem Abendbrodt, zu dem die Mutter mich freundlichst einlud, und welches aus einer Kartoffelsuppe, die mit in Butter versetztem Mehle stark versehen war, aus gebratenen Kartoffeln und Fleisch-Speise bestand, gingen wir schlafen. Kaum hatten wir uns aber niedergelegt, als mein betrunkener Magyar zu stöhnen, zu brechen und schrecklich zu klagen begann. Mutter und Frau baten mich, ihm zu helfen. Ich ließ ihn also zwei Glas frischen Wassers trinken und ihn auf den Flur bringen, wo ich ihm einen Eimer desselben Stoffes über den Kopf goß. Der Magyar brüllte bei dieser Operation, die allerdings drastisch genug war, ich ließ ihn darauf in ein nasses Laken wickeln und warm zudecken, damit er schwitze und am Morgen war er gesund, nur daß er heftigen Kopfschmerz hatte.

Der Morgen war bewölkt und ein kalter Regen begann herabzufallen, doch hielt mich das nicht ab, dankbar für die Gastfreundschaft von meinen freundlichen Wirthsleuten Abschied zu nehmen und meinen Wanderstab weiterzutragen. Noch Vormittags gelangte ich zu dem Dorfe Bogdan, von dem mich jedoch ein 40 bis 50 Schritt breites, vom vielen Regen angeschwollenes hin und wieder noch mit Eis bedecktes Flüßchen trennte. Vergebens suchte ich eine Brücke oder Furt und ich beschloß zu warten, bis jemand angefahren käme, der mich hinüberbrächte. Am jenseitigen Ufer gewahrte ich einen Jäger, der meinen Kummer zu errathen schien, denn er winkte mir und machte mir durch seine Stellung grade gegenüber bemerklich, wo man den Fluß ohne Gefahr passiren könne. Ich zog mich also aus, nahm meine Sachen auf den Kopf, und stieg in den Fluß, den ich stellenweise vom Eis frei machen mußte; das Wasser kam mir zuweilen bis an die Achselhöhlen, doch kam ich glücklich, wenn auch durch das Eis etwas geschunden, am anderen Ufer an, wo der Jäger freundlich seine Burka ausbreitete, damit ich mich bequemer darauf anziehen könnte. Glücklicherweise hat mir diese seltsame, kalte Passage nichts geschadet.

In Bogdan, einem großen Dorfe, fand ich viel russinische Einwohner. Das Wetter klärte sich auf und ich kam an dem Tage noch ein gut Stück vorwärts. Gegen Abend begann ein ziemlich strenger Frost, der den Weg glatt und zum Gehen sehr unprakticabel machte; es wurde Nacht und dunkel und nur der Schnee leuchtete hin und wieder einigermaßen. Da ich weder einen Menschen noch eine menschliche Wohnung traf, so glaubte ich in dieser wilden Gegend verirrt zu sein. Ich strengte meine letzten Kräfte an, um irgend ein Dorf oder eine Wohnung zu erreichen, war indessen schon halb und halb darauf gefaßt, im Freien übernächtigen zu müssen, als ich plötzlich am Wege zu meiner großen Freude ein Haus gewahrte. Glücklich darüber klopfte ich sogleich herzhaft an. Die Thüre öffnete sich und wieder steckte ein Jude den Kopf hinaus. Ich war naß und fast erstarrt, dazu hungrig, ich brauchte Wärme und Nahrung, fand indessen weder die eine noch die andere. Die Wirthin selbst war krank, der Jude auch nicht gesund und weiter fand sich niemand an diesem Orte des Jammers. Ein solches Elend hatte ich noch in keinem Kruge getroffen, denn es gab da weder Brodt noch Brandtwein und kalt war es wie auf dem Felde. An Auskleiden und sich Niederlegen war nicht zu denken, ich brachte also die Nacht theils sitzend theils auf- und niedergehend zu und verließ diese Höhle noch vor Tagesanbruch, nachdem ich mich über meinen Weg instruirt hatte.

Wetter und Weg waren gleich abscheulich, schwere Regengüsse und bodenlose Tiefe machten mein Fortkommen fast unmöglich und doch wollte ich durchaus Namin erreichen. Ich watete bis an die Kniee im Koth, besonders als ich in die Nähe des im Thale an der Theiß gelegenen Städtchens kam. Nach großer Mühe erreichte ich endlich die Stadt, die fast nur von Juden bewohnt ist, aber von Juden in der ganzen Bedeutung dieses Ausdrucks, nach Anzug und Lebensart den polnischen ganz ähnlich. Einige von ihnen, als sie mich in meinem langen Oberrocke mit schwarzem Barte und rundem Hute erblickten, hielten mich für einen von ihren Leuten und reichten mir freundschaftlichst die Hand;

sobald sie aber ihren Irrthum merkten, sprangen sie schnell rückwärts, als hätten sie sich verbrannt, indem sie sich wundernd fragten, aus welchem Lande ich wohl kommen könnte, wo die Einwohner ihnen so ähnlich wären. Ich lachte herzlich über ihre Vermuthungen und ließ sie rathen.

Obwohl es noch lange bis zum Abend war, so wollte ich doch hier nächtigen und erfuhr erst ziemlich spät, daß ich hier über die Theiß setzen müsse; um nun also die kostbare Morgenzeit nicht zu verlieren, machte ich mich sofort auf, um noch heute auf das jenseitige Ufer zu gelangen, wo ich im letzten Häuschen zur Nacht bei einem sehr armen Magyaren blieb.

Bei dem schwachen Wiederscheine eines eben nur schwelenden Kaminfeuers bemerkte ich einen im Schatten eines Winkels Sitzenden, der seine Pfeife rauchte und dessen Stimme von ungewöhnlicher Fülle, Kraft und Klang mir für seine physische Kraft und Gesundheit zeugte. Als er vom Wirthe erfahren hatte, wohin ich zu wandern beabsichtigte, sagte er mir, daß er in derselben Richtung gehen müsse, daß wir also in Gesellschaft wandern könnten. Nachdem wir auf der Streu gut ausgeschlafen hatten, kleideten wir uns noch vor Tagesanbruch zum Weitermarsche an. Mein Reisegefährte schlug sich Feuer zur Pfeife und bei den hellen Funken bemerkte ich sein sonderbares Costüm, und wie groß war mein Erstaunen, als ich beim Tagesanbruch gewahrte, daß mein Begleiter nichts anderes als ein altes, abscheulich häßliches Weib war, das gern für eine Here hätte gelten können. Ich beschleunigte meine Schritte, um ihrer Gesellschaft los zu werden, allein trotzdem, daß sie eine schwere Last trug, hielt sie Tempo, indem sie dabei eine Pfeife nach der andern schmauchte. Erst als sie unter den uns Begegnenden einen Bekannten fand, mit dem sie sich in ein längeres Gespräch einließ, gelang es mir bei verdoppeltem Schritte einen solchen Vorsprung zu gewinnen, daß sie mich nicht wieder einholen konnte. Möglich, daß sie ein vortrefflich Herz hatte, aber ihre Außenseite war scheußlich, abschreckend.

Es war der 9. März ein Tag, der für mich eine theure Bedeutung hatte, doch das ist ein Geheimniß meiner Seele, welches Niemand interessirt. Ich machte zwei große Etappen an diesem

Tage, nächtigte gut bei einem flovenischen Wirthe und kam gegen
Mittag des folgenden Tages nach dem Städtchen Szelös. Alle,
denen ich unterwegs begegnete, grüßten mich mit dem flavisch
christlichen Gruß: „niech będzie pochwalony Jezus Chrystus!
Gelobt sei Jesus Christ!" was mir als gutes Zeichen diente, daß
ich mich dem theuren Vaterlande näherte. Ich fühlte mich heute
nicht ganz wohl und kaum hatte ich die Stadt hinter mir, als mir
ganz schwach und übel wurde. Ich mußte mich hinlegen und ra=
stete auf einem grünen Rasenhügel, auf dem ein Kreuz mit dem
Bilde des Gekreuzigten stand. Trübe Gedanken gingen mir durch
den Kopf, denn ich rückte dem Felde meiner Wirksamkeit immer
näher; endlich aber warf ich alle meine Sorgen auf Gott, im Be=
wußtsein meine Pflicht zu erfüllen, und wanderte weiter.

Der Weg von Szelös führt am Fuße eines hohen Berg=
rückens, der von der rechten Seite den Horizont begrenzte, entlang,
links dehnen sich weite Wiesen, etwas weiter wendet sich derselbe
gegen rechts und steigt allmählich zwischen waldbedeckten Höhen
bergan. Hier beginnen die südlichen Vorberge der Karpaten und
gegen Norden durch hohe Bergrücken geschützt herrschte hier fast
schon Frühling, denn hin und wieder fand ich Primeln und Veil=
chen in Blüthe. Ein kleiner über Felsen rauschender Bach unter=
brach die monotone Stille, liebliche Sonnenwärme schwellte die
Knospen der Bäume und das Geflügel des Waldes versuchte
seine ersten Frühlingslieder. Der Anblick der schönen Natur machte
auf mich einen wundersamen Eindruck. Ob die Stimmung es war,
in der ich mich befand, ob es Wirkung der lange stumm hinter
dem Brustgitter schlummernden Gefühle, kurz ich fühlte ein gewal=
tiges Bedürfniß, aus mir herauszutreten, meine Brust hob sich un=
willkürlich und convulsivisch schluchzte ich auf und ein Strom von
Thränen entquoll meinen Augen die Wangen herab, warm wie die
Gefühle, die ihn hervorriefen.

Dieser gewaltsame unwillkürliche Ausbruch meiner Gefühle
erleichterte mir die gepreßte Brust, ich athmete freier und tiefer,
fühlte mich frischer, doch konnte ich nur langsamen Schrittes bergan
schreiten. Nach ungefähr zwei Stunden war ich auf dem Scheitel
des Berges. Hier eröffnete sich mir eine herrliche, wundervolle

Rundsicht. Vor mir dehnte sich ein in Schlangenlinien fernhin sich verlierendes Thal; es mochte etwa eine Viertelmeile breit sein und war von beiden Seiten von prachtvollen Gürteln bald rundlicher bald länglicher Berge eingefaßt, die wie Glieder einer kunstvollen Kette in einander griffen und mit ihren waldbekrönten Scheiteln hoch über die Horizontale hinausragten. Mitten durch dieses Thal zog sich ein schmaler Streifen kristallhellen Wassers laut murmelnd entlang. Ich labte mich an diesem Anblicke, den die hinter die Berge sinkende Sonne in das wundervollste Colorit kleidete. Der Himmel war wie mit lebhaftem Purpur übergossen, der auf dem dunklen Ton des Horizonts reflectirte und ein unbeschreiblich wunderbares Schauspiel bot. Nie in meinem Leben habe ich etwas ähnliches weder früher noch später gesehen. Mit dankbarem Gefühle gegen den Schöpfer dieser Herrlichkeit begann ich langsam hinabzusteigen. Ich kam bei einem Dorfe vorbei, welches am Wege im Grunde des Thales lag. Langsam vorwärts schlendernd und mich an der reizenden Gegend labend traf ich einen Waldhüter, der mir unter Anderem erzählte, daß sich in diesen Bergen ziemlich häufig Bären fänden. Vermittelst einer Brücke passirte ich ein mir unbekanntes Flüßchen und gelangte gegen Abend zu einem elenden Städtchen, in welchem ich bei einem Russinen nächtigte, der mich sehr freundlich aufnahm. Ich schlief warm und weich, denn auf einer Masse guten Heues und fühlte mich daher am folgenden Morgen etwas wohler. Bei meinem Wirthe, der Handwerker war, hatten östreichische Soldaten polnischer Nationalität ihre Schuhmacherei und Lederwerkfabrikation. Es war mir angenehm, ihren Gesprächen zu lauschen, ohne selbst daran Theil zu nehmen.

Obwohl der folgende schöne, heitere Tag zur raschen Wanderung geeignet war, so schritt ich doch wegen meiner geschwächten Gesundheit nur langsam vorwärts. Bald holte mich eine Schaar junger, rüstiger und fröhlicher russinischer Bergbewohner ein; sie waren barfuß, auf dem Haupte hatten sie runde, niedrige Hüte mit breiter Krämpe, um die Schultern trugen sie einen grobkörnigen Ueberwurf mit Aermeln und an den Beinen schmutzige Leinwandhosen. Einer von ihnen, der etwas zurückgeblieben war, rief laut, als er meiner ansichtig wurde, jenen zu: „nehmt euch in „Acht, daß euch jener bärtige Teufel nicht auffresse!" Ein homerisches Gelächter folgte diesem Witze, aber als ich bei einem Kreuze vorbeigehend den Hut abnahm, sagten sie zu einander: „halt, das ist ein Katholik" und sie hörten auf über mich zu scherzen. Nachdem ich wieder einmal die Theiß passirt hatte, wurde mir aufs Neue so ohnmächtig, daß ich mich niedersetzen mußte, um etwas auszuruhen und eine außerordentlich traurige Stimmung bemächtigte sich meiner. Mitten in meinen Träumereien fuhr die Straße entlang ein schönes Gespann und als es mit mir auf gleicher Höhe wär, hielt es plötzlich an. Ein Haiduck in Husarenuniform sprang herab, näherte sich mir und fragte in reinem russinisch: „Woher seid ihr? wenn ihr mit mir fahren wollt, „so nehm ich euch mit und ich nehm' nichts dafür." Ich that, als wenn ich ihn nicht verstände und fragte ihn deutsch, ob er Magyar sei. Mit einem gewissen Horror entgegnete er: „Gott „bewahre, kein Magyar: Russin!" Ueberall trat deutlich hervor, daß sämmtliche Slaven in Ungarn, gleichviel welchem Stamme sie angehörten, den Magyaren entschieden feindlich sind. Mit den Magyaren also stand es schlecht und ich begriff mehr und mehr, daß Polen unter solchen Umständen auf diese sich nicht stützen könnte.

Mein Haiduck wartete unterdessen, bis ich mir die Stiefeln angezogen hatte und sprach fortwährend zu mir, obwohl er überzeugt sein mußte, daß ich nichts davon verstand; endlich zeigte er mir an, daß es Zeit sei, vorwärts zu eilen und wir stiegen ein. O wie angenehm, wie erquicklich war es mir grade jetzt bei meinem kläglichen Gesundheitszustande in einem so bequemen Wagen zu sitzen, wie dankbar war ich dem guten Russinen. Nach Sonnenuntergang erreichten wir Sigeth, russinisch Syhot. Ich kaufte meinem Haiduken Wein, worüber er sehr erfreut war, nahm freundschaftlichst dankbar Abschied von ihm und suchte mir ein Nachtquartier, das ich bei einem Schuhmacher oder Riemer fand.

Unter den verschiedenen Personen, die meinen Wirth besuchten, befand sich ein junger Mann, von Profession ein Schneider, der lange in Galizien an verschiedenen Orten gearbeitet hatte und das Land gut kannte. Da er gut deutsch sprach, so fragte ich ihn nach dem Wege durch das Stanislawow'sche. Er gab mir deren zwei an, einen längeren, mehr sicheren und bequemen, und einen anderen ungleich kürzeren, aber gefährlichen; denn wie er und die anderen mir sagten, ereigneten sich dort nicht selten meist durch straßenlagernde Walachen verübte Mordthaten. Ich wählte dennoch den letzteren und mit Tages Anbruch war ich schon unterwegs.

Ich erwähnte oben eines Thals, das sich mir vom Szelöser Berge aus eröffnete. Dasselbe dehnt sich auf 20 Meilen bis Syhot. Die herrlichen waldbestandenen Höhen, welche fast in der Parallele das Thal zu beiden Seiten bilden, sind so symmetrisch als hätte sie eine menschliche Hand absichtlich so geformt. Von Syhot aus theilt sich das Thal, rechts bringt es gegen Siebenbürgen und zieht sich gewiß weit hin, ich schlug mich in die linke Abzweigung, deren Horizont in der Fronte mit einer zweiten Terrasse der Karpaten geschlossen war.

Ich mochte eine Meile gegangen sein, als ich zu einem ziemlich ansehnlichen Dorfe gelangte, wo ich viel Balken, Stabholz und Fässer zur Herabflößung auf der Theiß, tief nach Ungarn hinein, angehäuft fand. Unmittelbar jenseits der Brücke, welche ich passirte, standen Kasernen, die mit östreichischen Soldaten angefüllt waren. Nicht fern von den Kasernen setzte ich mich am Abhang eines kleinen Hügels nieder, theils um zu frühstücken, theils um mich an der herrlichen, durch die warme Frühlingssonne neu sich belebenden Gegend zu weiden. Kaum hatte ich mich hingesetzt und zu essen begonnen, als ein Russin, wie gewöhnlich in braunem, kurzem Ueberwurf, barfuß, mit langem Haar und einer spitzen Lammfellmütze auf dem Haupte, nachdem er mich in seiner Sprache und katholisch gegrüßt hatte, sich zu mir setzte und fragte, woher ich wäre? Da ich nicht antwortete, so schloß er natürlich, daß ich, als Deutscher ihn nicht verstände. Ich gab ihm ein Stück Brodt, das er annahm und sofort anbiß und obwohl er wissen mußte, daß ich ihn nicht verstand, erzählte er mir viel über die gefahrvolle Reise in diesen Gegenden, gab mir die besten Wege an und sprach fortwährend. Endlich stand er wieder auf und mit dem Abschied „Gott behüt euch" ging er fort. Ich bedauerte, daß meine Lage mir nicht erlaubte, mit ihm zu sprechen, besonders da die Bergbewohner hier gern und viel sprechen.

Die Theiß, auf deren rechtem Ufer ich mich gegenwärtig befand, läuft in einem durch Berge von beiden Seiten sehr eingeengten Thale und Bette durch Trybuza und hat ihren Ursprung auf dem Bergrücken der Karpaten bei Köreschmöze, russinisch Jasyn. Der Weg jenseit der Brücke wendet sich rechts und geht immer hart am Ufer entlang. Auf diesem schmalen von dichten Bäumen beschatteten, von Felsen eingeschlossenen Hohlwege nahm ich meine Richtung. Bald erweiterte sich die Aussicht in dem Maaße, als ich in ein nicht weites aber tiefes Thal hinabstieg, an dessen jenseitigem Abhange ich einige ungeordnet im Walde zerstreute Hütten gewahrte. Aus diesem Thale trat ich wieder in eine hohle felsige, von beiden Seiten mit steilen waldbeschatteten Felsen eingeschlossene Straße. Geschmolzenes Schneewasser brach hin und wieder mit gewaltigem Brausen zu beiden Seiten durch die Schluchten hinburch, wo es dann in den Vertiefungen des Weges weiter rieselte.

Gegen Mittag kam ich in das ansehnliche Dorf Trybusa. Ich ging ins Wirthshaus, das ein Jude hielt und wo ich eine Menge Frauen fand, die sich am Branntwein reichlich labten. Der Wirth war ein ächt polnischer Arendator von altem Schlage, ernst, einsilbig, behäbig, mit langem grauen Barte, in langem schwarzen Kaftan, gegen alle höflich und freundlich. Man sah es ihm an, daß er mit seiner Position zufrieden und daß er nächst dem Popen die erste Person im Dorfe war. Die ungarischen Juden von Preßburg bis Erlau tragen mit wenigen Ausnahmen keine Kinn- und Backenbärte, sondern nach ungarischer Sitte in die Höhe gedrehte Schnurrbärte, die meisten tragen deutsche Tracht, leben bequemer und haben weniger Vorurtheile, von Erlau ab aber haben sie den Typus ihres ihnen eigenen Schmutzes und ihrer Vorurtheile vom reinsten Wasser conservirt und jemehr man sich der polnischen Grenze nähert, desto mehr verschmelzen sie in jeder Beziehung mit dem Typus, der unter dem Namen des polnisch-jüdischen bekannt ist. In Namin z. B. sah ich einen jüdischen Scholarchen, der Kinder unterrichtete, indem er fortwährend aus voller Kehle schrie und die arme jüdische Schuljugend bald an den Ohren zerrte, bald mit dem Rohr bearbeitete, das er zu dem Zweck beständig in den Händen hielt — ganz so wie unsere Schulmeister in der Ukraine; auch nimmt die jüdische Bevölkerung in den Städten in dem Grade zu, als man sich der polnischen Grenze nähert.

Als ich über Trybufa hinauskam, wurde der Weg enger und beschwerlicher. Die Theiß verlor die Formen eines Flüßchens mehr und mehr und nahm diejenigen eines gewaltigen Sturzbaches an. Der Weg wurde sehr eng und schmutzig, doch wanderte ich rüstig vorwärts, ohne während der ganzen Zeit eine menschliche Seele zu treffen. Es wurde Abend und ich war herzlich müde. Unkundig, wie weit ich noch bis zum nächsten Dorfe zu wandern hätte, war ich entschlossen, da zu nächtigen, wo die Nacht mich überraschen würde. Der Augenblick trat bald ein und da die Nacht kühl war, so kroch ich auf einen der Felsen und machte mir ein lustig Feuer. Eben war ich daran mir aus Zweigen und Laub ein Lager zu bereiten, als Menschenstimmen von unten heraufertönten. Ich widerstand der Versuchung nicht, nach dem Wege und der Entfernung des nächsten Dorfes zu fragen und als man mir sagte, daß es nicht mehr weit sei, so verließ mich die Lust, in den Bergen zu nächtigen; ich nahm meine Habseligkeiten zusammen und wanderte in Gesellschaft nach jenem Dorfe, in welchem wir spät in der Nacht anlangten. Der Wirth des mir angewiesenen Wirthshauses, ein Russine, der noch nicht schlief, nahm mich freundlich auf. Ich trank ein Glas schlechten Brandtweins, bat um ein Stück Brodt, das man indessen nicht hatte, wogegen man mir einige geröstete Kartoffeln gab. Dann legte ich mich ohne Zeitverlust auf die Bank, wo ich gut und warm schlief. Mein Wirth machte sich ebenfalls ans Schlafengehen, vorher jedoch sprach er vor seinen Heiligenbildern niederknieend sein Gebet und ich gestehe, daß ich nie so inbrünstig und herzlich habe beten hören. Er betete russinisch, doch weiß ich nicht, ob er Grieche oder Unit war.

Mit Tagesanbruch machte ich mich wie gewöhnlich wieder auf, der Morgen war kalt, sogar frostig, aber der Tag heiß, der Weg aufgeweicht. Ich passirte ein Dörfchen und später einzeln stehende Häuser. Unterwegs begegneten mir reitende Männer und Frauen bald mit Getreide bald mit kleinen Fäßchen, die den Pferden über dem Nacken hingen. In besserer Jahreszeit wird dieser Weg mit leichtem Fuhrwerk befahren, was indessen jetzt unmöglich schien. Ich näherte mich dem Kamm, der Wasserscheide der Karpaten und in dem Maaße, als ich höher stieg, erweiterte sich mein Gesichtskreis. Ich traf oben einige Jäger, die ich nach dem Wege fragte und gelangte mit Sonnenuntergang zu einem Dorfe auf einem breiten Berge unmittelbar bei der Stadt Köreschmöße.

Auf der Höhe ruhte ich ein wenig aus und ließ meine Blicke über die herrliche Gebirgslandschaft unserer polnischen Karpaten schweifen und gerieth wie gewöhnlich in allerlei Träumereien.

Die Sonne war hinuntergesunken, der Abend brach kühl herein, ich machte mich auf, um ein Nachtquartier zu suchen. Im Krug fand ich eine Menge Branntwein trinkender und trunkener Männer und Frauen. Bis zum Ekel war mir dieser Anblick zuwider, denn junge, hübsche, schlanke Mädchen und Knaben hatten bereits etwas von demjenigen Ausdruck in ihren Zügen, den Völlerei ihnen aufzudrücken pflegt. Während ich darüber nachdachte, warum grade vorzugsweise die Einwohner dieser Dorfschaft diesem scheußlichen Laster so ergeben waren, trat ein Mann anständig in einen Fuchspelz gekleidet, die Pfeife im Munde, ins Zimmer. Er schien, wenn nicht der Pächter des Dörfchens so wenigstens derjenige der Propination zu sein. Er ließ sich sofort mit mir in ein italienisch Gespräch ein, denn auf seine Frage, was ich für ein Landsmann wäre, hatte ich ihm Italien als mein Vaterland genannt; als Soldat hatte er früher dort gedient und die Sprache etwas erlernt, doch sprach ich unvergleichlich besser.

Er ließ darauf den Schenkwirth zu sich kommen und fragte ihn, wieviel er verschenkt habe und in der Meinung, daß ich ihn nicht verstände, belehrte er diesen, wenn auch im gebrochenen Russinisch, wie er zum mehr Trinken nöthigen, wem er creditiren und wem er nur gegen baar geben könne und gab ihm mehrere derartige Instructionen, welche alle dahin zielten, wie man dem armen Volke den letzten Groschen ablocken könne. Der Schenkwirth, eben so ein Schelm wie sein Herr, rühmte sich seines niederträchtigen Verfahrens, das er in Anwendung gebracht habe und wurde deshalb von seinem Herrn belobt und belohnt. Ich war über diese fluchwürdige Unterhaltung empört bis zum höchsten Grade und hätte den Kerls die Schädel einschlagen mögen.

Fast in ganz Polen hat man leider auf diese Weise speculirt, um die Einkünfte der Propination auf Kosten des unaufgeklärten Volkes zu steigern; und dieser infamen Tendenz der Gutsbesitzer ist nicht ohne Grund der Umstand zugeschrieben worden, daß die Masse des Volkes bei unserem Aufstande so gleichgültig für die Sache des Vaterlandes war, insofern eben diese Tendenz vorzugsweise in dem Menschen, auf den sie sich bezieht sowohl als von dem sie ausgeht, das vernichtet, was ehrbar und was edel ist.

Schon bei meinem Eintritte ins Wirthshaus hatte ich den Wirth um Nachtquartier gebeten, er hatte mir es auch zugesichert und wollte nur, daß das Volk sich erst verliefe; indessen wurde es später und später, und als ich nachdrücklich ihn noch einmal darum anging, wünschte er, daß ich ihm die Nacht über der größeren Sicherheit wegen meinen Paß in Verwahrung gäbe. Da ich indessen seine Nichtswürdigkeit kennen gelernt hatte, so spürte ich dazu durchaus keine Lust, und da er mir ohne Erfüllung dieser Bedingung kein Nachtquartier geben wollte, mußte ich bei dunkler Nacht das Wirthshaus verlassen. Als ich heraustrat, gewahrte ich in geringer Entfernung noch einen Lichtschein, der mich zu einer elenden Lehmhütte führte, wo ich von der armen aber braven Familie mit Freundlichkeit zur Nacht aufgenommen wurde.

Am folgenden Morgen gegen 7 Uhr kam ich schon in Köreschmötze (Jasyn) an, dem letzten Grenzorte Ungarns, unmittelbar am Kamme der hier sehr hohen Karpaten gelegen. Hier mußte ich eigentlich meinen Paß visiren lassen, allein da es noch sehr früh war und ich lange hätte warten müssen, bevor der Grenzbeamte in seinem Bureau zum Visiren des Passes fertig geworden wäre, so folgte ich dem Drange meiner Ungeduld, die mich trieb, meinen vaterländischen Boden so schnell als möglich zu betreten, und hielt mich keinen Augenblick auf, vielmehr schritt ich eilig in einem dichten Tannenwalde vorwärts. Ich mußte steigen, anfangs gemächlich, weiterhin aber wurde der Bergpfad immer steiler und schwieriger, zumal der Boden lehmig und aufgeweicht war. Der Gipfel selbst mit einem prachtvollen Tannenwald bedeckt, bilbete früher die Grenze zwischen Ungarn und Polen, heute ist er die Grenze zwischen Ungarn und Galizien, wie die dort stehenden Grenzpfähle andeuteten.

Ich kann nicht von ganz Ungarn sprechen, sondern nur von dem Theile, den ich durchwandert habe, und in dieser Beziehung bietet Ungarn von Preßburg ab, über Komorn, Pest, Erlau, Tokay und Syhot bis Köreschmötze dem Auge des Reisenden die mannigfaltigste Abwechselung. Vom Eintritte in Ungarn bis Erlau ist das Land größtentheils eben nur hin und wieder von kleinen Erhebungen und Thalbildungen durchschnitten. Von Erlau bis Schöles wird es gebirgiger und von da ab bis Köreschmötze ist es ein vollständiges Gebirgsland. Die das Land in verschiedenen Richtungen durchschneidenden Thäler, Höhen und Berge geben ihm eine besondere und eigenthümliche Physiognomie. Oft trifft man mitten in einer weiten Ebne einzelne hohe Berge, ganz ähnlich den Grabhügeln der Ukraina. Der Boden ist im ganzen fruchtbar und kornreich, producirt viele und verschiedene Erzeugnisse. Hornvieh, Pferde, Schaafe sind reichlich vorhanden, besonders aber finden sich dort zahlreiche Schweineheerden. Die Bewohner verschiedener Abstammung sind gesund, kräftig, breitschultrig und gastfrei. Es herrscht viel Einfachheit der Sitte, aber ein solcher Mangel an Bildung in der Masse des Volkes, als ob diese Nation so eben erst die Wiege des Barbarenthums verlassen hätte. Der Ackerbau steht auf einer sehr niedrigen Stufe und Industrie und Handel ist meist in den Händen fremder Eindringlinge. Eine Kirche oder Cerkiew (griechische Kirche) findet man fast in jedem Dorfe. Die Priester sind verpflichtet sich mit der Elementar-Erziehung der Pfarreien zu beschäftigen. Das Klima ist gemäßigt, gesund und fruchtfördernd. Das Bedürfniß eines wohlverstandenen politischen und der Verbesserung des socialen Lebens wird kaum gefühlt. Der Adel, der an der Spitze der Nation steht, ist bei geringer Bildung und beim Mangel practischer Bekanntschaft mit dem öffentlichen Leben wenig geeignet, der Unordnung, welche in diesem Lande herrscht, zu steuern. Möchte dieses schöne Land nicht der Ordnungslosigkeit und Zwietracht, welche in diesem Augenblicke es unterwühlt, zum Opfer fallen.

VI.

Fortsetzung der Reise nach Podolien über die Karpaten, Dylatyn, Kolomea, Czerniejowice, Nowosielica Chocim in Bessarabien und Ankunft in Kamieniec podolski.

Nachdem ich den Gipfel der mit dichtem Walde, Schnee und Eis bedeckten Karpaten erstiegen hatte, machte ich Halt, sowohl um auszuruhen als um mich an dem reizenden Anblicke der überaus herrlichen Natur zu erfreuen, der sich vor mir aufthat. Ich zog mein Fernglas hervor und ließ Blick, Gedanke und Herz nach Galizien hineinschweifen. Nach elf Jahren schweren Wanderlebens sah ich zum erstenmal den vaterländischen Boden, sah ich Polen wieder, nach dem ich so lange Jahre unter Thränen und Bangigkeit mich gesehnt hatte; aber das verheißene Land ist es nur für diejenigen, welche es mit reinem Gewissen betreten können; mir, dem der Felonie Schuldigen, der ich mit 70,000 meiner Brüder schmachvoll es verrathen und in einem Augenblicke verlassen hatte, wo wir für dasselbe hätten kämpfen oder sterben müssen, mir geziemte es nicht, es zu betreten, ohne mit zerknirschtem Herzen Verzeihung zu erflehen und Besserung zu geloben. Ich fiel auf die Kniee, hob die Augen gen Himmel und beschämt die Stirne neigend, küßte ich es mit heißen Lippen und benetzte es mit noch heißeren Thränen. So begrüßte ich mein Heimatland, das Land des Ruhmes, des Unglücks, der Leiden und der Hoffnung. Die Eindrücke, die ich damals empfand, kann man wohl fühlen, aber sie zu schildern, dafür fehlt dem Menschen das Wort.

Steigt man nach Galizien hinunter, so findet man einen minder steilen Abfall als nach Ungarn zu, und gemächlich wandernd gelangte ich nach einem an der Abdachung der Berge zerstreut liegenden Dorfe Jablonka, durch welches ein Flüßchen gleichen Namens fließt. Vor dem Wirthshause, wo man mich mit Sauerkraut (kapusta) und Kartoffeln setirte, sammelte sich nach und nach eine Masse russnischer Bauern mit Packpferden, weil hier wie in Ungarn von Syhot bis Köreschmötze, in Galizien von Dylatyn bis Jablonka der Transport für Lasten fast nur auf diese Weise befördert werden kann. Nachdem sie ihre Pferde draußen besorgt, traten sie in die Schenke, tranken Branntwein, aßen und plauderten im rein russinischen Dialecte, den ich so sehr gern hörte, denn nächst dem Polnischen war das meine zweite Muttersprache, als Sprache der Ukraina, und wer in der Ukraina geboren ist und ihre Sehnsucht athmenden, wehmüthigen Melodien gehört oder gesungen hat, der muß diese Sprache lieben. Sie schauten mich lange mit forschenden Blicken an, bis endlich der dreisteste von ihnen mich fragte, woher ich sei? und da ich ihn nicht zu verstehen schien, so nahm er mich natürlich für einen Deutschen — nie ponimaje po ruski, musyt' to but' Nimeć — *).

Der Weg von Jabłonka, wenngleich kothig, schlecht und beschwerlich, schien mir doch angenehmer, insofern die ihn einschließenden Berge sich von beiden Seiten nicht so eng zusammendrängten, mithin der Horizont eine weitere Sicht gestattete. Natürlich war die Temperatur auf dem Nordabhange der Karpaten eine bedeutend niedrigere, was ich unangenehm vermerkte. Hin und wieder begegnete ich Männern und Frauen auf Packpferden. Ich passirte ein Dörfchen und später als die Nacht bereits hereinbrach, gelangte ich zu einzelnen zerstreut liegenden Hütten. Ich mußte mich nach einem Nachtquartier umsehen, ein Krug war nicht vorhanden und der Russin, den ich um Unterkommen für die Nacht ansprach, willfahrte meiner Bitte nicht, sondern wies mich zum Wojt oder Schulzen. Ich ging also nach dem bezeichneten Hause, fand indessen nur die Wirthin, die mich freundlich aufnahm, mir jedoch, ohne vorher mit ihrem Manne Rücksprache genommen zu haben, kein Nachtquartier zusichern konnte. Nach einer halben Stunde ungefähr erschien der Wirth, ein Berghuzul, gesund, frisch, stämmig und breitschultrig, in braunem rauhen Ueberwurf und spitzer Lammfellmütze,

---

*) Der Sloviane, der seinen Namen von slowo, das Wort, ableitet, nennt jeden, der mit ihm in seiner Sprache nicht sprechen kann niemy, d. h. stumm, und da die Deutschen diejenigen Nachbarn waren, mit denen er es am meisten zu thun hatte, so nannte er diese niemcy und dehnte dann denselben Namen auf die übrigen Nationen aus, so daß ihm ein Franzose zum francuzki niemiec ein Engländer zum angielski niemiec u. s. w. wurde.

tüchtig angetrunken und in Begleitung von drei Collegen, welche nicht nüchterner waren, als er selbst. Nachdem er von seiner Frau meine Ankunft erfahren hatte, wandte er sich zu mir und fragte auf russinisch: woher und wer ich sei? Als ich ihm keine Antwort gegeben, setzte er sich zu mir nieder, sah mich mit neugierigen Blicken an und fragte mich nochmals, aber wieder russinisch, ob ich nicht deutsch verstände? und als ihm hierauf auch nicht antwortete, sprach er für sich: „ani po ruski ani po niemiecki nieumije. Szczo to zo czort?" (er versteht weder russinisch noch deutsch, was mag das für ein Teufel sein?) und indem er mich nun wieder mit verwunderter Miene anblickte und verschiedene Vermuthungen anstellte, über welche ich innerlich lachte, fragte er mich, ob ich einen Paß habe. Ich that, als wenn ich ihn verstand, und langte meinen Paß hervor. Nachdem er ihn auseinander geschlagen und lange hineingeblickt hatte, als ob er ihn lesen könnte, reichte er ihn seinem Nachbarn, offenbar dem klügsten von allen, und fragte, ob der Paß richtig sei. Dieser nahm den Paß, besah ihn von allen Seiten, näherte sich dem Lichte, prüfte ihn nochmals, namentlich den Stempel, und sagte endlich mit zuversichtlicher Miene: „Dieser Paß ist sehr gültig, mit ihm kann man die ganze Welt durchreisen, der König selbst ist unterschrieben." Nach dieser feierlichen Erklärung wurde der Wirth sofort freundlicher und sagte mir, daß ich bei ihm nächtigen könne, speiste mich mit gebratenen Kartoffeln und wies mir einen Platz zum Schlafen auf einer Bank an. Dabei schalt er lange auf die Dienstmagd ohne allen Grund, eben so auf die Frau, wie das so bei Trunkenen geschieht.

Am folgenden Morgen kam ich bei Kasernen vorbei, die mit Grenzjägern angefüllt waren, dann durch ein Dorf und gegen Mittag nach Dylatyn, das in einem waldumschlossenen Thale liegt. Dort kaufte ich einige Semmeln auf den Weg und ohne mich weiter aufzuhalten, verließ ich die Stadt, setzte mich am Abhange eines steilen Hügels nieder und aß meinen Semmelvorrath. Während ich hier saß, hörte ich ein Geräusch wie Sturmesbrausen über mir, und kaum hatte ich Zeit mich umzusehen, als eine Schaar munterer Knaben wie Falken heruntergeschossen und einer der kühnsten vor mir stehen blieb und mich fragte: ob ich Schneider, Schuster, oder sonst ein Handwerker wäre. Als ich ihm nicht antwortete, meinte er, daß ich taub oder stumm oder beides zugleich sei, und indem er mit den Füßen springend an seinen unaussprechlichen Theil schlug, eilte er mit seinen barfüßigen Collegen diesen Berg hinunter und den gegenüberliegenden hinauf.

Nachdem ich aufgebrochen und mich rechts von der Hauptstraße abgewandt hatte um mir den Weg zu kürzen, da man dort eine Chaussee zu bauen angefangen hatte, kam ich endlich nach langer Bergwanderung in eine weite Ebne, die sich rechts an die Karpaten lehnte und links unabsehbar war, während die Karpaten sich südwärts entlang zogen. So war ich dann endlich auf den Ebnen galizisch Poboliens angelangt, mitten zwischen Hütten und Menschen, die den ukrainischen so ähnlich waren. Ich war des herzlich froh, ließ meine freudigen Blicke darüber hinschweifen und längst vergangener Zeiten glückliche Erinnerungen traten mir lebhaft vor die Seele. Rasch schritt ich vorwärts auf der Straße, die von Stanislawow nach Czerniejowice führt. Ein Dorf nach dem andern durchwanderte ich und freundlich winkte mir mancher Edelhof entgegen. Das Herz brannte mir, aber nirgends trat ich über die gastfreundlich einladende Schwelle. Zur Nacht blieb ich bei einem Rusinen, der mich herzlich aufnahm und mit mir sein elendes Abendbrod theilte, wofür er nichts nehmen wollte.

Am folgenden Tage kam ich nach Kolomea, einer Stadt mit großem Marktplatze, hölzernen Häusern und vielen Juden. Auf dem Markte kaufte ich mir zwei Hirsemehlbrodte, aber fand sie schlecht und bitter. Das Gehen wurde mir recht sauer, ich fühlte, wie mir die Kräfte zu angestrengteren Märschen bereits fehlten, dazu kam daß meine Füße wund gelaufen waren, so daß ich in der That viel zu leiden hatte. Glücklicherweise kam ein junger Mann gefahren, der mir meine Noth ansehen mußte und mich freundlich aufforderte, zu ihm auf den Wagen zu steigen. Da er mich für den hielt, für den ich mich ausgab, so begann er erst vorsichtig, dann aber immer dreister und ausführlicher über die Mißbräuche und Gewaltthätigkeiten zu sprechen, welche sich die östreichische Regierung gegen die Polen und ihre Nationalität erlaubt. Ich wußte das Alles sehr wohl, aber das Feuer, in das sich der junge Mann hineinsprach), freute mich, und als wir in dem Dorfe angelangt waren, wo er wohnte, und es schon spät war, so bat er mich, bei ihm zu nächtigen. Er bedauerte, mich nicht so aufnehmen zu können, wie er es gewünscht hätte; dennoch war ich mit der Aufnahme sehr zufrieden, denn sie war aufrichtig und herzlich, und ich bezahlte ihm die Aufnahme ebenfalls mit Offenheit. Er erzählte mir viel und ich gab ihm manchen guten Rath. Er war außer sich vor Freuden, als ich mich ihm zu erkennen gab, und versicherte, daß von ihm Niemand etwas erfahren sollte.

Mit Tagesanbruch nahm ich Abschied von meinem jungen Freunde. In der Nacht war Schnee gefallen und ein starker Frost eingetreten. Gegen 9 Uhr Morgens gelangte ich im Städtchen Sniatyn an, wo ich mich indessen nicht aufhielt, sondern so gut ich eben konnte vorwärts ging, obwohl ich mich sehr matt fühlte und die wunden Füße mich schmerzten. Ich schleppte mich langsam entlang, denn ich mußte vorwärts, Kamieniec war noch weit, und meine Casse besaß nur noch zehn poln. Gulden oder 1 Rtl. 20 sg.; doch wurde mir plötzlich so übel und schwach, daß ich nicht mehr Zeit hatte mich hinzusetzen, sondern förmlich zu Boden fiel. Eine Zeit lang lag ich ohne Bewußtsein, kalter Schweiß bedeckte meinen Körper und der Herzschlag steigerte sich auf das doppelte an Zahl und Heftigkeit. Ich kam allmählig wieder zu mir, blieb aber ruhig liegen.

Es war wohl bereits hoch Mittag als ich mich endlich erhob, mich weiter schleppte, und in ein Wirthshaus nicht fern vom Dorf eintraf. Der Wirth war Armenier, aber er sowohl wie Frau und Kinder sprachen polnisch. Ich ließ mir Bier zu meinem Brodte geben. Während ich so mich stärkte, beobachtete mich mein Armenier mit forschendem Blicke und in der Meinung, seinen Mann gefunden zu haben, rief er mich seitwärts und fragte ganz leise, ob ich in meinem Felleisen nicht vielleicht ungarischen Tabak hätte. „Sie irren sich in mir lieber Freund." „Ei, ei!" meinte er, „wir kennen uns darauf, macht nur keine Umstände, ich zahle „gut und Niemand soll's erfahren." Auf ein solch dictum acerbum sah ich ihn verächtlich an ohne ein Wort zu sagen. Das wirkte, denn er ließ mich nun in Ruhe, wenn er mich gleich

immer noch für einen Schmuggler halten mochte. Bald darauf
fuhr ein Wagen vor, von dem ein junger Mann heruntersprang
und in die Stube trat; er fragte mich auf deutsch, was ich für
ein Handwerker wäre? Ich weiß nicht warum, aber ich sagte ihm,
ich wäre ein Schneider. „Und ich bin auch einer," rief er freudig,
ließ sofort für mich und sich Bier geben, und nun begann zwischen
uns ein Schneidergespräch über die neuesten Moden; ich gerieth
etwas in Verlegenheit, aber als Ausländer und der deutschen
Sprache nicht gewachsen, war es mir erlaubt allerlei Unsinn zu
schwatzen. Endlich sagte er mir, daß er in derselben Richtung
fahre und daß er sich sehr freuen würde, wenn ich mit ihm fahren
wollte: „denn wir Leute einer Profession müssen uns lieben und
„wie Brüder unterstützen." Ich bestätigte dieses schöne Princip
und war ihm in der That dankbar für den Dienst, den er mir lei=
stete, nur war es mir unangenehm, daß ich vor ihm lügen und
ihn im fortwährenden Irrthum halten mußte. Er brachte mich bis
an die Brücke, die über den Pruth nach Czerniejowice führt,
hier dankte ich ihm für seine Freundlichkeit, er wünschte mir glückliche
Reise und fuhr links ab, während ich den Berg hinaufstieg, auf
welchem Czerniejowice liegt.

Obwohl die Sonne dem Untergange nahe war, so mogte ich
doch nicht hier nächtigen; eine sa fieberhafte Ungeduld, den Ort
meiner Bestimmung zu erreichen, trieb mich vorwärts. Von hier
führt eine große Landstraße nach Soczawa in der Walachei und
Jeder, den ich um den Weg nach Kamieniec podolski fragte, wies
mich entweder auf diesen großen Weg oder rieth mir nach Snia=
tyn zurückzugehen, niemand wußte mir einen directen Weg nach
Chocim anzugeben. In der That führte auch keine öffentliche
Straße dahin, allein darum handelte es sich mir gar nicht, ich wollte
nur den möglichst kürzesten wissen, ob er sicher oder bequem, das
war mir ganz gleichgültig. Da mir Niemand darüber Auskunft
geben konnte, so blieb mir nichts übrig, als in einem der Wirths=
häuser mich danach zu erkundigen. Als ich eben in ein solches
getreten war, traf ich dort einen östreichischen Capitain von den
Cheveaux legers der mich neugierig anschaute und dann endlich
sagte: „Sie sind ein Pole, nicht wahr? Woher kommen sie denn

„und wohin gehen sie?" „Mit nichten Herr, ich bin ein Engländer, will nach Rußland und erkundige mich eben nach dem Wege." Bei dem Worte „Engländer" nahm er sofort eine andere Miene an und indem er ein langgedehntes „S-o-o o-o" aussprach, empfehl er sich und ging fort.

Auch hier wußte man mir den erwünschten Bescheid nicht zu geben, ich ging auf's Gerathewohl in der Richtung, welche mir die entsprechende zu sein schien, vorwärts, und war hier so glücklich einen Menschen zu treffen, dem es wenigstens schien, daß, um nach Chocim zu gelangen, man über Bojany gehen müsse. Nachdem ich über den Pruth gesetzt war, erreichte ich gegen Nacht eine traurige Judenschenke, deren Wirth mich aus Mangel an Raum nicht annehmen wollte, und ich hätte im Freien nächtigen müssen, wenn sich nicht ein Moldauer meiner erbarmt und mir bei sich Nachtherberge gegeben hätte.

Noch vor unserem Unabhängigkeitskriege war ich einmal in jungen Jahren in Bessarabien und in der Moldau gewesen, ich kannte daher die Lebensart der Einwohner einigermaßen, und auch einige Wörter aus ihrer Sprache, darum rief mir der Anblick meines freundlichen Moldauers in Schaafpelz und Lammfellmütze alte immer theure Zeiten aus meiner Jugend wach. In dem Hause meines Wirthes fand ich, wie das hier überall zu treffen, einen Webestuhl, der mit Garn vollständig überzogen war. Mein Wirth machte selbst sofort Feuer, da die Wirthin ausgegangen war, und stellte Wasser zur Bereitung von **Mamałyga** oder **Prażucha** aus türkisch Weizenmehl an, und während das brodelte, producirte er mir sein, wie er sich rühmte, für sein Alter kluges und gelehrtes Söhnchen. Die moldavisch=walachische oder rumänische Sprache hat mit der lateinischen, von der sie abstammt, viel Aehnlichkeit. Mit Hülfe meiner Kenntniß italienischer, lateinischer und einiger Ausdrücke der rumänischen Sprache konnte ich mit meinem Wirthe, wenn auch nicht sprechen, so doch mich verständlich machen. Sein zehnjähriges, für sein Alter großes und kräftiges Söhnchen, das in ein schmutziges langes mit einem Leibgurt zusammen geschnürtes Hembe gekleidet, barfuß und schmutzig war, holte seine deutsche Fibel hervor, die mit **Mmałyga** wie mit Kleister überzogen war, schlug dieselbe auf und begann zu lesen, d. h. aus voller Kehle und mit aller Kraft der Lungen zu schreien. In der That las er fließend und der glückliche Vater war über die Gewandtheit seines Sohnes in der deutschen Sprache außer sich vor Freuden. Nach beendigtem Examen belobte und streichelte ich den Knaben, munterte ihn auf so fortzufahren, rieth ihm jedoch, nicht so zu schreien, da sich dann das Lesen weit besser anhören würde. Unterdessen hatte mein Amphitryon die Mamalyga fertig, schüttete sie aus dem Kessel, schnitt sie mit einem Faden in Stücke und um sie schmackhafter zu machen, da es Freitag war, brachte er eine saure Gurke zum Zubiß. Ich aß mit vielem Appetit.

Nachdem ich am folgenden Morgen Abschied genommen und für Speise und Nachtquartier mich bedankt hatte, eilte ich vorwärts, ich passirte das große Dorf Bojany. Der Pruth, der in den Strahlen der Sonne erglänzte, zieht sich hier in vielen Krümmungen unter dichtem Buchenwald dahin, denn Buchen bilden hier den Hauptbestand der Wälder, weshalb dieser Theil Galiziens auch Bukowina heißt. In meiner Phantasie nahm ich diesen Wald für die Fortsetzung jenes Waldes, wo in vormaligen Zeit durch walachischen Verrath soviel polnischer Adel unter den stürzenden Bäumen begraben wurde, daß es zum Sprüchwort geworden: „unter König Albrecht ging der Adel verloren." Es mogte hoch Mittag sein, als ich an einen Krug kam, der an der östreichischen Grenze von russischer Seite und dem Städtchen Nowosielicy in russisch Bessarabien lag. Hier war das Grenzzollamt.

Obwohl es noch zeitig genug war, um weiter zu wandern, so beschloß ich doch hier zu bleiben, um auszuruhen und Kräfte und neuen Muth zu sammeln, der mir so nöthig war, um die Gefahren ertragen zu können, denen ich bald Auge gegen Auge gegenüber treten sollte; denn morgen sollte ich das Land betreten, wo jeder freie Athemzug belauscht und mit eiserner, dem felsenharten Herzen folgsamer Hand als das größte Verbrechen vor Gericht gezogen wird. Zugleich wollte ich mich über die Formalitäten, die an der russischen Grenze beobachtet werden müssen, instruiren; denn in Rußland haben Formalitäten eine weit größere Bedeutung als die Dinge selbst. Ich zeigte also denjenigen, die sich darauf zu verstehen schienen, meinen Paß und gerieth nicht in geringe Verlegenheit, als man mir sagte, daß ich damit nach Rußland nicht eingelassen werden würde, wenn er nicht vorher auf dem östreichischen Grenzzollamte in Bojany visirt worden wäre. Ohne Zeit zu verlieren eilte ich nach Bojany zurück. Ich trat in das sehr warme stickige Bureau und bat um das erforderliche Visa, allein hier erklärte man mir, daß man mir das Visa erst dann ertheilen könne, wenn ich vorher dasjenige des Kreishauptmanns in Czerniejowice erhalten haben würde. Ich mußte also nächtigen und gelangte erst am folgenden Morgen gegen 8 Uhr nach Czerniejowice. Da das Bureau erst um 10 Uhr geöffnet wurde, so ging ich einstweilen in die Kirche, betete inbrünstig und mit Thränen, indem ich mich der Barmherzigkeit Gottes empfahl und um seinen Schutz, um seine Hülfe in den bevorstehenden Gefahren bat. Gestärkt im Geiste verließ ich die Kirche, erhielt ohne Schwierigkeit das verlangte Visa, das man mir dann in Bojany bestätigte, und am Abend spät war ich wieder in demselben Kruge, wo ich gestern gewesen war. Ich legte mich schlafen und schlief einen gesunden, tiefen Schlaf.

Mit Aufgang der Sonne war ich bereits auf den Beinen und wartete mit Ungeduld, mein Felleisen auf dem Nacken, bis man den östreichischen Schlagbaum aufgezogen haben würde. Die beiden Schlagbäume standen hier nur einige Schritt von einander. Als ich nach meiner Meinung lang genug gewartet hatte, ging ich mit Zurücklassung meines Felleisens zum östreichischen Beamten und bat ihn, mir den Schlagbaum öffnen zu lassen. Er kam mir mit der größten Bereitwilligkeit entgegen, sagte mir indessen, daß die Eröffnung des russischen Schlagbaums von ihm nicht abhinge. Ich mußte also vor dem russischen Schlagbaum wieder warten, und da keine Schildwach zu sehen war, ging ich, nachdem ich lange und lange gewartet hatte, unter dem Schlagbaume durch und stand endlich auf russischem Grund und Boden.

Im Grenzbureau, in das ich unmittelbar hineintrat, präsentirten sich mir zehn und mehr Personen in dunkelgrünen Uniformen mit hellgrünen Kragen und Aufschlägen. Wie mir bei diesem Anblick zu Muthe wurde ist schwer zu beschreiben, aber ich hatte

etwas von dem Gefühle, was die Seelen empfinden mußten, die
über den Styr in den Tartarus schifften, ohne zu wissen, ob sie
für das Elisium oder für ewige Qualen bestimmt wären. Einige der
Beamten waren Polen, doch fragte man mich russisch „kto wy
takoj, i czewo potrebujetie?" (wer sind sie und was wollen sie?)
Ich antwortete darauf. „Ich verstehe nicht, was sie mich fragen.
Ich bin ein Ausländer und wünsche den Einlaß nach Rußland."
Wir konnten uns nur mit Hülfe eines Juden verständigen, wo-
durch ich ein Gegenstand der Neugierde für das ganze anwesende
Publicum wurde.

Mit Hülfe des angegebenen Dolmetschers fragte man mich
also, wer ich sei und woher ich komme? „Ich heiße Catharro und
„komme von englischem Grund und Boden." — Ferner: „Wer hat
„es gewagt sie nach Rußland ohne vorherige Meldung hereinzu-
„lassen." „Niemand hat mich hereingelassen, ich bin allein gekommen
„um mich zu melden." „Wo sind sie über die Grenze gegangen?"
„Auf dem gewöhnlichen Wege, der hierher führt." „War der
„Schlagbaum nicht geschlossen?" „Das ist richtig, allein nachdem
„ich lange vergebens gewartet, ging ich darunter durch." Ich
überlegte nicht, daß ich dadurch dem Soldaten, der dort eigentlich
auf Wache sein sollte, aber nicht da war, Strafe zuzog. In diesem Augenblicke trat der Naczelnik, d. h. der erste Beamte am Ort,
herein, ein ächter Moskowiter, mittlerer Größe, vierschrötig und
breit. Nachdem er sich über die ganze Angelegenheit informirt
hatte, machte er einen nach dem andern niederträchtig und befahl
die Schildwach zu bestrafen, und zu mir gewendet: und diesen hier
sofort über die Grenze zurückzubringen.

Indessen that ich, als wenn ich von all' dem Geschrei nichts
verstände und als ob mich das gar nicht berührte, vielmehr fragte
ich mit der größten Gleichgültigkeit: „Versteht vielleicht einer von
„den Herrn französisch, und wem muß ich meinen Paß vorlegen?"
Einer der Herrn fragte sofort: „Ja, haben sie denn einen Paß?"
„Ohne Zweifel, für was halten sie mich denn?" und ich händigte
ihm meinen Paß ein. Sofort wurde der Befehl mich zurückzu-
stellen, zurückgenommen und mein Paß mit dem Visa versehen.
Darauf fragte man, ob ich Sachen bei mir hätte, und ich gab an,

daß dieselben noch auf der östreichischen Seite seien, wo ich sie hatte liegen lassen, worauf man mich aufforderte sie zu holen und zur Revision vorzuzeigen, zugleich befahl man jener unglücklichen Schildwach, mich ungehindert heraus und hinzulassen. Der arme Kerl hatte von den erhaltenen Stockprügeln noch Thränen in den Augen, und da er mich für einen Juden hielt, so wollte er sich auf ächt moskowitisch rächen, d. h. nicht an demjenigen, der ihn geschlagen hatte, sondern an dem, der dazu die unschuldige Veranlassung gewesen. Diese Sitte ist in Rußland ein Glaubensartikel. Als ich mich also dem Schlagbaum näherte, so ließ er denselben zwar in die Höhe, zugleich aber auch näherte er sich mit funkelnden Augen und gehobener Faust: „Ah ty sukin syn Jewriej, czort tiebia przynios „na moju biedu! Ach du jüdischer Hundesohn, dich hat der Teufel zu meinem Unglück hergeführt." Da ich mit moskowitischem Brauche bekannt war, mithin seine Absicht merkte, so blieb ich stehen, ballte ebenfalls meine Faust und blickte ihn mit zornglühendem Auge an. Hieraus mochte er schließen, daß ich kein Jude wäre, denn er zog sich zurück: „Stupaj kczortu, na czetyre wiatry, „sztob ty zdoch. Geh zum Teufel nach allen vier Winden und krepire." Mit diesem Scheidegruß ging ich unberührt von dannen, nahm mein Felleisen und gab es dann zur Revision. Es wurde gründlich durchgeschüttelt, Hemden, Tücher, Hosen, alles wurde durchsucht, die Taschen revidirt und der Kragen am Rocke aufgetrennt u. s. w. Ich hatte ein französisch-italienisches Wörterbuch bei mir, das Blatt für Blatt durchgelesen wurde. Man fand natürlich nichts Verdächtiges. Nachdem diese Operation vorbei war, packte ich alles wieder zusammen, empfahl mich höflichst und ging in die Schenke, ließ mir Essen geben, wechselte meine letzten zehn Gulden gegen russisch Geld und begann mich um den Weg nach Chocim zu erkundigen. Man sagte mir, daß von Nowosielica häufig Gelegenheit nach Chocim sei und einer der Anwesenden war so freundlich, mir eine solche suchen zu wollen. Bald fand er auch Wagen, die aus der Gegend von Berdyczów Getreide gebracht hatten und leer über Kamieniec podolski zurückkehrten. Eine bessere Gelegenheit konnte ich nicht finden. Ich einigte mich über das ganz unbedeutende Fuhrlohn und gegen Mittag saß ich auf dem Wagen und fuhr fröhlichen Muthes weiter.

Unterwegs lauschte ich den Gesprächen dieser einst zum kleinen Adel gehörigen Leute, zagonowa szlachta, die heute in odnodworcy (Ein=Hubener) umgewandelt war; sie sprachen im dortigen Bauerndialect; Gegenstand ihrer Unterhaltung war das Elend und die Standeserniedrigung, zu welcher die russische Regierung sie gebracht hatte. Selbst Sohn eines solchen kleinen Edelmanns, kannte ich ihre Verhältnisse sehr gut. Niemals hat dieser Schlag Adels auf gelehrte Bildung Anspruch gemacht, aber er war patriotisch und stolz auf seinen Adelstitel in Erinnerung des alten Sprichworts: „Szlachcic na zagrodzie rowny wojewodzie," d. h. der ganze Adel ist gleichen Rechts ob reich oder arm, klein oder groß; pares. Im allgemeinen war dieser Adel arm, zuweilen sogar sehr dürftig an materiellem Gut, aber stets reich an Schätzen des Herzens und an Erinnerungen glücklicherer Zeiten. Bis zum Jahre 1830 hatte er seine Privilegien halbwegs noch aufrecht erhalten, wenigstens nahm man ihn bis dahin noch nicht als Recruten, und trat er freiwillig ein, so geschah es mit der Aussicht Offizier zu werden. So lange also noch die Erinnerungen an seine Vergangenheit, an seine frühere Bedeutung in diesem Adel in Ehren gehalten wurde, insofern die russische Regierung ihm allerlei kleine unbedeutende Rücksichten bewies, so lange behielt er noch einen gewissen Stolz und das Gefühl seiner Würde, heut aber, wo er der unglücklichen Masse der Bauern ganz gleich gemacht worden, muß natürlich jedes derartige Gefühl allmählig verschwinden. Derjenige, der mich fuhr, und seine Collegen, waren solche Edelleute, entschieden unglücklicher als die Bauern, denn sie wußten, was sie verloren hatten, und doch fehlte es ihnen an der nöthigen Bildung, dies mit Gleichmuth einstweilen zu ertragen. Sie waren für immer demoralisirt.

Die Gegend, durch welche wir fuhren, kannte ich aus meinen Kinderjahren und aus mancher ruhmreichen Episode polnischer Geschichte, die in diesen Ebnen gespielt hatte.

Spät Abends hielten wir zur Nacht vor einem kleinen, engen, mitten in der Steppe einsam stehenden Kruge an. Wir waren eben eingetreten, als ein unglücklicher grausam gemißhandelter Soldat eintrat. Es war ein junger, schlanker, hübscher Kerl.

Wer eine lebendige und vollkommenene Vorstellung von Sklaverei und Sklaven, aber von beiden des Körpers, des Herzens, der Seele und des Geistes haben will, der betrachte mit Aufmerksamkeit das Antlitz eines russischen Soldaten; und wenn bei dem Anblick der Leiden und der Erniedrigung eines solchen menschlichen Wesens sich ihm das Herz im Leibe nicht umdreht und zu Haß und Verachtung gegen denjenigen entflammt, der auf so teuflische Weise mit der Bestimmung der Menschheit spielt, daß er den Menschen zum Thier herabwürdigt, der ist kein Mensch mehr, sondern ein Genosse dessen, der solches zu thun vermag.

Ich erfuhr allmählig, als noch drei andere Soldaten hereinkamen und alle gemeinschaftlich am Brandtwein sich trösteten, die Ursache der Strafe des ersteren. Es hatte sich nämlich gezeigt, daß jener Soldat bei einem Mädchen in größeren Gunsten gestanden hatte, als sein Offizier. Dieser also ließ seinen Rivalen, um ihn zu beseitigen, aus eigener Machtvollkommenheit auf die furchtbarste Weise durchpeitschen. Eine solche Bestialität wäre unglaublich, wenn ich nicht das traurige Beispiel vor mir gehabt hätte.

Es war noch Nacht, als wir diesen Ort verließen, und etwa acht Uhr, als wir Chocim erblickten. Die Stadt liegt am Dniester ist schlecht aus hölzernen, niedrigen und elenden Hütten unordentlich gebaut und hat eine starke Besatzung. Man war daran die Stadt zu befestigen und war darin schon ziemlich weit vorgeschritten. Wir fuhren durch die Stadt hinunter an den Dniester, um dort unsere Pferde zu tränken. Mir kam in Erinnerung, daß zu Zeiten der Conföderation von Bar, als Kazimierz Pulawski, derselbe, der dann im Kampfe für die Freiheit der Amerikaner bei Sawannah Ga. fiel, hier in Chocim mit seiner Cavallerie von den Russen eingeschlossen war, es ihm gelang, ihnen mit allen seinen Leuten das steile Ufer hinab nach dem Dniester zu entkommen, bevor noch die Russen etwas davon merkten. Ich ging das Ufer entlang, um es zu untersuchen, und ich gestehe, daß ich es nicht begreife, wie es Pulawski hat wagen können, seiner Reiterei einen solchen Ritt zuzumuthen.

Wir fuhren am rechten Dniesterufer entlang, welches hier ungleich niedriger als das steilabschüssige linke ist, und gelangten bald auf die Höhe des Städtchens Żwaniec, das in geringer Entfernung von Chocim auf einer ziemlich ansehnlichen Anhöhe liegt. Wir setzten auf einem Prahm über den hier weder tiefen noch breiten Fluß und kamen bald nach Żwaniec, berühmt aus den Kosaken Kriege; denn hier war es, wo der polnische König Johann Kazimierz mit seinem Heere von den Kosaken und Tataren eingeschlossen wurde. Hier sah ich während der Zeit, die wir anhielten, dem Exercitium der russischen Rekruten zu. Mein Gott, was sind das für unglückliche Geschöpfe! wie werden sie mit Fäusten und Stöcken gemißhandelt! Die Fäuste der russischen Offiziere müssen eben so hart wie die Knute sein, denn unermüdlich packen sie dieselben den unglücklichen Rekruten in Nacken, Gesicht und Zähne, als ob sie auf Holz keilten.

Von Żwaniec führt die Straße nach Kamieniec podolski und indem sie langsam steigt, erreicht sie endlich eine Höhe, von wo aus der Blick die ganze Gegend beherrscht. Da wir langsam fuhren, so hatte ich Zeit mir die podolischen Dorfschaften anzusehen, welche ziemlich dicht in der Ebene zerstreut lagen, reich an Obstgärten, besonders an Pflaumen und Kirschen. So lange wir bergauf fuhren, ging ich zu Fuß neben dem Wagen her und hatte dabei das Unglück ein an und für sich unbedeutendes Geldstück zu verlieren, worauf ich als auf ein Andenken viel Werth legte. Vergebens suchte ich es und ließ es suchen, es war verloren. Ich war darüber sehr betrübt, denn ich nahm dies als üble Vorbedeutung, daß mich in Kamieniec ein großes Unglück treffen würde. Ich habe eine Art Recht abergläubisch zu sein, denn ich bin aus der Ukraina.

Endlich ging es bergein und Kamieniec lag vor uns. Mit der Vorstadt, Folwark genannt, erschien es mir sehr lang und schmal. Der Weg hinab war steil, sehr ausgefahren und führte hart an einer kleinen ehemals festen, jetzt vernachlässigten Citadelle vorbei. Wir kamen durch ein altersschwaches, verfallendes Thor, das noch den weißen Adler als Wappen in Stein gehauen führte, dann passirten wir eine von den Türken erbaute Brücke. Auf dem

Markte hielten wir an. — Ich bezahlte meine Schuldigkeit und suchte mir ein Wirthshaus. Wiederum kamen mir eine Menge Juden mit Händedruck entgegen, umgaben mich groß und klein, indem sie mich, durch mein Aeußeres verleitet, für den ihrigen nahmen.

Es war der 21. oder 22. März 1843 2 Uhr Nachmittags, als ich in Kamieniec pobolski angelangt war, mithin hatte die Reise von Pest 20 Tage gedauert; am 9. Januar hatte ich Paris mit 150 Fr. in der Tasche verlassen und war am 28. Januar in Pest angekommen, wo ich bis zum 28. Februar verweilte; mithin hatte die ganze Reise von Paris bis Kamieniec zwei und einen halben Monat in Anspruch genommen, und als ich meinen Cassenabschluß machte, waren mir noch einige Gulden übrig geblieben.

Es ist leicht zu sagen, daß das kein so großes Kunststück gewesen; aber Gott allein weiß, wie mir zuweilen zu Muthe war, und was ich gelitten habe. Er hat mir Kraft und Muth gegeben. Ihm allein sei Ehre und Preis.

VII.

Mein Aufenthalt in Kamieniec. — Erlaubniß daselbst zu bleiben. — Ich werde Lehrer der französischen Sprache. — Unannehmlichkeiten in Folge meines angenommenen Charakters. — Damaliger Zustand dieser Provinzen. — Mißbräuche der russischen Behörden.

So war ich denn wirklich endlich in Kamieniec, wohin ich mich so sehr gesehnt hatte und wo ich entweder die Verwirklichung meiner Pläne durchsetzen oder meinen Untergang finden sollte. In dem Hôtel der Kathedralkirche gegenüber, wo ich eingekehrt und dessen Wirth ein Pole mit schneeweißem Haare war, fand ich eine Menge junger Leute, meist Polen, einige spielten Billard, andere sahen zu; unter den Letzteren befanden sich auch zwei russische Offiziere. Ich behielt gegen die landesübliche Sitte meinen Hut auf dem Kopfe, als ich eintrat, und fragte: „est ce que je pourrais avoir ici logement pour quelques jours?" Alle blickten mich mit neugierigem Auge an und alle nahmen mich für einen

Ausländer, womit ich sehr zufrieden war. Einer der Polen, kein junger Mann mehr, und wie ich später erfahren, aus der Krakauer Wojewodschaft, und einer der russischen Offiziere wagten es, näher zu treten und sich mit mir in ein Gespräch einzulassen. Der junge Offizier namentlich, der als geborener Russe keinen Verdacht auf sich ziehen konnte, schloß sich sofort näher an mich an; er sprach sehr gut französisch, und polnisch wie ein geborner Pole. Er hatte lange Zeit in Warschau gestanden und lobte mir die angenehme Gesellschaft der polnischen Damen, ihre Schönheit, ihre Salonbildung und besonders ihren leichten Sinn. Ich gestehe, daß mich das letzte Lob sehr unangenehm berührte und hätte im Namen meiner Landsmänninnen vor Scham erröthen mögen. Dann fragte er mich über Frankreich, Paris, seine Merkwürdigkeiten und besonders, ob die Pariserinnen schön, und angenehm? und sagte schließlich, daß er nur in Paris sein möchte, um die Bekanntschaft dieser letzteren zu machen. Obwohl mir diese Gattung von Unterhaltung aus Grund der Seele zuwider war, so ging ich doch darauf ein, suchte seine Neugierde zu befriedigen und lobte die Pariserinnen, die ich freilich in Wirklichkeit gar nicht kannte. Ich erzählte ihm allerlei Dinge, die meine Aussagen bestätigen und seine Neugierde anregen konnten; ich gab mir Mühe, so froh und in meinen Erzählungen so leichtfertig als möglich zu erscheinen, um ihn ganz sicher über die Gleichheit unserer Ansichten zu machen, was mir auch vollständig gelang.

Mit meinen Landsleuten waren die Verhältnisse ganz anders, denn wer der Russe unbefangen und gesprächig, so waren sie zurückhaltend und schweigsam, wagten es nicht, sich mit mir einzulassen, kaum mich anzusehen, um nur ja jedem Verdachte zu entgehen, als interessirte sie irgend etwas, was da draußen vorgeht. In keinem der Gesichter dieser Jugend sah ich jene ihr sonst eigene Frische und Heiterkeit, im Gegentheil bemerkte ich, wie sie in jeder Bewegung innerlich und äußerlich die Kette fühlten, die sie fesselte und die es gefährlich war, wenn auch nur auf einen Augenblick, zu vergessen. Der Ausdruck des tiefen Grams und der Gedrücktheit, der sich auf diesen Gesichtern ausprägte, griff mir tief in die Seele. Armes Geschlecht, du wirst grausam um deine Jugend betrogen; doch harre nur aus, stähle dich im Feuer des größten Unglücks, was ein Volk treffen kann, wenn nicht dir, so wirst du deinen Nachkommen bessere Zeiten erringen!

Ich hörte, wie sie unter einander flüsterten: „wenn man ihn „doch fragen könnte, vielleicht kennt er diesen oder jenen von den „Unsrigen in Frankreich; vielleicht weiß er, was wir von dort zu „hoffen haben" u. dgl. m. Ich mußte meine ganze Kraft zusammennehmen, um mich nicht zu verrathen, und um meinen Zorn über eine so fluchwürdige Sclaverei zu verbergen, welche die heiligsten Gefühle zu Verbrechen stempelt. — Die Unterhaltung mit dem Russen diente mir glücklicherweise als Ableiter.

Herr Rogaczew, so hieß derselbe, verband mit einer Art allgemeiner Bildung eine gewisse Herzensgüte, er lud mich ein, mit ihm Pirogi*) mit Fleisch zu Abend zu speisen, die er absichtlich bestellte und mich deren Namen aussprechen lehrte, was mir anscheinend große Schwierigkeiten machte und zu vielem Gelächter Veranlassung gab; indessen je schlechter ich ihren Namen aussprach, desto besser bewies ich durch die That, daß ich sie zu essen verstand.

Dieser Tag kostete mich viel, denn ich mußte alle meine wahren Gefühle verleugnen, um als ein ganz anderer Mensch zu erscheinen, als ich wirklich war. Aeußerlich fröhlich, ja ausgelassen, vermied ich jedes ernste Gespräch, zeigte die größte Gleichgültigkeit gegen Polen und seine Zustände und innerlich war ich zum Tode betrübt und ernst, denn das, was ich hier sah, rief das ungeheuere Elend meines unglücklichen Vaterlandes in mir wach, aber stärkte mich auch zugleich zum Ausharren in meinen Plänen. Am Abende dieses Tages hatte ich die Gewißheit, daß es mir vollständig gelungen war, alle zu täuschen. Das beruhigte mich und gab mir Zuversicht. Man hielt mich für einen ächten Franzosen, der eben nur gekommen sei, um sich Unterhalt zu erwerben, und der sein Vaterland dort finde, wo es ihm gut geht. Das war es, was ich gewünscht hatte; denn vom ersten Eindrucke hängt sehr viel, wenn nicht Alles ab.

---

*) Entspricht ungefähr unserem „Wecken" von Weizenmehl länglich spitz, mit Fleisch oder anderen Ingredienzen gefüllt und gewöhnlich in Butter gesotten.

Um meine Pläne noch mehr zu maskiren, ließ ich noch an demselben Abende im Verlaufe des Gesprächs die Bemerkung fallen, daß es mir ganz lieb sein würde, hier einen Platz als Lehrer der französischen Sprache am Gymnasium oder auch in einem Privathause zu finden, weil ich dann sehr gern in Kamieniec bleiben würde, während ich im entgegengesetzten Falle tiefer nach Rußland gehen müßte. Man kam mir mit verschiedenen Rathschlägen entgegen, erklärte mir aber auch zugleich, daß es schwer halten würde, sofort eine gute Stelle zu erhalten, und daß ich einstweilen mit der ersten besten mich würde begnügen müssen, aber daß ich mit der Zeit, sobald man nur Gelegenheit haben würde, meine Leistungsfähigkeiten kennen zu lernen, zweifelsohne mein gutes Fortkommen finden könnte; daß ich zunächst mich mit dem Director des hiesigen Gymnasiums bekannt machen, ihn um Rath und Protection bitten müßte, und daß sie ihrerseits unterdessen Beschäftigung für mich ausfindig zu machen suchen würden.

Der Wirth hatte mir bald nach meiner Ankunft erklärt, daß er mich zur Nacht nicht behalten könne, wenn ich nicht vorher dazu eine Erlaubniß von der Polizei erhalten hätte. Ich ging also zum betreffenden Polizeibeamten, der mir erklärte, daß er mir auf zwei bis drei Tage Erlaubniß geben könne, ich aber, wenn ich mich länger aufzuhalten beabsichtigte, mich ans Gubernialamt wenden müßte.

Ich begab mich also am folgenden Morgen auf dieses Amt. Bei meinem Eintritt in einen großen Saal sah ich eine ziemliche Anzahl polnischer Jugend, die theils an verschiedenen Tischen unter Aufsicht eines höheren Beamten arbeitete, theils Arm in Arm auf- und niederging, um bei Mangel an Beschäftigung die Bureaustunden hinzubringen.

In Rußland nämlich handelt es sich, um irgend welchen höheren Rang zu erreichen, gewöhnlich nicht um Fähigkeiten und Verdienste, sondern um eine gewisse Dienstzeit; was man während derselben geleistet oder nicht geleistet hat, ist ganz einerlei; aber ohne den öffentlichen Dienst bleibt man ein Lump und wenn man auch vom ältesten Adel wäre. — Nachdem ich meinen Paß abgegeben hatte, stellte ich mich in Ermangelung eines Stuhls, auf den ich mich hätte setzen können, an einen Pfeiler und wartete auf Resolution. Ob absichtlich oder unabsichtlich, genug man findet für das ankommende Publikum nirgend einen Stuhl zur Aufnahme in den russischen Büreaus. Ich freilich konnte stehen, aber bald nach mir kam eine ganz in Schwarz gekleidete Dame, die sehr unglücklich sein mußte, denn unterdrücktes Schluchzen zeugte für ihren Seelenschmerz. Es handelte sich um ihren Vater oder ihren Mann. Man bot der Armen keinen Stuhl, stehend mußte sie über eine Stunde auf Antwort warten. Unhöflichkeit liegt nicht im Character der Polen, namentlich dem Weibe gegenüber — es standen um die Tische viel leere Stühle — muß man denn im Dienste des Caren durchaus pöbelhaft werden? ou est ce qu'il faut absolument être sans gêne et sans façon avec les femmes sous tous les rapports? Ich war empört über diese Roheit der polnischen Jugend im russischen Dienste.

Während ich an meinem Pfeiler die Antwort abwartete, sahen mich die jungen Leute zuweilen an, aber niemand näherte sich mir oder richtete ein Wort an mich; einer von ihnen, den ich später kennen lernte, sagte zu den Collegen: „seht, was jener da für „eine kalte, wie eisig kristallisirte, geheimnißvolle Physiognomie hat, „nichts ist aus ihr herauszulesen, das muß ein Ausländer sein, „denn wir Polen sind anders, was wir im Herzen haben, das „malt sich in den Zügen und liegt wie auf der flachen Hand." Ei, ei, dachte ich mir, du irrst dich, Freund, und doch war ich über diese Aeußerung erfreut. Endlich sagte man mir, daß ich an den Gubernator selbst eine Eingabe um Gewährung längeren Aufenthalts machen müsse.

Ich ließ mir eine russische Eingabe nach aller Form schreiben und mit ihr ging ich persönlich zum Gubernator, damals General Radiszczew, Militärgouverneur von Kamieniec und Civilgouverneur des ganzen podolischen Guberniums. Um Tag und Stunde der Audienz ging ich in das Audienzzimmer, wo sich noch mehrere Edelleute aus der Gegend und einige Juden einfanden. Alles stand, da ich aber dort einen Stuhl leer sah, so setzte ich mich, wie es einem anständigen Menschen zukam, nieder. Alle blickten mich darob verwundert an. Als der Gubernator eben erscheinen sollte, kam ein uniformirter Mensch, der, wie es schien, dazu da war, um Ordnung zu erhalten und die Unkundigen die hier gebräuchlichen Formen zu lehren, grade auf mich zu, und ohne ein Wort zu sagen, nahm er mich brevi manu am Arm und führte mich an Ort und Stelle, wo ich seinen Heiligen erwarten sollte, dann beschäftigte er sich damit, uns in Reih und Glied zu stellen und musterte eines jeden Haltung und Stellung ohne alle Umstände. So etwas kann man nur in Rußland erleben.

Bald darauf erschien der Gubernator, ein mittelmäßig großer, kräftiger, voller Mann, etwa 40 und einige Jahre alt, blond und von angenehmer Physiognomie, er nickte mit dem Kopfe und schweigend entnahm er der Reihe nach die Eingaben; auf einige antwortete er sofort kurz und mündlich, andere, wie auch die meinige, nahm er mit, und zu meiner Freude erhielt ich in wenigen Tagen die Erlaubniß, zu einem einjährigen Aufenthalte in Kamieniec und dem ganzen podolischen Gubernium.

Nachdem ich auf diese Weise sicher und fest stand, mußte ich nun meine angebliche Schuldigkeit erfüllen, d. h. französischen Unterricht ertheilen oder wenigstens mich darum bemühen. Dazu aber bedurfte es wiederum der Erlaubniß des Gymnasialdirectors, damals Woszczanin. Ich begab mich also eines Tages zu ihm, um womöglich den französischen Unterricht im Gymnasium zu erhalten. Ich entwickelte ihm meine Absichten. Er verstand Alles, was ich ihm sagte, konnte sich aber nicht fließend französisch ausdrücken, und rief daher seine Frau zu Hülfe, die zugleich mit ihrem kleinen Töchterchen herbeikam. Es war eine possirliche Unterhaltung; denn da ich eben so gut Russisch wie Französisch verstand, erhielt ich jede Antwort zweimal. Der Director erklärte mir: daß nach einem für alle Gymnasien gültigen Ministerialrescripte jeder, der Lehrer bei einer solchen Anstalt werden wolle, zuerst ein Examen vor einer dazu bestimmten Commission ablegen und das Patent erhalten müsse. Ich entgegnete ihm, daß ich bereit wäre jederzeit und gern das Examen zu machen. „Ja, das glaub ich „schon," erwiderte er, „aber das genügt nicht, denn, um zum „Examen zugelassen zu werden, muß man Zeugnisse haben." „Gut, „ich habe einen Paß, der im Gubernial-Amte liegt, auf Grund

„deſſen ich die Erlaubniß zu dem hieſigen Aufenthalte erlangt habe."
„Der Paß allein iſt nicht hinreichend, vielmehr muß man durchaus
„ſeinen Taufſchein, Conduitenzeugniß von den zuſtändigen Behör=
„den und Nachweiſe darüber haben, wo und womit man ſich bis=
„her beſchäftigt hat." Ich erklärte ihm, daß ich natürlich alle
dieſe Poſtulate nicht beſäße, da ich als Ausländer davon nichts
gewußt hätte, daß ich ſie indeſſen herbeiſchaffen könnte, was frei=
lich wegen der Entfernung der betreffenden Orte nicht ganz leicht
und ſchnell auszuführen ſei, weshalb ich ihm den Zeitpunkt auch
nicht angeben könne, wenn dieſelben etwa eintreffen möchten.
„Dann bedaure ich, daß ſie für jetzt Lehrer am Gymnaſium un=
„ter keinen Umſtänden werden können, allein es wird ihnen nicht
„ſchwer werden, Unterricht in Privathäuſern zu erhalten, bis ihre
„Papiere eintreffen; eigentlich iſt zwar auch dies nicht erlaubt, in=
„ſofern auch dazu jene Papiere erforderlich ſind; da ſie dieſelben
„aber jedenfalls erhalten werden, ſo ſuchen ſie nur ihre Zeit an=
„zuwenden; doch kann ich ſie weder ſchriftlich noch mündlich dazu
„autoriſiren; deſſen ungeachtet können ſie immer ruhig die Pflich=
„ten ihres Berufs beginnen."

Woszczanin ſprach ſehr freundlich mit mir und war geiſtig
und ſittlich ein ganz gebildeter Mann, ſeine Frau aber, jung und
ziemlich ſchön, warf auf mich, d. h. auf meinen Bart und mein
etwas wetterfarbenes Colorit, Furcht und Abſcheu verrathende
Blicke und konnte es nicht unterdrücken zu ihrem Manne zu ſagen:
„Was für eine abſcheuliche Phyſiognomie hat der Menſch, ſein
„Blick macht mich unwillkürlich zittern und ich möchte mich nicht
„unter vier Augen mit ihm treffen. Nicht wahr, Seelchen, ſein
„Blick iſt abſchreckend und ſein Geſicht roh?" Woszczanin blickte
mich auf dieſe Bemerkung prüfend an und ſagte zu ſeiner Frau:
„das ſcheint dir nur ſo, er iſt ein Menſch wie jeder andere, es iſt
„richtig, daß ſein Bart und ſein gebräuntes Geſicht ihm etwas
„Rohes giebt, aber ich ſehe nichts Abſchreckendes in ihm." Die
Frau ſchüttelte ihr Köpfchen und ich machte meine Verbeugung
und empfahl mich. Wir haben uns nie wieder geſehen.

Jetzt ging es mir darum, meinen neuen Beruf in einem
ruſſiſchen Hauſe zu beginnen. Unterdeſſen hatte es ſich in Ka=

mieniec herumgesprochen, daß ein französischer Sprachmeister angekommen sei und ich erhielt auch bald einige Aufforderungen, da sie indessen meinen Absichten nicht entsprachen, insofern sie nur von Polen kamen, so lehnte ich diese unter verschiedenen Vorwänden ab. Ich brauchte durchaus russische Familien, um sicherer zu gehen. Glücklicherweise fügte sich bald Alles nach meinem Wunsche.

Ich lernte einen jungen russischen Beamten, Dmitrenko, kennen, der in der Abtheilung für das Finanzwesen arbeitete und aus dem kurischen oder orlowskischen Gubernium stammte. Ich weiß nicht, woher ihm die Lust kam, französisch zu lernen, obwohl er im Alter von 26 Jahren noch nicht einmal französisch lesen konnte, aber er bot mir Wohnung und Thee Morgens und Abends mit Zubiß an, wenn ich mit ihm in den bureaufreien Stunden französisch sprechen und ihn lesen lehren wollte; der ganze übrige Tag sollte zu meiner Disposition stehen und könnte ich dann Stunden geben, wo ich wollte. Besser konnte ich es für meine Zwecke nicht treffen, darum ging ich fast mit Begeisterung darauf ein, schlug alle übrigen Anerbietungen vorläufig aus und zog zu meinem Russen.

Dmitrenko hatte zwei Zimmer. In dem ersten wohnte ich. Sobald wir aufstanden und bis man den Thee brachte, lehrte ich ihn lesen und während wir den Thee tranken, sprach ich mit ihm französisch, d. h. ich sprach und er hörte zu, ohne etwas davon zu verstehen. Er war sehr stumpf von Begriffen und sprach mit großer Schwierigkeit die französischen Wörter aus, so daß es schwer war, ihre Bedeutung zu finden. Nachdem der Unterricht auf diese Weise über eine Woche gedauert hatte, bemerkte er, daß er nur sehr geringe Fortschritte mache, er fiel also auf ein anderes Mittel: er wollte mich russisch lehren, damit ich ihm dann sowohl Wörter wie ganze Phrasen französisch deutlich machen könnte. Ich lachte heimlich über sein Projekt, aber ging darauf ein und versicherte ihn, daß ich außerordentlich begierig wäre die russische Sprache zu erlernen und war ihm sehr dankbar für die Mühe, die er sich mit mir geben wollte. Natürlich war ich sehr schwerlehrig, zeigte namentlich viel Unbehülflichkeit in der Aussprache. Er begann damit mir die gewöhnlichsten Ausdrücke zu nennen, die ich dann wieverholen mußte. Dann lehrte er mich die Buchstaben kennen und da dieselben von den lateinischen gänzlich abweichen, so ging die Sache sehr langsam vorwärts, und als wir an das Zeichen ż kamen, das man russisch ж schreibt, beschaute ich es lange und fing endlich an zu lachen und fragte ihn, ob das auch ein Buchstabe? Und warum denn? sagte er: „car il me semble, que je vois là „une punaise," — „qu'est-ce une punaise?" „Un petit ani„mal." Da er es nicht verstand, nahm er ein Wörterbuch und fand natürlich die Bedeutung, lachte selbst: „jeto prawda, jeto „prawda, ach sukin syn Francuz!" (Das ist wahr, das ist wahr, ah! Hundesohn von Franzose!)

Zuweilen schalt mich Dmitrenko, daß ich nicht fleißig und zu nachlässig wäre, ich dagegen bemerkte ihm, daß er in der viel leichteren französischen Sprache auch nur geringe Fortschritte mache, doch muß ich bemerken, daß er unendlich viel mehr leistete als ich, denn nach Verlauf eines Monats konnte er über die gewöhnlichen Dinge bereits halbweg sprechen und verstand wenigstens, was ich zu ihm sprach. Er ärgerte sich aber, daß ich nicht russisch verstand und nichts lernte und beklagte sich in meiner Gegenwart darüber gegen andere, die ihn besuchten: „weiß der Teufel, was „der Franzose für einen harten Kopf hat, wenn er heute einen „russischen Ausdruck gelernt hat, so hat er ihn morgen schon wieder „vergessen oder nennt Brodt Wasser und Löffel Gabel und Stiefel „Mütze, dazu hat er eine so possirliche Aussprache, daß man vor „Lachen bersten möchte." Ich galt für den complettesten Ausländer und mein Dmitrenko war so vollständig von meiner Unkenntniß der russischen Sprache überzeugt, daß, als er einst mit einem Collegen etwas angetrunken nach Hause kam, er mich unter den Arm nahm und mit mir französisch sprach, bald darauf aber, um sich auf seine Weise zu belustigen, blickte er mir in die Augen und sagte russisch: „ty francuzkaja świnia, durak, niczewo niepo„nimajesz, mat'twoja .. tak i tak .. Moszennik sukin syn u. s. w., kurz schüttete gegen mich das ganze reiche Wörterbuch russischer scandalöser Artigkeiten und Complimente aus. Wir lachten Beide, freilich jeder aus einem anderen Grunde und der Dritte lachte über uns Beide. Endlich sagte Dmitrenko, indem er sich zu jenem wandte: „Man könnte ihn verkaufen und er würde auch „nur lachen, aber bei alle dem ist er ein guter Kerl, wenngleich „Franzose, der Teufel weiß, was da in ihm steckt."

Ich meinerseits kann von Dmitrenko ebenfalls sagen, daß obwohl er roh, er doch ein sehr guter Mensch war, er erfüllte genau seine Verpflichtungen, wenn auch nicht aus innerem Triebe. Oft klagte er über sein unglückliches Schicksal und seine getäuschten Hoffnungen. Als wir miteinander vertrauter wurden, da theilte er mir gern seine geheimsten Gedanken und Gefühle mit. Er liebte eine Polin, aber hoffnungslos, was ihn natürlich sehr traurig machte. Ich suchte ihm klar zu machen, daß er ein schlechter Patriot, wenn er die Polinnen seinen Landsmänninnen vorzöge, allein er wollte davon nichts hören: „voyez vous," sagte er dann in seinem Französisch: „voyez vous, Monsieur Catharro, les Russes sont grosses et pas délicatesse et les Polonaises sont comme ça délicatesse, délicatesse, sont très delicatesse." Es sprach nur rohe Sinnlichkeit aus ihm, kein höheres sittliches Gefühl, und das stieß mich ab.

Während ich so mit Dmitrenko nur höchstens etwa 3 Stunden täglich Beschäftigung hatte, begann ich allmählig auch außer dem Hause Stunden zu geben, anfangs sehr billig, später zu höherem Preise. In meinen freien Stunden studirte ich Kamieniec und seine Spaziergänge, besonders war ich oft in Lubianów, wo sich das höhere Publicum zu ergehen pflegte. Ich machte viele Bekanntschaften, was nicht schwierig war, da man viel französisch sprach. Ich war mit der Zeit an meine Maske und meinen Namen Catharro so gewöhnt, daß ich fast vergaß, daß ich eigentlich Piotrowski hieß. Gegenstand der Unterhaltung waren natürlich immer ganz gleichgültige, unverdächtige Dinge, denn oft fand dieselbe in Gegenwart des Gubernators und verschiedener Beamten Statt. Man fragte mich nach Frankreich und französischen Zuständen, ich meinerseits ließ mich über russische und polnische Zustände belehren. Auf diese Weise lernte ich eine Menge Menschen, namentlich junger Leute kennen, die ich mir nach ihrem inneren Werthe classificirte und danach meine Gespräche mit ihnen einrichtete. Man hielt mich eben für einen Ausländer, mit dem man ganz offen sprechen könne.

Dies gab mir Gelegenheit die Zustände Polens, die Gesinnungen, Wünsche und Hoffnungen seiner Bewohner genau kennen zu lernen und so kam es, daß ich zuweilen die besten Hoffnungen hatte, zuweilen aber fast verzweifelte.

Obwohl ich bei Dmitrenko gut und bequem wohnte, so war meine Lage doch sehr precär. Die fortwährende, angestrengte Vorsicht, die ich anwenden mußte, um mich nicht zu verrathen, dieser fortwährende Zwang, den ich über meine innigsten Gefühle ausüben mußte, diese fortwährende Lüge in der ich lebte, und die meinem Character so sehr zuwider war, wurde mir mit der Zeit unerträglich; ferner konnte ich ja selbst im Traume sehr leicht mich durch ein polnisch Wort verrathen, ich mußte also so zu sagen selbst im Schlafe über mich wachen. Aus allen diesen Gründen wollte ich mir ein anderes Quartier suchen, wo ich zuweilen frei athmen und seufzen könnte, ohne auf mich Acht zu haben. Ich dankte also meinem Herrn Dmitrenko für seine gütige freundliche Aufnahme und nahm eine besondere Wohnung. Es war ihm unangenehm, indessen begriff er die scheinbaren Gründe, die ich ihm angab, und ich meinerseits versprach ihm, den französischen Unterricht mit ihm nicht abzubrechen, und da mir die Fortsetzung unseres freundlichen Verhältnisses nothwendig war, so vernachläßigte ich dasselbe nicht, bis er endlich nach Petersburg ging um sich eine bessere Stelle zu verschaffen.

Ich siedelte zu einem gewissen Szabejba, einem alten wunderlichen Kauz, über, der während der größten Sommerhitze fortwährend in dickem Fuchspelz ging. Als er mich eines Morgens vor seiner Thür traf, rief er mir zu: „bona dies, domine!" und als ich ihm darauf nicht antwortete, fuhr er fort: „dicisne latine?" und als ich darauf nichts erwiderte, sondern weiter schritt, rief er, aber nun schon russisch, „swinia Francuz, kann nicht einmal latein „und will französisch lehren!" Ich habe vergessen zu erwähnen, daß ich um der Landessitte mich anzupassen, meinen Bart abgenommen und nur einen Rahmen davon um mein ganzes Gesicht hatte stehen lassen.

Im Verlaufe der Zeit wurden mir mehrere Stellen theils in Kamieniec selbst, theils auf dem Lande angeboten, allein da es mir nicht um materielle Vortheile, sondern lediglich darum ging, meine politischen Absichten best möglichst zu verfolgen, so war ich darin sehr wählerisch, und darum zog ich das Anerbieten der Frau Piekutowska vor, welche in Kamieniec nur deshalb sich aufhielt, um ihre Kinder zu erziehen. Ich wollte am Orte bleiben, theils weil ich mich hier sicherer fühlte, theils weil ich hier, wegen der Menge von Landleuten, die ihrer Angelegenheiten wegen hierher kamen, besser und umfangreicher für meine Pläne wirken konnte. Was mich ferner bestimmte grade dies Haus zu wählen, war der Umstand, daß eine Frau nicht so leicht politisch verdächtig wird wie ein Mann, und obwohl bei mir grundsätzlich fest stand, daß das Haus, in welchem immer ich mich aufhalten würde, niemals erfahren sollte, wer ich sei, so wollte ich doch, da ich die russischen Gesetze, oder vielmehr die russische Willkühr kannte, kein Haus compromittiren, in welchem sich ein Familienvater befand; denn wurde ich entlarvt, so war an eine Rettung für ihn und sein Vermögen nicht zu denken, er und Alles verfiel dann den Klauen des Despoten, selbst wenn er auch nie im Entferntesten eine Ahnung davon gehabt haben sollte, wen er in seinem Hause beherbergt hatte. Mein Gewissen sowohl, wie das wohlverstandene Interesse meines Vaterlandes erlaubten mir nicht anders zu handeln. Es war bei mir ein Glaubensartikel, womöglich Niemanden und, wenn es nicht anders ginge, nur so wenige als irgend möglich zu compromittiren; Frauen aber sollten gänzlich von Theilnahme an meiner Thätigkeit ausgeschlossen bleiben, nicht weil ich ihnen weniger traute oder ihnen weniger patriotischen Sinn, weniger Heldenmuth, weniger Opferfreudigkeit zuschrieb, nein einzig deshalb, um sie den unbeschreiblich rohen Verfolgungen des russischen Gouvernements nicht bloszustellen.

Madame Piekutowska ließ mich durch ihren Cousin, Longin Zwinogrodski, zu sich bitten, um erst zu prüfen, ob ich die erforderlichen Requisite besäße, welche unvermeidlich in den Augen einer guten Mutter sind, um ihren Töchtern Unterricht zu ertheilen. Ich traf die ungefähr 40jährige, kräftige und gesunde Dame in ihrem gut und sauber, aber einfach eingerichteten Salon. Nachdem sie mich freundlich begrüßt hatte, theilte sie mir die Absicht mit, weshalb sie mich habe zu sich bitten lassen. Zur Unterhaltung wählte sie Stoffe ernsteren Inhalts und ich merkte bald, daß ihr die Art und Weise, wie ich dieselben behandelte, wenigstens nicht mißfiel, denn nach einer Unterhaltung von mehr als einer Stunde fragte sie mich, welches Honorar ich außer Tisch und Wohnung von ihr verlange. Da ich die Rolle eines maitre de langue spielte, so forderte ich eine hohe Summe und ließ nur wenig davon abhandeln. Als wir zum Abschluß gekommen waren, öffnete sich eine Seitenthüre und zwei junge Mädchen von 15 bis 16 Jahren traten herein. „Ich empfehle ihnen, mein Herr, ihre künftigen Schü„lerinnen." Es waren muntere liebliche Mädchen, die ältere hieß Olympia und die zweite Mathilde. Darauf sagte ihnen die Mutter: „es scheint mir dies ein ernster verständiger Mann zu sein, „und kein Windbeutel, wie gewöhnlich die Franzosen sind, er kann „daher euer Lehrer werden und ich habe ihn auch bereits enga„girt." „Ganz wie Mama wünscht," war die einstimmige Antwort.

Nach unserer Uebereinkunft sollte ich von 9—11 Uhr Vormittags mich mit den jungen Mädchen beschäftigen, d. h. ich sollte ihnen die schwierigeren und wichtigeren Theile der französischen Grammatik erläutern, ihre Ausarbeitungen oder Uebersetzungen verbessern und den Rest der Zeit mit Sprechübungen zubringen. Die andere Zeit des Tages stand zu meiner beliebigen Disposition. Dafür wurde ich sehr reichlich belohnt.

Gegen Mitte Mai's siedelte ich in das Piekutowski'sche Haus über und wohnte mit dem ältesten Sohne Konstantin, 13 Jahre alt, zusammen; er besuchte das Gymnasium, und in freien Stunden übte ich ihn im Französischen. Wir bewohnten das zweite Zimmer, während im ersteren ein Cousin der Frau Piekutowska, Zwinogrodzki, aber nicht der oben erwähnte, wohnte. Er war 25 Jahre alt und hat nie erfahren, wer ich war.

In diesem Hause fehlte es mir materiell und theilweise auch spirituell an nichts, alles war sehr comfortable und die Gesellschaft sehr ansprechend. In Folge dieses guten bequemen Lebens

nahm meine Gesundheit und mein Körper so zu, daß ich bald meine
besten Kleidungsstücke zu eng fand. Als ich das erste Mal bei
Tisch war, trug man einen trefflich bereiteten Barszcz*) auf. Mutter und Töchter fragten mich, ob ich je etwas Aehnliches gegessen
hätte, da man diese Speise jedenfalls weder in Frankreich noch
Italien kenne. Natürlich mußte ich sagen, daß es mir etwas ganz
Neues wäre, und in Folge davon nahm ich einige Löffel voll in
den Mund, ließ aber den Rest als etwas Barbarisches stehen.
Man sprach bei Tisch gewöhnlich französisch, doch kam es zuweilen
vor, daß die Familie polnisch mit einander sprach, besonders, wenn
es sich um Dinge handelte, die ich nicht wissen sollte, und dann
war meine Lage äußerst peinlich, daher stand ich dann, wenn es
irgend die Umstände erlaubten, auf und entfernte mich.

Mit vielem Vergnügen ertheilte ich meinen Unterricht. Im
Anfange war Frau Piekutowska immer anwesend, allein in Verlauf der Zeit, als sie mich besser kennen gelernt hatte, hielt sie das
für überflüssig.

Nach Tisch blieben wir gewöhnlich eine Stunde im Salon
und plauderten französisch, an Stoff zur Unterhaltung fehlte es
nie. Meine Schülerinnen fragten mich über französische Sitten und
Gebräuche, die schönen Künste ⁊c., ich dagegen fragte sie in Beziehung auf Polen über die größten Details. Sie erzählten mit
Feuer und Lust von der früheren Größe und dem Ruhme ihres
Vaterlandes, von den Tugenden und Heldenzeiten der Vorfahren,
aber wenn sie auf den heutigen Zustand zu sprechen kamen, da
schilderten sie mir in so lebhaften Farben das Unglück und die Leiden Polens, daß ich oft aufs tiefste gerührt wurde. Sie bemühten sich, mich von der Reinheit und Gerechtigkeit der polnischen
Sache zu überzeugen, beschönigten die nationalen Fehler und legten
alle Schuld des Unglücks auf äußere Umstände, auf die Habsucht

---

*) Ein in Litauen, Podolien, und jetzt in ganz Polen beliebte Suppe,
bestehend aus Fleischbrühe von geräuchertem Fleische, in welche rothe oder auch
weiße Rüben geschnitten werden, zuweilen auch Bratwurst. Sie schmeckt
etwas säuerlich und ist durchaus wohlschmeckend.

mächtiger und ungerechter Nachbarn, und auf die Gleichgültigkeit Europas, besonders Frankreichs.

Einmal kam es mir in den Sinn, ihren Patriotism auf die Probe zu stellen. Ich begann damit, daß ich Frankreich lobend erhob und Beweise für meine Behauptungen anführte, ging dann auf Polen über, und sagte unter anderem, daß der beste Beweis dafür, daß Frankreich immer höher gestanden habe, und heute noch höher stehe als Polen, darin liege, daß es heute kräftig, geachtet und unabhängig existire; was die einzelnen Tugenden und Heldenthaten beträfe, von denen sie gesprochen hätten, so seien das eben vereinzelte Erscheinungen, und die könne man auch in den rohesten Nationen finden u. s. w., schließlich sagte ich dann, daß ein Volk, welches nicht im Stande sei, seine Unabhängigkeit zu vertheidigen und zu bewahren, derselben auch nicht werth sei, das Schicksal verdient habe, von welchem es betroffen sei, und es füglich sich darüber nicht beklagen könne, weil es allein die Schuld davon sich zuzuschreiben habe. Sie waren nicht im Stande dies zu ertragen, sie geriethen in ein leidenschaftliches Feuer, schmäheten Frankreich und nannten es undankbar, denn Frankreich habe Polen immer im Stiche gelassen, während Polen sein bestes Blut für Frankreich verspritzt hätte; und als ich dennoch Frankreich vertheidigte, hörten sie auf mit mir französisch zu sprechen, indem die eine zur andern sagte: „Dummer Franzose, er weiß von unserer Geschichte nichts, „und wagt es beleidigend von Polen zu sprechen, und den Fran„zosen, diesen Windbeuteln und Narren, den Vorzug vor den Polen „zu geben. Aber sprechen wir mit ihm nicht mehr davon, sprechen „wir von Grammatik, das ist ein Thema für ihn." Ich verbarg meine Dankbarkeit für ihren warmen Patriotismus in meiner Brust. Es dauerte lange, bevor die alte Eintracht wiederkehrte, und das geschah erst, nachdem ich mich mit meiner Unkenntniß der polnischen Geschichte entschuldigt hatte.

Außer mir und einem schon lange daselbst ansäßigen, waren noch zwei sogenannte Franzosen in Kamieniec, ausgemachte **chercheurs de fortune**. Ich weiß nicht warum, aber man zog mich allen vor, ich war gesucht und mußte viele Anträge, namentlich solche, die mir von außerhalb gemacht wurden, zurückweisen, wofür man mir später ohne Zweifel sehr dankbar war. In Kamieniec selbst nahm ich so viele Stunden an, als nur irgend mit meiner Stellung verträglich waren. Derselbe Grund, der mich veranlaßte, bei Dmitrenko das erste Engagement anzunehmen, bestimmte mich auch jetzt den Kindern des gewesenen russischen Obristen, jetzt Präsidenten der Finanzkammer des Guberniums Kamieniec, Herrn Abaza's, Unterricht zu ertheilen. Er war ein ausgezeichnet braver und rechtschaffener Mann, stammte aus dem Städtchen Abaza, und war czerkessischer Herkunft. Obwohl er die Campagne 1812 mitgemacht und die Franzosen kennen gelernt hatte, so verstand er doch keine Sylbe französisch. Er hatte zwei Töchter und zwei Söhne; die älteste Tochter und der jüngere Sohn waren gute Kinder, aber der älteste Sohn war durch und durch Moskowiter, schlecht von Herzen, rachsüchtig, störrig und widerspenstig, ganz dazu geeignet Stockprügel auszutheilen oder zu erhalten. Meine Stunden gab ich des Abends von 6—7, darauf gab man den Thee, und während der Zeit wurde so gut als es ging französisch conversirt. Ich muß gestehen, daß man mit Ausnahme jenes Taugenichtses in diesem Hause außerordentlich zuvorkommend und freundlich für mich war, was mir aber die Gegenwart dort verbitterte, war, daß man nicht nur kein Mitleid mit den unglücklichen Polen fühlte, sondern daß man sie förmlich haßte; doch muß ich sagen, daß ich von Herrn Abaza selbst nie ein Wort gegen die Polen hörte. Die Kinder erzählten mir, daß so oft der Kaiser nach Kamieniec käme, jedesmal die polnische Dienerschaft aus dem Hause des Gubernators entlassen und russische angenommen würde, damit dem Kaiser von Seiten der Polen nichts Böses geschehe. — Ich ging sehr ungern zu diesen Stunden, aber ich mußte in den sauern Apfel beißen.

Ich habe oben gesagt, daß ich zuweilen unter meinem angenommenen Charakter in sehr peinliche Verlegenheiten gerieth, daß diese zuweilen einen spaßhaften Charakter trugen, davon mag unter vielen folgendes Beispiel dienen. Zu Zwinogrobski kamen eines Tages einige seiner Collegen und begannen in meiner Gegenwart von Familien, häuslichen, amtlichen und endlich auch von Cavalier-Angelegenheiten zu sprechen, wie das so bei jungen

Leuten gebräuchlich zu sein pflegt. Einer von ihnen, der mich im anderen Zimmer auf= und niedergehen sah, fragte, wer ich sei? und erfuhr, daß ich Franzose: „Ach! ich möchte ihn nach meinem „Bruder fragen, vielleicht hat er zufällig von ihm gehört." „Thu „das nicht," entgegnete der andere: „du weißt, wie gefährlich solche „Fragen werden können, außerdem gieb dir keine Mühe, denn ob= „wohl er schon einige Monate hier ist, so hat er doch kaum einige „Ausdrücke polnisch capirt, er ist darin ein ungeheurer Esel und „Dummkopf, obwohl er sonst viel Kenntnisse besitzt, aber was das „Polnische anbetrifft, da ist er dumm wie ein Stiefel." Mit Mühe konnte ich mich halten, steckte den Kopf tief ins Buch und ver= barg mich, so gut ich konnte, im anderen Zimmer. — Obwohl ich mit Zwinogrobski fast 7 Monate zusammenlebte, so habe ich mich ihm nie und in nichts anvertraut, dennoch wurde er später zur Untersuchung gezogen, ins Gefängniß gesperrt, ins Gubernium Minsk verwiesen und die Rückkehr ins Podolische ihm für immer verboten. In Rußland immer noch eine sehr gelinde Strafe für einen Unschuldigen.

Wie ich bereits erwähnt habe, hatte ich einen sehr guten Appetit, namentlich aber verbrauchte ich nach französischer Sitte viel Brodt zum Mittage; der Bediente, den ich deshalb zu oft in Bewegung setzte, half sich eines Tages damit, daß er mir sofort drei Stücke Brodt auf meinen Platz legte. Olympia, welche das bemerkt hatte, sagte zu ihrer Schwester: „Sieh nur, unser Jan „versteht sich auf den Geschmack dieses Franzosen, denn um sich die „Arbeit zu sparen, hat er ihm auf einmal drei tüchtige Stücke Brodt „hingelegt; unsere Speisen und unser Brodt scheint ihm wenigstens „zu gefallen, wenn er auch uns und unser Vaterland nicht liebt: „sieh nur, wie tüchtig er mit seinem Löffel arbeitet." „Aber Olym= „pia! wie unbesonnen du bist," entgegnete jene, „was soll er von „dir denken, wenn er dich versteht und bedenke, daß er ein Italie= „ner ist, der sicher rachsüchtig, und mit dem Stilet gut umzu= „gehen versteht." Dabei warf sie einen so angstvollen Blick auf mich, daß ich nur mit aller Mühe das Lachen unterdrücken konnte und bis über die Ohren roth wurde.

Ein anderes Mal, als ich wie gewöhnlich um 9 Uhr zur

Lection in den Salon trat, hatte Fräulein Mathilde ihre Toilette noch nicht beendigt. Die Mutter, welche sie zur Beschleunigung antreiben wollte, rief ihr aus dem anderen Zimmer zu: „Mathilde, „beeil' dich, Herr Catharro wartet schon auf dich" und Fräulein Mathilde erwiederte darauf mit klagendem, weinerlichem Ton: „ach, „meine liebe, gute Mutter, wenn wirst du mich endlich mit diesem „unglücklichen, unerträglichen Catarrh in Ruhe lassen?" Jeder wird mir zugeben, daß es hier schwer war nicht in lautes Lachen auszubrechen.

Ich könnte eine Menge solcher Beispiele anführen, allein ich würde damit den Leser nur ermüden. Wenn solche Scherze mir Verlegenheit bereiteten, weil ich fürchten mußte, meinen Ernst zu verlieren und mich zu verrathen, so bereiteten Gespräche, welche in meiner Gegenwart ganz ungenirt über die geheimsten Familienangelegenheiten geführt wurden, mir wahrhafte Gewissensbisse, ich fühlte, daß meine Stellung in dieser Beziehung für einen Ehrenmann nicht haltbar war. Es blieb mir in solchen Fällen nichts übrig, selbst auf meine Gefahr hin, mich unter irgend welchem Vorwande zu entfernen.

Für alle diese aus meinem angenommenen Character hervorgehenden Unannehmlichkeiten und Schwierigkeiten wurde ich aber durch das freundliche, zarte Benehmen, welches ich in dem Hause, wo ich lebte und überall erfuhr, reichlich entschädigt und ich kann es nicht unterlassen, hier meine Dankbarkeit für ewige Zeiten auszusprechen, welche dadurch nur erhöht wird, daß alle diejenigen, welche mir Freundlichkeit erwiesen, unschuldigerweise durch mich Verfolgungen von Seiten der russischen Regierung bloßgestellt worden.

Meine ganze Lage, mein doppelter Character, den ich allein kannte, die Erfahrungen die ich sammelte, die Betrachtung der Zustände, die mich beschäftigte die traurige Lage, in welcher ich das polnische Element sah, die russische Gewaltherrschaft und Brutalität, die mir tausendfach entgegentrat, Alles dies mußte mich nothwendig in tiefster Seele betrüben, und doch mußte ich immer eine heitere Außenseite zeigen, doch mußte ich immer Franzose sein. Ich war es nicht immer im Stande, und so sehr ich mich in solchen

Augenblicken zurückzuziehen suchte, so war es doch nicht immer
thunlich und oft passirte es mir, daß mich eine bange Trauer mit‑
ten in heiterer Gesellschaft erfaßte. Wenn meine Umgebung dies
indessen merkte, so war sie so gütig, diese nach ihrer Vorstellung
bei einem Franzosen seltenen Momente einem geheimen, nagenden
Grame zuzuschreiben. Und doch mußte ich diesen Character beibe‑
halten, denn nur unter dieser Maske war ich der Vertrauensmann,
dem man ohne Besorgniß um Verrath seine geheimsten Schmerzen
mittheilen konnte, und auf diese Weise nur konnte ich die geistigen
Zustände und Richtungen Podoliens, Wolhyniens und der Ukraina
genau kennen lernen.

Hatte ich dann endlich durch lange Bekanntschaft Jemanden
als zuverlässig erkannt, so nannte ich mich ihm als Piotrowski.
Die Zahl solcher war natürlich sehr gering und von allen, die ich
persönlich wählte, haben nur zwei mein Vertrauen getäuscht und
sich schwach gezeigt; anders war es mit denjenigen, die mich durch
Andere kennen lernten, denn diese zeigten sich alle als unzuverlässig.
Doch kann ich davon heute noch nicht sprechen, da Polen leider
sich noch immer unter dem Drucke der Fremdherrschaft befindet.
Ich muß erwähnen, daß, nachdem ich mich zu erkennen gegeben
hatte, ich nur mit Mühe Vertrauen zu erwecken im Stande war,
denn grade die Besseren waren außerordentlich vorsichtig und ver‑
langten starke, überführende Beweise. Man darf sich darüber un‑
ter einem Gouvernement nicht wundern, dessen Fundament Spio‑
nage, Delatorenwesen und kleine Polizei ist, denn ein solches findet
immer unter der Masse verkäufliche und entsittlichte Menschen, vor
denen es fast unmöglich ist, sich zu hüten.

Je mehr ich die Zustände kennen lernte, desto mehr über‑
zeugte ich mich, daß die Emigration in Frankreich diese Zustände
durchaus nicht kannte, mithin nach Gebilden ihrer Phantasie spe‑
culirte. Sie rechnete vorzugsweise auf die Masse des Volkes,
und die Masse war todt und gefühllos, kannte kaum den Begriff
des Vaterlandes; sie rechnete darauf, daß man diese Masse durch
die Hoffnung auf ein besseres materielles Dasein in Bewegung
setzen könnte, aber diese Masse hatte gar keinen Glauben an dieses
Manna, das ihr vom Himmel fallen sollte. Im Adel allein und

nur in ihm lebte der Gedanke Polens, nur durch diesen konnte man auf die Masse wirken und falsch, durch und durch falsch war die Ansicht, die dahin ging, daß man den Adel beseitigen müsse. Man hätte im Interesse Rußlands nicht besser handeln können, als diese Theorie zu verwirklichen, denn dann wäre Polen wirklich todt geschlagen und für alle Zeiten.

Vor allen Dingen rieth ich daher überall von einem unzeitigen Aufstande als unfehlbar verderblich ab, vielmehr sollte man einen solchen mit allen möglichen Mitteln vorbereiten, Grundsätze verbreiten, die nicht aus irgend welcher Doctrin, sondern die aus dem Evangelium genommen die evangelische Gleichheit, Brüderlichkeit und Freiheit in die Gemüther pflanzen. Um die Aufnahme dieser Grundsätze möglich zu machen, sollte man sich nicht an die niedrigere Natur des Menschen, die materielle Existenz, sondern vielmehr an die moralische, geistige wenden, gewissenhafte Gerechtigkeit gegen unsere jüngeren Brüder, die Masse der Landbevölkerung, üben, um diese durch eben diese brüderliche Liebe an sich zu ziehen. Wäre das Volk auf diese Weise gehoben und gewonnen, dann brauche es von weiteren Zwecken und Plänen gar nichts zu wissen, denn seiner Zeit werde es denen unbedingt folgen, in welchen es stets väterliche Freunde und Vormünder gefunden. Zunächst also handelte es sich mir darum, die Gebildeten für diese Ansichten zu gewinnen, ich hatte mit der Masse nichts zu thun, das wollte ich dem weiteren Wirken der Grundsätze selbst überlassen; auch eine Verschwörung wollte ich nicht, da solche stets verrathen werden und nur neues Elend, neuen Druck hervorrufen und an und für sich unmoralisch sind, vielmehr wollte ich auf ganz gesetzlichem Wege, sittlich reformatorisch wirkend, langsam vorschreiten.

Da die russische Regierung, d. h. die Regierung Nicolaus I. in ihrem Systeme der Entnationalisirung und Vernichtung Polens durch langjährige Erfahrung erkannt und sich überzeugt hatte: daß der eigentlichste und lebensfähigste Kern der polnischen Nation im Adel stecke, daß die polnische Sprache und katholische Confession mit sehr geringen Ausnahmen fast in allen Provinzen nur durch diesen vertreten werde; so geht das unablässige Streben Nicolaus I. dahin, diese Basis zu untergraben, wozu ihm jedes Mittel gerecht und gut erscheint, sollte auch der gewöhnliche einigermaßen sittliche Mensch davor zurückschaudern. Er ist glücklich, wenn er eine Gelegenheit oder den geringsten Vorwand findet, einen polnischen Edelmann nach Sibirien zu schicken und sein Vermögen zu confisciren; alle Emissarien der Emigration und selbst die Novemberinsurrection haben ihm dabei wesentliche Dienste geleistet, insofern sie uns geschwächt, ihn dagegen durch das, was wir verloren, reicher und kräftiger gemacht haben. In dem Gubernium Podolien sind auf diese Weise 90,000 Seelen, d. h. Leibeigene mit Grund und Boden aus polnischen Händen in die des Caren übergegangen. Ziehen wir hiervon einen Schluß auf die übrigen Gubernien, so können wir uns einen ungefähren Ueberschlag machen, was der polnische Adel seit Untergang des Reiches verloren und was der russische Fiscus dadurch gewonnen hat.

Von den so confiscirten Gütern und Menschen werden die letzteren in zwei Kategorieen getheilt: in sogenannte fiscale Leibeigene und Militär-Colonisten. Die ersteren werden durch die Finanzkammer, deren in jedem Gubernium eine besteht, entweder unmittelbar verwendet, oder werden verdungen, die zweiten stehen unter der Aufsicht einer besonderen Militär-Abtheilung und sind von Geschlecht zu Geschlecht zu Soldaten bestimmt; mithin hat auf diese Weise die russische Regierung aus unserem lebendigen wie todten Eigenthum Soldaten, Brodt und Geld, was alles jederzeit zu unserer ferneren Unterdrückung und Plünderung verwendet werden kann. Es ist wahr, daß die Regierung aus diesem auf diese sinnreiche Weise erworbenen Gute nicht soviel zieht, wie bei ehrlicher Verwaltung gezogen werden könnte, aber dafür hat sie anhängliche Beamte, die ihre Stellen aus leicht begreiflichen Gründen sehr lieb haben, die wie Blutegel am Leibe Polens sich festsaugen und nur mit dem Tode loslassen. Sie sind die eigentlichsten Stützen des russischen Systems und ihres Häuptlings, des Caren.

Niemand kann sich eine Vorstellung davon machen, mit welcher Rohheit die Regierung und ihr Helfershelfer mit den Militär-Colonisten umgehen. Im System der russischen Regierung ist so viel Dzengischanism, so viel die Menschenwürde Erniedrigendes, daß man daraus allein schon schließen kann, wessen Blut in den Adern der russischen Caren fließt — und Nicolaus hat davon eine starke Dosis. Es ist ein stets wiederkehrender, herzzerreißender Anblick, wenn diejenigen, die aus den confiscirten Gütern für Militärcolonien bestimmt sind, aus ihren Dörfern mit Frau und Kind zusammen getrieben werden und von dem Orte, wo ihre Wiege gestanden, wo die Gebeine ihrer Väter ruhen, für immer Abschied nehmen müssen. Aber das Mongolenherz des Caren wird dadurch nicht gerührt.

Der polnische Edelmann, der nicht gewöhnt ist nach dem kaiserlichen Ukas zu fühlen und zu denken, befindet sich in der verfänglichsten Lage, denn schon an und für sich ist er stets ein Candidat für Sibirien oder den Kaukasus. Die Regierung, welche die Denkungsart des Adels sehr wohl kennt, spionirt jeden Athemzug durch Schwärme von Beamten, die eben nur Delatoren sind. In jedem Kreise der Gubernien befindet sich ein Präsident, der acht bis zehn Assessoren hat, deren Hauptbeschäftigung darin besteht, den Patriotismus der Polen und besonders des Adels zu überwachen, eine Verpflichtung, der sie mit so scrupulöser Sorgfalt nachkommen, daß das Haus jedes Edelmannes wöchentlich wenigstens einmal von ihnen besucht wird. Aber mit diesen Visiten ist es noch nicht abgemacht, außerdem muß man den Präsidenten und die Assessoren kaufen, weil man sonst tausenderlei Arten von Verfolgungen ausgesetzt ist. Es kommt z. B. einer von diesen Herren und sagt dem Edelmanne, daß man ihn in Verdacht habe, einen Emissarius zu beherbergen, daß er verbotene Correspondenzen führe u. s. w. und unter diesem Vorwande steht ihm dann das Recht zu, das ganze Haus umzukehren, alles mitzunehmen, was ihm gefällt. Und um den Dienst aufs Pünktlichste zu erfüllen, werden solche Revisionen gewöhnlich des Nachts veranstaltet. — Dann wird ohne alle Umstände Frau und Kind aus den Betten gejagt. Jeder Edelmann ist der Gnade oder Ungnade eines solchen Beamten verfallen, denn kommt es einem solchen bei, so schreibt er an die Behörde: „der und der denkt polnisch" — worauf er dann den Befehl erhält, ihn zu überwachen, d. h. ihm stets auf dem Halse zu liegen. Oder er meldet: „in dem und dem Dorfe verbirgt sich ein entlaufener Recrut" — und in Folge davon wird im ganzen Dorfe Nachsuchung gehalten, die Leute werden von der Arbeit geholt, und zwar grade stets dann, wenn diese am dringendsten zur Saat oder Erndtezeit nothwendig sind, ja was noch schlimmer, er raunt den Bauern ins Ohr, daß der Car sie gern von der Frohnde befreien möchte, aber daß der Edelmann ihn daran verhindere. — Um nun dergleichen und ähnliche Quälereien zu vermeiden, muß der Beamte theuer gekauft werden.

Außer dieser öffentlichen Polizei, welche den Edelmann bewacht, ist in jedem Dorfe noch ein Pope, d. h. ein griechischer Geistliche, der einen unbeschränkten Einfluß auf die rohe, ungebildete Masse hat, und diese mit Haß gegen die katholische Confession und diejenigen, welche zu ihr gehören, erfüllt, und da in Reußen nur der Adel und einige Städtebewohner sich zu dieser bekennen, so wird religiöser Haß gegen diese aufgestachelt. Aber damit begnügt sich der Pope noch keineswegs, denn er hat außerdem die Mission jeden einzelnen Edelmann zu überwachen und in der Beichte verpflichtet er die Bauern, von jedem Schritte ihres Herrn ihm Nachricht zu geben. So wird der Pope zum Hausspion, vor dem man sich kaum hüten kann. Um seinen Eifer, wenn es möglich, zu noch angestrengterer Wachsamkeit anzutreiben, erließ die Regierung während meiner Anwesenheit in Kamieniec den Befehl, daß der Gutsherr dem Popen seines Dorfes eine gewisse Anzahl Morgen Landes seines Eigenthums, ohne jede Entschädigung, als Priestergrund anweisen und alljährlich durch seine Leute für den Popen beackern, besäen, einerndten und ausdreschen solle.

Zum Beweise, daß hier gegen den polnischen Edelmann die größten Nichtswürdigkeiten ungestraft verübt werden können, will ich nur zwei Beispiele anführen, von denen das eine im ganzen Guberniun Podolien und Kijow allgemein bekannt ist, das andere sich während meiner Anwesenheit in Kamieniec zugetragen hat. Bald nach unserer November-Insurrection kam als Gubernator des podolischen Guberniums ein russischer General nach Kamieniec, dessen Namen ich leider vergessen habe. Dieser faßte, nachdem er sich einigermaßen orientirt hatte, den Gedanken reich zu werden, wozu ihm ein verkäuflicher Pole behülflich sein und was ihm zugleich dazu dienen sollte, sich um den Caren verdient zu machen. Der kürzeste Weg dazu war, den Adel zu compromittiren. Doch handelte es sich jetzt darum, auf welche Weise dies zu bewerkstelligen wäre? Nichts leichter als dies. Der gekaufte Pole fingirt Briefe von Emigranten aus dieser Gegend, welche in der Absicht zu conspiriren an diese und jene Edelleute aus Paris oder sonst woher aus Frankreich gerichtet sind; allein damit nicht zufrieden schreibt er auch, indem er die Handschrift der betreffenden Edelleute so gut als möglich nachahmt, die zusagende Antwort. Diese Correspondenzen, und es waren sehr viele, kamen natürlich zufällig in die Hände des Gubernators, der seinerseits den betreffenden Edelmann arretiren läßt und ihm schwarz auf weiß darthut, daß er eines Criminalverbrechens schuldig und zweifelsohne zu schweren Arbeiten verurtheilt nach Sibirien in die Bergwerke geschickt werden wird. Der Edelmann, obwohl von seiner Unschuld, aber zugleich auch von der Unmöglichkeit, diese zu beweisen und aus den Klauen der russischen Gerechtigkeit zu entkommen, überzeugt, muß sich dazu verstehen so und soviel tausend Rubel zu zahlen. Der Gubernator nimmt anscheinend diese kleinen Summen, von denen doch einzelne bis über 20 und 30,000 Rbl. stiegen, ungern und läßt dabei merken, daß dies nur aus besonderer Gnade geschähe. Es war ein Glück, daß dieser Scandal zu schamlos und mit einem solchen Cynism betrieben wurde, daß er nicht lange fortgesetzt werden konnte. Als es der Wahrheit gemäß ans Tageslicht kam, so wälzte der Gubernator alle Schuld auf seinen Helfershelfer, der sich, da er keine andere Rettung sah, selbst erhängte, während jener nur einen anderen Posten erhielt, obwohl er eigentlich mindestens den Galgen verdient hatte.

Das andere Beispiel trug sich zu Kamieniec 1843 zu. Das Haupt der Stadt war damals der allgemein geachtete und beliebte Czajkowski, ein Mann bereits in hohen Jahren. Ein seit lange bereits ebenfalls in Kamieniec wohnender Russe, der mit Czajkowski nicht zufrieden, weil er ihm in einer seinerseits ungerechten Angelegenheit seine Hülfe hatte versagen müssen, beschloß, sich an ihm zu rächen. Da er als das sicherste Mittel, einen Polen zu verderben, dasjenige kannte, ihn des polnischen Patriotismus verdächtig zu machen, so griff er dazu. Er fingirte einen aus Frankreich von einem Emigranten an Czajkowski geschriebenen Brief. Nachdem der Brief geschrieben, sollte derselbe zusammengerollt in einen dazu ausgehöhlten Stock gesteckt werden, den er dann auf irgend eine Weise in Czajkowski's Haus werfen und der Polizei Anzeige machen wollte, daß Czajkowski in geheimer Verbindung mit der Emigration stehe und er dafür thatsächliche Beweise habe. Zum Glück für Czajkowski war die Frau des Russen eine Plaudertasche, die das Geheimniß einer Freundin, aber einer gewissenhaften Polin mittheilte: daß Czajkowski nächstens nach Sibirien wandern würde. Diese sagte das Gehörte sofort an Czajkowski und dieser ging, ohne Zeit zu verlieren, zum Obrist der Gens d'armerie Tymkowski und ersuchte ihn, unmittelbar mit ihm in die Wohnung jenes Bösewichts zu gehen, um ihn in flagranti abzufangen.

Man fand dort in der That den Brief und den hohlen aber noch nicht ganz vollendeten Stock. Tymkowski, ein Kleinrusse, obwohl Gens d'armes, war über eine solche Schandthat empört, ließ diesen Nichtswürdigen sofort arretiren, aber was man mit ihm gemacht, das weiß ich nicht; wahrscheinlich hat man ihm eine Beamtenstelle im Königreich Polen gegeben.

Obwohl nun der polnische Edelmann solchen Niederträchtigkeiten ununterbrochen bloßgestellt ist, in Folge wovon seine Ruhe, sein Leben und Gut in fortwährender Gefahr schwebt, so genügt das dem Caren noch nicht, das Heroldsamt zu Petersburg muß ihm auch noch seine Hülfe leisten, um den polnischen Adel zu vernichten. Wenn du auch die besten und autentischesten Beweise in Händen hättest, daß du und deine Autenaten bis in wer weiß wie viele Geschlechter hinauf vom besten und reinsten Adel gewesen, und du dich vor dem Heroldsamt nicht legitimirst, daß du 1000 Rubel hast, mit denen du nichts anzufangen wüßtest, und die du seinem gütigen Wohlwollen anvertrauen möchtest, so wirst du und deine Nachkommen den Odnodworcys*) zugeschrieben und man kann dich zum Recruten machen, dir Stockprügel und Knute geben.

Mit einem Federstrich hat der im Westen gefeierte Nicolaus die sogenannte zagonowa szlachta in odnodworcy verwandelt und sie aus Podolien in die Gubernien von Ekaterinoslaw, Cherson u. s. w. verpflanzt; damit es aber auch dem geringen Reste kleinen Adels noch erschwert werde, durch den Dienst zu einem dem Adel gleichen Range sich hinaufzuarbeiten, so ist ein Ukaz erlassen, demzufolge niemand zu einem Civilamte, welches jenen Rang ertheilt, zuzulassen sei, der nicht das Gymnasium geendigt, für die Gymnasien aber ist wieder die Anordnung getroffen, daß sie niemanden annehmen dürfen, der nicht durch das Heroldsamt legitimirt worden. Ist das nicht ein schnödes, schamloses Spiel?

Um die polnische Sprache auszurotten, hob Nicolaus nicht nur die Universität zu Wilna, das Liceum zu Krzemieniec und alle Gymnasien und Schulen auf, sondern errichtete an Stelle derselben ganz neue, welche seinen Absichten zur Vernichtung der polnischen Nationalität entsprechen sollten, d. h. er schaffte die polnische Sprache als Unterrichtssprache ab und führte die russische ein, und damit außerhalb der Schule und heimlich nicht polnisch gesprochen werden möchte, so errichtete er so billige Convicte, daß auch der mindest begüterte Edelmann keine Ausflucht haben könnte, seinen Sohn dort nicht zu placiren, da es nur denjenigen Eltern, die am Orte des Gymnasiums selbst wohnen, gestattet ist, ihre Söhne in ihrem Hause zu behalten, und auf die Schule zu schicken. In einem solchen Convict darf bei schwerer Strafe kein Wort polnisch, sondern nur russisch gesprochen werden, was zu überwachen Aufgabe des Directors, der Professoren und Correpetitoren ist. So muß die arme unglückliche polnische Jugend ihre Muttersprache verleugnen und in der des unerbittlichen Feindes denken und sprechen lernen.

Ein anderer Gegenstand unabläſſiger ſyſtematiſcher Verfol-

---

*) Zagonowa szlachta ist der kleine Adel mit mäßigem, aber noch hinreichendem freien Grundbesitz, Allodium. Odnodworcy Besitzer einer Hufe, Wirthe, Bauern ohne Adelsrechte.

gung ist für den Caren und seine Complicen die catholische Confession, da sie für Polen mehr als anderswo politische Bedeutung hat, und der Vermischung des russischen mit dem polnischen Elemente einen unüberwindlichen Damm entgegenstellt. Nicht genug, befohlen zu haben, daß alle Kinder aus gemischter Ehe durchaus der griechisch-russischen Kirche einverleibt werden müßten, nicht genug, daß er mit Gewalt tausende unirter und catholischer Landleute zum Uebertritte gezwungen, wie deren in Lithauen und Weiß-Rußland massenweise erfolgt sind, nicht genug, daß er alle möglichen heimlichen Mittel anwendet, um von der lateinischen zur griechischen Kirche zu bekehren, so hebt er auch öffentlich Klöster auf, zieht ihr Vermögen ein und besetzt sie mit seinen Czerney, Mönchen oder Popen, wie er das z. B. in Poczajow, in Wisniowiec und Kamieniec podolski gethan hat. Seit lange schon hat er in Kamieniec die Franziskanerkirche, nachdem er die Mönche vertrieben, die Johannes- und Kreuzkirche in Cerkwien (griechische Kirchen) verwandelt. In die unitische Kirche führte er seine Czerney und 1843 hob er dort das Kloster der Dominikaner und Trinitarier auf. Die Mönche schickte er nach Lithauen in irgend ein Kloster, indem er ihnen eine kleine, kaum für Brodt und Wasser hinreichende Pension, als Entschädigung für die Güter, die er ihnen geraubt hatte, bestimmte. Aber auch damit noch nicht zufrieden, sucht er die catholische Geistlichkeit zu demoralisiren und zu Werkzeugen seiner ferneren Pläne zu machen. Da er weiß, daß der Einfluß der in der Hierarchie höher gestellten hierin von Wichtigkeit ist, so wendet er alle Mittel an, um diese Stellen mit Männern nach seinem Herzen zu versehen, nicht aber mit solchen, welche ihm das Capitel dafür vorschlägt. Zum Beweis führe ich folgendes Beispiel an.

Nach dem Tode Czarnkowski's, des Bischofs der kamienieckischen Dioecese, präsentirte das Kapitel den Priester Choloniewski als Candidaten. Der Kaiser wollte indessen von ihm nichts wissen und schlug dem Kapitel einen andern vor, worauf jedoch das Kapitel nicht einging, und so blieb vorläufig Dioecese und Bischofsitz ohne Bischof. — Wie diese Frage später gelöst worden ist, weiß ich nicht.

Um schließlich noch zu zeigen, was sich die griechische Geistlichkeit gegen die unsrige erlaubt, will ich nur ein Beispiel anführen. Im Gymnasium war es einem catholischen Geistlichen gestattet, den catholischen Schülern den Catechism in polnischer Sprache zu erläutern. Eines Tages war Examen, welchem ein Archierej, eine Art Bischof in der Hierarchie der griechischen Kirche, präsidirte. Nach dem Examen ertheilte dieser den Anwesenden seinen Segen, d. h. er machte das Zeichen des Kreuzes gegen sie. Der catholische Priester glaubte sich verneigen zu müssen, und that dies in devoter Weise, der Archierej aber, damit nicht zufrieden, gerieth vielmehr darüber in Zorn, daß er ihm nicht die Hand geküßt, schimpfte ihn in den gemeinsten Ausdrücken und wollte ihn zwingen, dies noch zu thun, und als unser Priester ganz ruhig erklärte, das das nicht catholische Sitte sei, schrie jener: „wie so denn? „und küßt ihr eurem Papste nicht Hand und Füße?" „allerdings, „aber erstens ist das der Papst, und zweitens küssen wir nicht „Hände und Füße, sondern vielmehr den geweihten Ring und die „Schnallen an Hand und Schuhen." Bei dieser Erklärung beruhigte sich diesmal der Archierej, aber bemerkte dem Geistlichen, daß er für seine Unverschämtheit eigentlich Sibirien verdient habe, und daß es nur von ihm abhinge, ihn dorthin zu schicken, — er wolle es aber diesmal so hingehen lassen, doch möge er sich ein andermal in Acht nehmen, daß es nicht wieder vorkomme.

VIII.

Kamieniec. Ausflucht nach Bessarabien. Mein Geheimniß wird kundbar. Vergebliche Bemühungen der Behörde. Mir droht Gefahr. Warum ich nicht entfliehen wollte.

Wenn irgend eine Stadt mannigfache Erlebnisse und Schicksale durchgemacht hat, so ist es ohne Zweifel Kamieniec podolski; das brachte seine Lage als Festung an der Grenze Alt-Polens und der Türkei mit sich. Schon zu den Zeiten Olgierds, des Großfürsten von Litauen, Eroberers von Kijow und ganz Reußens bis zum schwarzen Meere, wurde es die Hauptstadt eines litauischen Fürsten. Nach dem Tode Bolesławs, Fürsten von Halicz, als Kazimierz der Große, der letzte der Piasten († 1370), Halicz besetzte, wurde Kamieniec Polen einverleibt, und war damals schon als feste Stadt berühmt. Unter den Jagiellonen, und besonders unter Sigismund I, 1506—48, der auf die Vorstellung des Ostafiej Daszko, eines owruckischen Edelmannes, zuerst aus den zaporogischen Kosaken eine Grenzmiliz unter Anführung eben dieses Daszko, als des ersten Kosaken-Atamans, schuf, begann Kamieniec ein wichtiger Grenzpunkt für die Vertheidigung des polnischen Reiches zu werden. Stephan Batory, 1573—85, befestigte Kamieniec durch eine starke Citadelle und ein festes Thor. Zu den Zeiten der Kosaken-Kriege, als Doroszenko, nachdem er zum Islam übergetreten, aus Haß gegen Polen sich dem Sultan zu Stambul unterwarf, mußte Kamieniec sich trotz einer tapferen Vertheidigung den Türken ergeben, welche die Kirchen in Medscheds umwandelten. — Krasiński, Bischof von Kamieniec, war der Stifter der Conföderation von Bar.

Kamieniec besteht aus der Stadt selbst, welche auf einem von Anhöhen umgebenen Felsen gebaut, und von dem bedeutenden Flusse Smotrycz, mit tiefem Bett und hohen steilen Ufern, rings umschlossen ist, und aus zwei Vorstädten, von denen die größere, zu der man durch das Wind- oder Batory-Thor gelangt, Folwarki heißt; die andere Vorstadt, niedriger als Kamieniec und jenseit einer steinernen Brücke gelegen, welche beide Ufer des Smotrycz verbindet, hat den türkischen Namen Kerwasary behalten, weil hier die meisten Türken wohnten. In Folge der mannigfachen Schicksale, welche die Stadt erfahren hat, stößt man hier auf historische Erinnerungen und Denkmale aus verschiedenen Epochen. In der Citadelle findet man eine ehemals polnische Kapelle, an deren Außenseite man das in Stein gehauene, gut erhaltene polnische Wappen mit der Krone der Könige bemerkt. An dem alten verfallenen Thore, das vor der Brücke von der Seite der Citadelle steht, gewahrt man noch Ueberreste des polnischen Adlers und über demjenigen, durch welches man von Kerwasary nach Kamieniec gelangt,

einen ähnlichen, der noch ganz gut erhalten ist. An dem Wind=
thore findet sich eine lateinische Inschrift, welche das Jahr angiebt,
in welchem Batory dieses Thor erbaut hat. Es bestanden in Ka=
mieniec, das 14,000 Einwohner zählt, wovon die Hälfte Juden
sind, acht Kirchen, drei davon sind in Cerkwien verwandelt, aus
zweien hat man die Mönche vertrieben, eine ist armenisch, und für
den catholischen Gottesdienst ist nur die Kathedrale und die Car-
meliter Barfüßler=Kirche geblieben. An der Kathedralkirche haben
die Türken während ihrer Anwesenheit ein Minaret erbaut, von
dem die Muhamedaner zum Gebete gerufen wurden. Das
Minaret steht heute noch mit dem Halbmond auf der Spitze,
worüber sich das Kreuz erhebt. In der Dominikanerkirche ist die
Kanzel sammt den Treppen aus einem Steine gehauen, diese sowohl
wie die steinerne Brücke, die fest, aber ohne alle Architektur gebaut
ist, verdankt ihre Entstehung den Türken. Kamieniec hat zwei
öffentliche Gärten, von denen der eine von seinem Gründer Lu-
bianowski Lubianówka den Namen trägt; der andere zwischen
den steilen Ufern des Smotrycz heißt der Wit'sche Garten. In
der Stadt bemerkt man noch das verfallene Haus, in welchem einst
der podolische Adel seine Landtage hielt. Kamieniec und seine
Gegend ist so eigenthümlich, daß man nicht leicht etwas Aehnliches
findet. Seine historischen Ueberreste und der Zauber seiner Lag
frappirten sogar Nicolaus I, als er 1842 hier durchreiste, derma
ßen, daß er trotz dem, daß der Gubernator es ihm bemerklich zu
machen wagte, daß dies Ueberreste polnischer Nationalität wären
dennoch befahl, dieselben so wie sie sind zu erhalten und Vernet, de
damals mit ihm reiste, aufforderte, Kamieniec und seine Umge
bung auf die Leinwand zu bringen. Mithin muß Kamienie
trotz des Trauergewandes, mit dem es jetzt angethan, trotz de
Wittwenschleiers, der es verhüllt, doch einen wunderbaren Eindruc
auf den Beschauer machen, wenn selbst das Organ, welches Nico
laus anstatt des Herzens in seiner Brust trug, davon insoweit be
rührt wurde, daß er einmal etwas Polnisches nicht zu zerstören
vielmehr zu conserviren befahl.

Mir war es immer wenn ich durch die Straßen der Stad
ging, als wenn ich zwischen Gräbern herumwandelte, über welcher

ich keine Polen mehr, sondern nur ihre Schatten sähe. Auf den Gesichtern nicht nur der Greise und Männer, sondern auch auf denjenigen der Jugend, bemerkte ich statt heiterer Lebensfrische und Freudigkeit nur Trauer, bange Zweifel, ja fast Lebensüberdruß. Natürlich wirkte dies auch auf mich niederdrückend, so daß ich die ganze Kraft meiner Seele, die ganze Gluth meiner Liebe zu meinem unglücklichen, in seinem innersten Nerv vom Wurm der Fäulniß angefressenen Vaterlande anfachen mußte, um nicht der Verzweiflung, dem gänzlichen Verzagen anheimzufallen. Und doch durfte ich diese Stimmung meiner Seele nicht verrathen, ich mußte äußerlich heiter erscheinen, um bei Ungeweiheten nicht Verdacht zu erregen, aber wenn mich die Trauer dermaßen erfaßte, daß ich meiner nicht Herr werden konnte, dann flüchtete ich in die Einsamkeit, meist hinaus aufs Feld, in die grüne Steppe. Dort athmete ich tief auf, dort weinte ich einsam über das Schicksal meines theuren Vaterlandes und die Schmach seiner Söhne, dort berieth ich mit Gott und meinem Gewissen, prüfte meine Pläne und modificirte sie nach den Umständen. Auf diesen einsamen Spaziergängen verweilte ich gern auf einer kleinen Anhöhe, von wo aus ich Blick und Seele hinüberschweifen ließ bis hin zu meiner schönen Ukraina, wo ich zuerst mein Vaterland lieben und beweinen gelernt hatte, und diese Liebe endlich meines Lebens Stern und Kern geworden war. Von diesen einsamen Spaziergängen kehrte ich nicht immer froh, aber immer ruhiger und gekräftigt zurück, denn ich versöhnte mich mit meinem Geschick und berieth mich mit Gott, der allein weiß, was ich in solchen Momenten gelitten und der mir jedesmal Trost in die verzagende Seele hauchte.

Nur der, welcher mit seinem Fühlen und Denken vor Menschen sich zu verbergen genöthigt ist, fühlt die unvergleichliche Wohlthat, die Gott dem Menschen erwiesen, indem er seiner Seele das Gefühl der unmittelbaren Abhängigkeit von ihm eingepflanzt hat, in ihrer ganzen Bedeutung, was zur Quelle und zum Ursprung alles sittlich Schönen für ihn wird, denn hieraus stammt das kindliche Vertrauen zu Gottes Gerechtigkeit, Weisheit und väterlicher Liebe, mit welchem wir uns in allen unseren Leiden und Freuden

mit unseren Wünschen und Hoffnungen nach demselben Gesetze an
ihn wenden, nach welchem das Wasser abwärts fließt und der
Frühling Blüthen treibt. Doch ohne Christus giebt es zu Gott
keinen Zutritt, wir können ohne ihn allerlei bürgerliche Tugenden
besitzen, deren auch die Heiden theilhaftig werden können, allein
jene aufopfernde, das Göttliche in der Welt nur erfassende und
ihm sich rücksichtslos im Glauben hingebende Liebe, die nicht das
Ihre sucht, ist einzig dem vollendeten Christen möglich, und um
diese Liebe flehete ich inbrünstig zu Gott, ich bedurfte ihrer zu mei=
nem heiligen Unternehmen, sie mußte mich stärken, sie mir die ver=
zagende Seele aufrichten.

Unterdessen machte ich sowohl unter meinem angenommenen
wie unter meinem eigenen Namen immer mehr Bekanntschaften.
Meine Stellung wurde immer kritischer; denn ein Geheimniß, das
viele theilen, verliert leicht seinen Character. Die Gefahr, entlarvt
und dann arretirt zu werden, trat immer näher; indessen darauf war
ich vorbereitet und so an diesen Gedanken gewöhnt, daß er auf
mich durchaus keinen Einfluß übte; nichtsdestoweniger handelte ich
stets mit der größten Vorsicht.

Anfangs August fuhr ich mit der ganzen Piekutowski'schen
Familie während der Ferien nach Bessarabien, wo wir am zweiten
Abende in Bryndzany, wo sie angesessen war, ankamen. Herr
Piekutowski nahm den Franzosen Catharro freundlich auf, doch
konnte ich mit ihm nicht viel verkehren, da er sehr wenig französisch
sprach. Indessen entschädigte ich mich dafür in der Unterhaltung mit
den Damen, und obwohl Fräulein Olympia und Mathilde noch
meine Schülerinnen waren, so verhinderte das doch nicht, daß man
bereits anfing sich um sie zu bewerben. Einer meiner näheren
Bekannten bemühte sich um die Hand Mathildens, die zu seinem
Unglück vorsichtig und witzig war. Sie hatte für ihn keine Sym=
pathie. Einst als der arme Verliebte gleichsam prüfen wollte, ob
er in Herzen des jungen Mädchens Gnade gefunden, sagte er,
da man grade über die französische Sprache sich unterhielt, plötzlich
im Scherz zu ihr: „ich bin gewiß, daß sie nicht wissen, welche
„Verba nach der ersten Conjugation formirt werden?" „O doch,
„ich weiß es!" „Und welche denn?" „Diejenigen die auf er

„ausgehen." „Gut, aber geben sie mir ein Beispiel." Er erwartete und wünschte natürlich, daß sie aimer, donner oder dergleichen nennen würde, und wurde sehr deconcertirt, als das Fräulein ihm mit kaltem Blute: blamer, repousser und detester anführte. Nach einer solchen Antwort fragte er nicht mehr über französische Grammatik.

Herr Piekutowski hatte, wie das überall in Bessarabien der Fall ist, viele und gute Pferde, ein Umstand, den ich benützte, um tüchtig in den Steppen herumzureiten. Ich war glücklich endlich einmal auf einige Zeit von dem Anblick russischer Uniformen befreit zu sein, und ich fühlte mich wahrhaft selig auf meinen abendlichen und nächtlichen Spaziergängen in dieser herrlichen duftreichen Atmosphäre. Ich habe wenig glückliche Momente in meinem Leben auf Erden gehabt, darum werde ich dieser Familie für diejenigen, die ich hier genossen habe, ewig dankbar sein.

Bessarabien, zwischen Pruth und Dniestr gelegen, wurde und wird heute noch mit Recht für sehr fruchtbar und reich an Feldfrüchten, an Vieh, Pferden und Schaafen angesehen. Von den Türken wurde besonders sein nördlicher Theil von Chocim ab sehr geschätzt. Die Einwohner sind römischer Abkunft, ebenso wie die Moldauer und Walachen, denn diese Gegenden dienten den Römern als Verbannungsort für ihre Verbrecher, es war das Sibirien der Römer, wohin sie in den Zeiten sittlicher Verderbniß alle gefährlichen, d. h. alle rechtlich und ehrenhaft denkenden Männer schickten, ganz so wie Nicolaus heute Sibirien zum großen Theil mit solchen Verbrechern bevölkert. Hier starb Ovidius in seiner Verbannung. Sein Grab befindet sich nicht fern von Akiermann oder Białygród, einst zu den Jagiellonischen Zeiten eine polnische Hafen- und Handelsstadt am schwarzen Meeere. Zu Ehren Ovids heißt die Stadt, wo sein Grab sich befindet, Oviopolis.

Unter der türkischen Herrschaft befand sich Bessarabien sehr glücklich, aber seitdem es unter russischer Herrschaft steht, ist es als wenn der Engel des Todes seinen Pesthauch darüber gewehet. Alle Freiheiten der Einwohner sind unterdrückt, das gemeine Volk wird unter die Recruten gesteckt, der Adel muß sich im Heroldsamt zu

Petersburg legitimiren, und Schwärme von Beamten haben wie stinkende Harpyien sich überall eingenistet. Ein Glück für das arme Land ist, daß es unter der Leitung des Grafen Woronzow, des General-Gubernators von Bessarabien, Cherson, Ekaterinoslaw steht, eines sehr aufgeklärten, ehrlichen und gerechten Administrators, der die Schelmereien seiner Beamten hart bestraft und Bessarabien soviel als möglich gegen die väterliche Liebe des Kaisers schützt. Er hat es bewirkt, daß eine lange Zeit hindurch hier nicht recrutirt wurde.

Trotz des Druckes der Regierung, haben die Einwohner doch noch zum Theil ihren leichten Sinn, mit dem sie in die Zukunft blicken, bewahrt. Sie wohnen in kleinen, engen Lehmhütten, die aber reinlich und ausgeweißt sind. Die Ehre und der Reichthum der Wirthin besteht in Betten, die oft bis an die Decken reichen; bei den reicheren findet man sogar Teppiche. Brodt, Milch, Fleisch haben sie zur Genüge, sie essen gern Schaaskäse und Mamałyga aus türkischem Korn. Die Frauen sind geschmackvoller und schöner angekleidet als die Männer, die oft, im Sommer sogar, den Schaafpelz nicht ablegen, oder Hemden, die über die Hosen hängen, tragen. Die Czabany oder Schaafhirten leben fast den ganzen Sommer von Schaafkäse und Mamałyga. Man findet Heerden wilder Pferde, auch Weingärten, aus deren Trauben man sauren Wein keltert, der in Polen unter dem Namen des walachischen bekannt ist. Die Einwohner sind von schöner Race und sanften Characters. Sonntags sah ich oft mit Vergnügen ihrem Tanze, Džog genannt, zu. Bessarabien, durch welches alle Horden, welche nach Europa stürmten, wanderten, ist mit einer Menge von aufgeschütteten Hügeln die zu Wegweisern dienten, bedeckt und nicht fern von Bryndzany ist in einem Felsen eine große, tiefe Grotte, in welche sich die Einwohner bei den Einfällen der Tataren zu flüchten pflegten. Man findet hier viele in der polnischen Geschichte bekannte Punkte, denn da das Land Jahrhunderte hindurch im Lehnsverbande mit Polen stand und außerdem das Grenzland gegen die Türkei bildete, so war es oft ein Kampfplatz streitender Mächte. Nicht weit von Bryndzany ist das berühmte Thal Cecora, wo 1620 unser Kron-Groß-Feldherr und Reichshetman Zolkiewski in dem 70sten Jahre

seines im Dienste des Reichs hingebrachten Lebens fiel. Zu seiner
Ehre und Erinnerung wurde an dieser Stelle ein prachtvolles
Denkmal von seiner Familie errichtet, daß die lateinische Inschrift
trug: exoriare aliquis nostris ex ossibus ultor. Heute ist das
Denkmal Ruine, man hat es erneuern wollen, aber die Regierung
hat es nicht zugegeben.

In Warnica, nicht fern von der Stadt Bender, wurde
Carl XII nach der Schlacht bei Pultawa 1709 von den Türken gefangen genommen. Hier starb auch der durch die Abenteuer seines Lebens bekannte alte, wie er sich selbst nannte, unglückliche, Mazepa, Ataman der ukrainischen, Polen freundlichen, Kosaken.

Im September kehrten wir aus den Ferien nach Kamieniec zurück. Ich überzeugte mich jetzt, daß bereits sehr viele wußten, wer ich in Wirklichkeit sei und zu welchem Zwecke ich gekommen. Unter diesen waren ohne Zweifel manche Unzuverlässige, die
der ganzen Sache verderblich werden konnten, wie ich schon daraus
schloß, daß mein Geheimniß, in das ich doch nur Wenige einge-
weiht hatte, sich schon so gewaltig verbreitet hatte. Mir ahnete
nichts Gutes, denn wer ein ihm anvertrautes Geheimniß nicht zu
bewahren vermag, auf den kann man im Augenblick der Gefahr
nicht rechnen. Ich gab mir alle ersinnliche Mühe, um einer weiteren Verbreitung vorzubeugen, und dem bereits Bekannten, soweit
dies möglich, eine andere Richtung zu geben.

Nach so langer Abwesenheit aus meinem Vaterlande, war einer
meiner ersten Gedanken nach meiner Ankunft in Kamieniec gewesen, über meine Eltern Nachrichten einzuziehen, und sie wo möglich,
doch ohne weder sie noch mich einer Gefahr auszusetzen, zu sehen.
Dieselben wohnten im Gubernium Kijow, im zwinogrodzkischen
Kreise, etwa 30 Meilen von Kamieniec. So lange ich mich
Niemanden anvertraute, war es natürlich unmöglich über meine
Eltern etwas zu erfahren, über deren Existenz ich seit 11 Jahren
keine Nachricht hatte; nachdem ich mich aber Einzelnen zu erkennen
gegeben hatte, bat ich sie, womöglich meine Eltern davon in Kenntniß zu setzen, daß und wo ich lebte. Meine Absicht war, mit ihnen
ein Rendez-vous auf halbem Wege zwischen Kamieniec und

ihrem Wohnorte zu veranstalten. Einer meiner Bekannten, der grade in jener Gegend, wo meine Eltern wohnten, Geschäfte hatte, nahm es auf sich, dies zu vermitteln. Indessen wurde nichts daraus, denn außerdem, daß eine lange Zeit verlief, bevor er sich die Erlaubniß auswirkte, ein anderes Gubernium zu besuchen, so erkrankte er an einer schweren Krankheit, von der er noch nicht genesen war, als mich die Polizei schon in ihren Klauen hatte. Es war mir auf diese Weise trotz meiner angestrengten Bemühungen unmöglich, irgend welche Nachricht über meine Eltern zu erhalten.

Unglück fesselt sich zuweilen an einzelne Personen, zuweilen an ganze Familien. Mein Vater war zu Praga bei Warschau geboren. Das ganze Vermögen meines Großvaters bestand aus drei oder mehreren Häusern in Praga; er hatte vier Söhne. Der älteste Augustin, der zur Zeit des Aufstandes unter Kosciuszko die Akademie in Warschau beendigt hatte, trat in's Mabalinski'schen Regiment, das aus dem Posen'schen der nationalen Erhebung zu Hülfe eilte. Er blieb in diesem Kriege. Als Suwarow Praga nahm, plünderte und in Blut erträntte, gelang es meinen Großeltern mit ihren drei Söhnen Jacob, Joseph und Franz sich aus Praga zu retten, aber nur mit dem nakten Leben. Die Häuser gingen in Flammen auf, das ganze Vermögen war verloren. Meiner Großmutter Familie lebte in der Ukraina, und das war der Grund, weshalb meine Familie sich dorthin begab. Nach dem Tode meiner Großeltern, der bald nach ihrer Uebersiedelung erfolgte, wurden mein Vater und meine Ohme getrennt von einzelnen Familien aufgenommen. Meinen Vater Joseph nahm der Obrist Czajkowski, der Großvater Michael Czajkowski's, des heutigen ukrainischen Romanschreibers (Zadik Basza), dessen Swester an den Obrist Różycki verheiratet war, der in unserem Novemberaufstande sich als Anführer der Wolhynier mit Ruhm bedeckt hat. Meine beiden Ohme kamen zu zwei Brüdern. Czajkowski liebte meinen Vater sehr, leider aber starb er bald und die Hoffnungen meines Vaters für eine schöne Zukunft schwanden. Er übernahm eine Wirthschaft und verheiratete sich mit Agnes Zakusiło, der Tochter eines kleinen Edelmannes, litauischer Abkunft. Im Anfang ging es meinen Eltern recht gut, und mein Vater hatte die Absicht eine Glashütte und das daranstoßende Dorf Korolówka zu erwerben. Ich erinnere mich jener glücklichen Zeiten. Als ich schon einige Jahr alt war, gab mir der Vater einen ukrainischen Kosakenknaben zum Spielgenossen, der kosakisch tanzen, auf der Teorbana spielen und schöne Lieder vom Sahajdaczny, Konaszewicz, Potocki, Neczaju und anderen singen konnte. Obwohl ich noch fast Kind war, so hörte ich doch diese Lieder voll tiefer Wehmuth und Sehnsucht, roller Heldenthaten und Abenteuer gern, mein junges Herz und meine junge Phantasie übten sich ukrainisch zu fühlen und zu handeln, d. h. was man liebt, für immer zu lieben, und, was man sich vorgenommen hat, auszuführen. Diese glücklichen Zeiten dauerten nicht lange. Die Umstände meiner Eltern geriethen in Verfall, und mein Vater zu stolz, um Anderer Hülfe anzusprechen, griff nach Pflug, Sense und Dreschflegel, während meine Mutter, trotz ihrer schwachen Gesundheit, die Rolle einer einfachen Wirthin übernehmen mußte. Ich wurde auf die Schule geschickt, damit ich später einst für meine Familie sorgen könnte. Meine Eltern mühten sich vergebens ab, um wieder zu einigem Wohlstande zu gelangen, und nur auf den Hoffnungen, die man auf mich gesetzt hatte, beruhete die Hoffnung einer besseren Zukunft für meine Eltern und Geschwister. Da brach die Revolution aus. Ich konnte nicht zurückbleiben, und seitdem erfuhr ich nichts mehr von meiner Familie.

Mein Onkel Jacob wurde eine Art Unterrichter im wasylkowskischen Kreise, Gubernium Kijow. Er wurde ebenfalls vom Unglück verfolgt. Er kaufte ein Dorf, und war eben daran, sich eine Wohnung dort einzurichten, als er bei einem Falle den Fuß brach. Bald darauf starb sein Sohn Constantin, der sich eben verheiraten sollte. Sein zweiter Sohn Adolph wurde blödsinnig. Der dritte Sohn Jacob war grade in Żytomierz auf der Schule, als die Revolution ausbrach, an der er Theil nahm und in russische Gefangenschaft gerieth. Was aus ihm und dem jüngeren Bruder Augustin geworden ist, weiß ich nicht.

Das Schicksal meines anderen Onkels Franz war das unglücklichſte. Er wurde zum ruſſiſchen Militair abgegeben, diente in der Garde Alexanders, erhielt mehrere Orden, wurde Ritter, verheirathete ſich mit einer Curländerin, hörte auf Pole zu ſein, und war zur Zeit unſerer Revolution Major in einem ruſſiſchen Dragoner-Regimente — alſo todt.

Als die beunruhigenden Gerüchte in Betreff meiner immer zahlreicher wurden, kam eines Tages ein guter Bekannter abſichtlich vom Lande in die Stadt, um mir zu ſagen, daß man mich bereits ſeit zwei Monaten im Gubernium Podolien ſuche, und daß von Petersburg fortwährend Anzeigen an die hieſigen Behörden kämen, daß ſich hier ein Emiſſär der Emigration aufhalte. Er rieth mir alſo, mich ſchleunigſt zu entfernen. Das war gegen Ende des Monats November. Ich konnte mir leicht denken, daß meine ſchnelle Abreiſe von Paris nach Straßburg, wo man mich nicht fand, die Aufmerkſamkeit der franzöſiſchen Polizei, die ſo gern unſeren Feinden dienſtlich war, rege gemacht hatte; möglich auch, daß ich den Verdacht einiger elenden polniſchen Spione erregt hatte, die treulich alles, was die Emigration betraf, der ruſſiſchen Geſandtſchaft hinterbrachten; von dieſer wurde es nach Petersburg gemeldet, von wo aus dann natürlich die Befehle durch ganz Rußland erlaſſen wurden, mich zu ſuchen und zu greifen.

Da ich unter den Augen der Behörden unter meinem angenommenen Namen lebte, und trotz ihres langen Suchens auf mich nicht der geringſte Verdacht fiel, ſo glaubte ich mich ganz ſicher, ſobald nur keiner meiner Landsleute mich verrieth. Meinen Paß zur Abreiſe konnte ich unter ſolchen Umſtänden unmöglich fordern, denn das würde Verdacht erregt und leicht auf die richtige Spur geleitet haben. Das Land konnte ich alſo nicht verlaſſen.

Nach meinem noch in Ungarn gefaßten Plan ſollte ich von hier nach Galizien, dann in's Krakau'ſche und Poſen'ſche, und endlich zurückgehen, um überall tüchtige Leute für die weitere Verfolgung meiner Pläne auszuwählen. Ich hatte auch die Abſicht binnen Kurzem nach Galizien aufzubrechen, indeſſen hatte ich vorher noch hier einige unmaßgeblich nothwendige Vorbereitungen zu treffen, und außerdem wurde eben das, was nach Meinung Anderer mich zur ſchleunigen Abreiſe antreiben mußte, Veranlaſſung

länger zu bleiben, bis die Nachforschungen der Polizei sich einiger=
maßen beruhigt haben würden. Indessen fand ich es doch für an=
gemessen, das Haus der Madame Piekutowska zu verlassen,
und wieder meine alte Wohnung bei Herrn Schabbej zu be=
ziehen, mit dem ich nie näher verkehrt hatte, und selbst, wenn dies
auch der Fall gewesen wäre, so hätte die Polizei übermenschlich
weise sein müssen, um seiner Logik folgen oder ihn verstehen zu
können. Er war ein Mensch, den es unmöglich war zu compro=
mittiren.

Meine Bekannten beschwor ich alle für den Fall, daß ich
arretirt werden sollte und sie zur Untersuchung gezogen würden,
fest dabei zu bleiben, daß sie mich nur unter meinem ange=
nommenen Namen gekannt und mit mir nur französisch und stets
von gleichgültigen Dingen gesprochen hätten, daß, da ich mit Er=
laubniß der Behörden hier mich aufgehalten, ihnen von Ferne der
Gedanke nicht gekommen wäre, in mir jemand Anderen zu suchen,
als wofür ich mich ausgegeben hätte, ja daß wenn sie die geringste
Ahnung davon gehabt hätten, sie gewiß sofort der Behörde der
eigenen Sicherheit und Ruhe wegen Anzeige gemacht haben wür=
den. Ich meinerseits versicherte sie, daß ich bei meinem angenom=
menen Namen festbleiben und behaupten würde, daß ich mit Nie=
manden von ihnen in näherem Verhältnisse gestanden u. s. w.

Bei einer solchen consequenten Behandlung dieser Angelegen=
heit konnte die ganze Schuld nur den Behörden zur Last fallen, und
die mogten zusehen, wie sie sich halfen. Ich war der Einzige, der
dabei schlecht wegkommen konnte, und wenn ich mich auch nicht zu
meinem eigentlichen Namen bekannte, so konnte ich im besten Falle,
vorausgesetzt, daß meine Bekannten bei ihren Behauptungen blieben,
auf einige Zeit eingesperrt und dann über die Grenze gebracht wer=
den. Aber leider hatte ich mich in Bezug auf die Charactere der
Leute stark verrechnet, auch nie geglaubt, daß die Schwäche Ein=
zelner sogar in Niederträchtigkeit ausarten würde.

Bald darauf bemerkte ich, daß von Zeit zu Zeit ein rother
Kragen in meiner Nähe sichtbar wurde. Man citirte mich eines
Tages zum Abtheilungscommissar, angeblich um eine Formalität
nachzuholen, und verlangte meine Aufenthaltskarte zurück, indem

man mir sagte, daß man mir binnen Kurzem eine neu= besser for=
mulirte zustellen würde. Ich schloß aus diesem Manöver, daß die
Polizei entweder mich nun genauer beobachten und erfahren wollte,
mit wem und bei wem ich verkehrte, oder, daß sie selbst noch nicht
über mich ganz sicher war, sich vor England nicht compromittiren
und zu unangenehmen Noten von Seiten dieser sehr empfindlichen
Macht Veranlassung geben wollte, da mein Paß durchaus allen
Anforderungen entsprach, und bekanntlich die britische Regierung
diejenigen, die unter ihrem Schutze stehen, nicht im Stiche zu lassen
pflegt. Ich vermied es irgend Jemanden, der durch meinen Be=
such hätte compromittirt werden können, zu sehen, und besuchte nur
solche, die gegen allen Verdacht sicher waren, wie Herrn Abaza
und ihm ähnliche Polen. Auf diese Weise meinte ich der Schlau=
heit der Polizei gleiche Schlauheit entgegenzusetzen.

Von Tag zu Tag überzeugte ich mich indessen mehr und
mehr, daß mein Schicksal sich bald entscheiden würde, denn die Po=
lizei verfolgte mich nicht nur bei Tage, sondern auch des Nachts
merkte ich sie in der Nähe meiner Wohnung, und ich wunderte mich
nur, daß man so ungemein langsam und vorsichtig dabei zu Werke
ging, als wäre man der Sache noch nicht recht gewiß. Ich hätte
hinlänglich Zeit und Gelegenheit gehabt zu entfliehen, allein das
erlaubte mir mein Gewissen nicht; denn durch meine Flucht würde
ich alle diejenigen, die mich kennen gelernt und denen ich für ihr
Wohlwollen Dankbarkeit schuldig war, ich weiß nicht welchen mög=
lichen Verfolgungen der Russen bloßgestellt haben, während ich
jetzt, wenn man mich griff, die Sachen einigermaßen in meiner
Hand behielt, und durch meine Aussagen, wenn ich wollte, ihnen
gute Dienste leisten konnte. Es war mir absolut moralisch un=
möglich, mich selbst zu retten und jene der Wuth der Verfolger
Preis zu geben.

Die unangenehmste Gewißheit ist mir lieber als hoffnungs=
volle Ungewißheit; um mich also in Wahrheit über meine Lage
den Behörden gegenüber zu überzeugen, ging ich eines Morgens
zu dem Polizeidirector, dem Obristwachmeister Grünfeld, stellte ihm
vor, daß man mir seit einigen Tagen meine Aufenthaltskarte ohne
irgend welchen Grund abgenommen hätte, und daß ich mir keine

andere Ursache für dieses Verfahren denken könne, als daß die mir bewilligte Zeit des Aufenthalts vielleicht schon abgelaufen gewesen, was ich wegen meiner Unkenntniß der russischen Sprache nicht hätte wissen können. Sollte dem so sein, dann bäte ich, mir eine neue Aufenthaltskarte zu bewilligen, und da auch mein Paß binnen Kurzem abgelaufen, so bäte ich, mir auch diesen verabfolgen zu lassen, damit ich an die englische Gesandtschaft in Petersburg schreiben und um Erneuerung desselben bitten könne. Da er französisch nicht verstand, so sprach ich in meinem besten Deutsch mit ihm. Er sah mich mit einem sonderbaren Blicke an, und sagte mir, daß die Zeit meines Aufenthalts nicht abgelaufen wäre, sondern daß ich vielmehr bald eine neue Karte erhalten würde, den Paß aber könne er mir in diesem Augenblicke nicht zurückgeben, da er nöthig gebraucht würde, um, ich weiß nicht, welche Förmlichkeit zu vervollständigen. — Jetzt war ich keinen Augenblick mehr zweifelhaft, ich wußte, was mir bevorstand.

Obwohl ich lange auf Alles vorbereitet war, so verfiel ich doch jetzt, wo die Entscheidung so unmittelbar hereinbrach, in einen Seelenzustand, der schwer zu beschreiben ist. Ich wußte, daß ich in die Hände des Caren und seiner Complicen gerieth. Als ich den Polizeidirector verließ, ging ich, um mich aufzurichten und zu kräftigen, direct in die Kirche. Nie habe ich inniger gebetet und nie hat Gott mein Gebet um Kraft, im Kampfe zu bestehen, gnädiger erhört.

Nach vollendetem Gebet stand ich auf, und als ich mich umdrehte, sah ich einen mich aufmerksam beobachtenden Rothkragen nicht fern von mir. Den ganzen Tag über war ich in trübe Gedanken versunken und auf den Gesichtern meiner Bekannten malten sich Zweifel, Furcht und Angst. Ich gab ihnen zu verstehen, daß sie nur ruhig und standhaft bleiben möchten. Der rothe Kragen war den ganzen Tag hinter mir. Am Abend ging ich in die Cathedrale zu den Vespern, und nachdem ich nochmals inbrünstig gebetet hatte, benutzte ich die dicke Finsterniß der Nacht, um noch einen meiner Bekannten, einen zwar noch jungen aber vortrefflichen und ganz zuverlässigen Menschen zu besuchen. Ich sagte ihm, daß ich jedenfalls morgen oder spätestens übermorgen arretirt werden

würde. „So mach, daß du fortkommst", erwiderte er „und nimm
„mich mit, denn du weißt, was unserer wartet!" Ich setzte ihm
die Gründe auseinander, welche mir dies nicht gestatteten und erklärte
ihm, daß ich entschlossen wäre, lieber Alles, ja den Tod zu leiden, als
den Platz zu verlassen und zuzugeben, daß, während ich mich rettete,
andere durch meine Veranlassung ins Unglück gestürzt würden. Ich
schloß mit den Worten: „wenn es sein muß, so werde ich sterben,
und sollte ich die größten Qualen erdulden müssen, ich werde sie
standhaft ertragen." — Unter heftigen Thränen fiel er mir um
den Hals, und auch meine Augen blieben nicht trocken. Wir nah=
men Abschied von einander und ich redete ihm Muth ein, der
indessen nicht auf die Probe gestellt wurde, da auf ihn merk=
würdigerweise nicht der geringste Verdacht fiel. Zu Hause an=
gekommen, trank ich Thee und ging lange in Gedanken in meinem
Zimmer auf und nieder, bevor ich mich zur Ruhe legte.

IX.

Meine Verhaftung. Anfängliche Untersuchung. Bekenntnisse Anderer.
Albert Nitowski's und Leszczyński's Niederträchtigkeit. Characterschwäche
vieler meiner Mitangeklagten. Meine Geständnisse.

Ich schlief unruhig, träumte unangenehm, wachte oft auf und
deutete meine Träume als schlechte Wahrzeichen für mich, legte
mich indessen auf die andere Seite und schlief wieder ein. Da
hörte ich plötzlich wie im Schlafe, als wenn Jemand mir zuriefe:
„Monsieur Catharro, Mr. Catharro! levez vous!" Ich wachte
auf und rieb mir die Augen. Es begann bereits zu dämmern
und ich überzeugte mich, daß ich diesmal nicht geträumt hatte.
Drei uniformirte Menschen mit Achselstücken und Degen standen
in meinem Zimmer. Es war der Polizeidirector Grünfeld, der
Major Policzkowski vom Stabe des General=Gubernators des
wolhynischen, podolischen und kijowschen Guberniums Bibikow,
von Kijow expreß geschickt, um mich zu arretiren, und ein dritter, dessen
Name mir unbekannt. Der Polizeidirector stand an der einen Thüre,
der Andere an der zweiten und Major Policzkowski weckte mich.

Obwohl ich sehr wohl wußte, worum es sich handelte, so that ich doch, als wenn ich nichts davon verstände. Policzkowski berührte mich sehr sanft und rief immer lauter: „Mr. Catharro, Mr. Catharro, „levez vous, levez vous!" Ich that, als wenn ich eben erst erwachte und Policzkowski wiederholte sein: „levez vous, levez „vous et habillez vous au plus vite, prenez tous vos papiers „et venez avec moi chez le gouverneur." Ich richtete mich langsam im Bette auf, sah die Herren ganz verwundert an und fragte endlich: „Qu'est ce que vous voulez de moi Messieurs, „de quels papiers parlez vous et pourquoi est ce que Mr. „le gouverneur me veut voir si à bonne heure!" „Sehen „sie, die Sache ist die, sagte Policzkowski: in Petersburg hat man „erfahren, daß sie hier sind, daß sie irgend welche Papiere und „Aufträge von Jemandem haben und man hat dies an die hiesige „Polizei gemeldet, nehmen sie also alle ihre Papiere mit, um sie „dem Gubernator einhändigen zu können." Ich entgegnete ihm. „Es wundert mich, daß man in Petersburg weiß, daß hier ein Ca= „tharro sich befindet, noch weniger aber verstehe ich, von welchen „Papieren und Aufträgen hier die Rede sein kann. Wenn sie von „meinem Passe sprechen, so befindet sich derselbe im Gubernium „oder auf der Polizei." „Aber hier handelt es sich gar nicht um „ihren Paß, sondern um ganz andere Papiere." „Andere habe „ich aber nicht und hatte ich nie."

Während des Gesprächs war ich aufgestanden und wunderte mich selbst über meine Ruhe bei diesem Morgengruß der Polizei. Ich bat, daß man mir erlauben möge, mich zu waschen. „Ei, versteht sich!" entgegnete Policzkowski mit großer Höflichkeit, und unterdessen machten sich die andern beiden an meine Sachen, durch= stöberten Alles, untersuchten Taschen und Unterfutter, durchblätter= ten meine Bücher Blatt für Blatt und fanden einige werthlose Pa= piere. Obwohl ich äußerlich meine ganze Ruhe bewahrte, so war mir doch innerlich nicht ganz gut zu Muthe, wenn ich an die wei= teren Folgen meiner Verhaftung dachte. Dessenungeachtet sprach ich mit dem Major Policzkowski, während ich mich wusch und an= kleidete ganz unbefangen und scherzend sagte ich zu ihm: „Wissen „sie, mein Herr, so früh bin ich in Kamieniec noch nie aufge=

„standen, es bedurfte eben einer solchen Ehre, die mir, ich weiß
„nicht, aus welchem Grunde zu Theil geworden, um von meiner
„Gewohnheit des langen Schlafens abzuweichen; dennoch gestehe
„ich, daß ich lieber etwas später dem Herrn Gubernator meine
„Aufwartung gemacht hätte." — „Das glaub ich gern, aber Be-
„fehl ist Befehl, und der muß ausgeführt werden."

Dies geschah am 31. December 1843, fast ein Jahr nach
meiner Abreise von Paris und neun Monate, nachdem ich in Kamieniec angekommen war. Meine Wirthin, die gewohnt war, wie sie
sagte, einen ruhigen und ordentlichen Franzosen in mir zu sehen, blickte
mich mit Augen voll Mitgefühls an, als sie mich in den Händen
der Polizei sah. Als ich mit meinem Ankleiden fertig war, nahm
ich von meiner Wohnung Abschied, und wir gingen. Es war unterdessen heller Tag geworden, und die Menschheit begann bereits ver-
einzelt ihren Geschäften nachzugehen. Der Frost hatte die Straßen
getrocknet. Herr Policzkowski gab dem Polizeidirector und seinem
Collegen zu verstehen, daß sie ihrer Wege gehen könnten und daß
er selbst mich dem Gubernator abstellen würde, wofür ich ihm sehr
dankbar war. Indem wir so wanderten, sprach ich mit ihm über
verschiedene ganz gleichgültige Gegenstände und endlich fragte ich
ihn gleichsam scherzweise: „aber sagen sie mir doch gefälligst, was
„wohl die mögliche Ursache sein mag, daß mich der Gubernator
„schon so früh sprechen will." „Das werden sie in Kurzem er-
„fahren, denn ich gestehe, daß ich das selbst mit Bestimmtheit nicht
„weiß, worum es sich eigentlich handelt." Wer jemals in Händen der Polizei gewesen, selbst wenn seine Schuld eine ganz unbedeutende aber politischer Natur, der weiß, daß es bei solchen Gelegenheiten schwer ist, den Gleichmuth der Seele zu bewahren und
eine heitere Außenseite zu zeigen, da man immer auf einige Zeit
Abschied von seiner Menschenwürde nimmt; denn in den Augen
seiner Inquirenten wird man zu einem Object, das nur insofern
Werth hat, als es für ihre Zwecke brauchbar ist; der Mensch hört
auf. Und nun gar erst in den Händen der russischen Polizei!
dennoch gelang es mir, äußerlich wenigstens meine Ruhe und Heiterkeit zu bewahren.

Wir traten in der Wohnung des Gubernators in einen weiten Saal. Policzkowski ließ dem Gubernator durch eine Ordonnanz unsere Ankunft melden und unterdessen erzählte er mir, daß im vergangenen Jahre in diesem Saale der Kaiser vom podolischen Adel empfangen worden sei; ich fragte ihn dann nach den dabei üblichen Ceremonieen und er wiederum verlangte verschiedene Auskunft über Paris, wobei ich gelegentlich erfuhr, daß Kamieniec unter demselben Breitengrade wie Paris gelegen sei. — Vielleicht irre ich mich, aber mir schien es, als ob Policzkowski nicht ganz sicher war, ob er den verhaftet habe, den er zu verhaften beabsichtigt hatte.

Während so Herr Policzkowski sich bemühte mich zu durchschauen und ich mein Möglichstes that, ihn irre zu leiten, öffnete sich die Thüre und Gubernator Radiszczew trat ein. Mit raschem Schritte ging er grade auf mich los, sah mich geheimnißvoll und mit lächelnder Miene an, als wollte er sagen: ich kenne dich, du sollst mich nicht täuschen. Ohne „guten Morgen" zu sagen oder auch nur irgend welche Form gewöhnlicher Höflichkeit zu zeigen stand er vor mir still und fragte mit ironischem Lächeln: „Wy „panimajetie pa ruski? Ihr versteht russisch?" „Oho!" dachte ich mir, „du fängst mit mir auf russisch an, nur langsam, so schnell „bekommst du mich nicht." — Vous me pardonnerez, Excellence, de ne pouvoir pas répondre à une question, que je ne comprends nullement. — Der Gubernator gab Policzkowski einen Wink, worauf er sich entfernte und sagte dann zu mir, aber französisch: „sie sprechen russisch, mein Herr!" Lächelnd antwortete ich ihm: „da ich schon so lange in Kamieniec mich aufgehalten „habe, so beginne ich polnisch einigermaßen zu verstehen, aber rus„sisch durchaus nicht, mit Ausnahme vielleicht einiger Ausdrücke. „Aber ohne Zweifel sprechen Ew. Excellenz so geläufig französisch, „daß ich mir wohl erlauben darf nach der Ursache zu fragen, wes„halb sie mich so früh haben zu sich kommen lassen?" Er sah mich mit forschendem Blicke an, als wollte er sich über das, was ich ihm gesagt hatte, orientiren, endlich sagte er: „sie sollen es „bald erfahren und einstweilen gehen sie mit diesem Herrn," indem er auf den eben eingetretenen Polizeidirector und einen Gensd'armes zeigte, und nachdem er mit dem Polizeidirector bei Seite gesprochen hatte, ging er fort. „So, nun kommen sie" sagte der Polizeidirector zu mir auf deutsch. Es war bereits heller Tag und viele Leute sahen mich, wie ich geführt wurde, d. h. der Polizeidirector ging neben und der Gensd'armes hinter mir. Auf alle meine Fragen bekam ich die stereotype Antwort: „das weiß ich nicht." Er führte mich in seine Wohnung, in den Salon; als Wache gab man mir sofort einen uniformirten Menschen mit dem Befehl, kein Wort mit mir zu sprechen.

So allein mit meinem sprachlosen Statisten gelassen begann ich langsam im Zimmer in Gedanken versunken auf und nieder zu gehen. Was ist hier zu thun? wie soll ich mich vertheidigen und wie endlich, wenn es so sein muß, würdig zum Opfer fallen! Ich befand mich in einer furchtbaren Aufregung trotzdem bewahrte ich in meinem Aeußeren Ruhe. Mein ganzes Leben von der Wiege ab war eine fortlaufende Reihe von Leiden und Quelen gewesen, oft hatte ich mir den Tod sehnlichst herbeigewünscht, oft ihn sündlich ersleht, und jetzt, wo ich Aussicht hatte auf ehrenvolle Weise, denn im Einzelkampfe für mein Vaterland ihn zu finden, jetzt faßte mich die Angst der Creatur. Es war nicht meine Seele, die bangte, nein es war das Fleisch. Um keine Schwäche zu zeigen trat ich ans Fenster und wischte mir heimlich die Thränen ab. Wieder ging ich langsam auf und nieder. Mir wurde die Zeit lang, ich sehnte mich nach Entscheidung. Da gewahrte ich eine Taille Spielkarten auf dem Tische. Als Ukrainer hatte ich eine Art Rechtstitel abergläubisch zu sein, ich glaubte an Vorbedeutung an Praedestination. Ich nahm die Karten also zur Hand und fragte sie natürlich danach, was mich jetzt am meisten interessirte: ob ich freigelassen werden würde? Die Karten bejahten die Frage und ich warf sie als meiner spottend zornig von mir und damit ich nicht ein zweites Mal in Versuchung geriethe, so nahm der Polizeidirector dieselben weg. Nachdem er dann in aller Artigkeit noch mit mir einiges geplaudert hatte, ließ er mir Thee und Zubiß bringen, womit mir sehr wohl gedient war.

Es war Sonntag und ein sonniger Wintertag. Die Kunde von meiner Verhaftung hatte sich wahrscheinlich schon durch ganz Kamieniec verbreitet, denn ich sah viele meiner Bekannten vor meinem Fenster vorbeigehen, die anscheinend spazieren gingen, aber ohne Zweifel wußten, daß ich hier nicht fern von ihnen saß; sie freilich konnten mich nicht sehen, denn die Fenster waren gefroren, ich aber sah sie alle. Gegen Mittag besuchte meinen Polizianten ein anderer und da sie überzeugt waren, daß ich nicht russisch verstehe, so sagte der Neuangekommene zu dem meinigen: „wissen sie „was Neues? Heute sind eine Menge Personen verhaftet worden" — und hier nannte er eine ganze Reihe von Namen mir bekannter Persönlichkeiten — „außerdem ist der Verhaftsbefehl für viele im „Gubernium erlassen worden. Man sagt, daß dieser Franzose hier „die Ursache dazu sei. Der Teufel weiß, was das für ein Mensch „sein mag. Sie wissen, daß man mir gewöhnlich alle die, welche nach „Kamieniec kommen, zur Ueberwachung anweist und ich habe „in der That auch ein geübtes Auge und Mittel, fast immer dahinter „zu kommen, nicht nur was Einer thut, sondern sogar, was er „denkt, aber über den hier habe ich nichts herausbringen noch er=„fahren können. Im Anfange habe ich ihn aufmerksam beobachtet „und ihn beobachten lassen, allein ich erfuhr nur, daß er mit „einem russischen Beamten Dmitrenko verkehrte, wo er auch „wohnte, ferner mit Abaza, daß er einige Offiziere kannte und „hier und da bei Polen und Russen französischen Unterricht er=„theilte, dabei lebte er immer so zurückgezogen und ruhig, daß ich „nicht den geringsten Verdacht gegen ihn haben konnte; deshalb „hörte ich auf, ihm nachzuspüren, denn wozu sollte das führen die „Zeit unnütz zu vergeuden, da ich sie besser anwenden konnte. Den „hätte der Teufel nicht durchschaut, so versteckt war er, mir „ahnete es nicht, daß hinter dem etwas stecke. Unterdessen hat ein „Anderer ihn ausgefischt. Hätte ich nur eine Ahnung gehabt, „daß er ein so seltener Vogel, so hätte er mir nicht so leicht ent=„kommen sollen und Orden und Gratifikation wäre mein gewesen. „Jetzt schnappt's ein Anderer. Unglück, College, nichts als Unglück. „Hat mich zum Narren gemacht, der Hundesohn! Hol ihn der „Teufel. Aber, wenn nur Abaza glücklich davon kommt. Man „spricht allerlei. Nehmen sie sich in Acht, daß es ihnen nicht auch „so geht wie mir. Adieu."

Ich gestehe, daß ich im Leben auf manche Gattung von

Schelmen gestoßen bin, allein hier fand ich doch das erste Exem=
plar eines Menschen, der einen anderen darum beneidete, daß er
einen Dritten ins Unglück gestürzt. Das ist die fluchwürdige Con
sequenz eines Systems, das Nicolaus geschaffen hat, an dessen
Folgen Rußland noch Generationen hindurch leiden, blutig leiden
wird. — Was er erzählt hatte, berührte mich im Ganzen nur be=
ruhigend. Freilich die Verhaftung meiner Landsleute war mir nicht
gleichgültig, obwohl die Namen, die er genannt hatte, mir keine
Besorgung einflößten, wenngleich es mich immer tief schmerzte, daß
sie meinetwegen vielleicht Schlimmes zu leiden haben würden.
Während ich so in Gedanken vertieft war und allerlei Vermuthungen
aufstellte, hörte ich im Nebenzimmer ein Geräusch wie das Stöhnen
eines Kranken oder eines moralisch Leidenden, dann veränderte sich
die Stimme ganz unnatürlich als käme sie unter großen Schmerzen
aus einer gepreßten Brust. Mein Gott, dachte ich, vielleicht ist
das einer der meinetwegen Arretirten. Und so war es, doch konnte
ich nicht erfahren, wer es gewesen; aber es lag mir schwer auf
dem Gewissen. Man brachte mir ein gutes Mittag und obwohl
ich nicht die geringste Lust zum Essen hatte, so mußte ich doch
eben essen und gute Miene machen.

Gegen 4 Uhr Nachmittags kam der Gubernator und Po=
liczkowski zu mir und nachdem er mich französisch gefragt:
„Wie gehts ihnen?" entgegnete ich ihm: „sehr gut, nur daß mir
„meine Lage insofern nicht zusagt, als ich noch immer nicht weiß,
„welcher Ursache ich meinen Aufenthalt hier zuzuschreiben habe."
„So können sie sich das noch nicht denken?" — „Ganz und gar
„nicht, und wie soll ich darauf kommen, wenn sie mir noch nichts
„darüber gesagt haben." „Wohl, ich will es ihnen sagen, weshalb;
„aber vorher sagen sie mir, wie sie heißen?" „Eine solche Frage
„muß mich aus dem Munde eines so hochgestellten Beamten nur
„wundern, denn ohne Zweifel wissen sie sehr wohl, daß ich Catharro
„heiße." „Wundern sie sich durchaus nicht darüber, denn ich habe
„sehr wichtige Gründe, daran zu zweifeln, daß sie Catharro
„heißen und englischer Unterthan sind." „Wenn dem so ist, so
„könnten sie ja sehr leicht, um sich von der Richtigkeit zu über=
„zeugen, sich an die englische Gesandtschaft nach Petersburg wenden,

„indessen, hoffe ich, werden sie mir erlauben, die Mittel der Ver-
„theidigung in Thätigkeit zu setzen, zu denen ein britischer Unter-
„than Recht hat." „Ohne Zweifel," erwiderte der Gubernator
mit halblächelnder Miene, aber voller Höflichkeit, „wir werden sie
„in den Rechten ihrer Vertheidigung nicht beschränken, aber wir
„müssen auch unsere Rechte gegen denjenigen gebrauchen, der die-
„selben überschreitet!" „Er. Excellenz können mich doch dabei nicht
„im Sinne haben, da mir sicher niemand beweisen kann, daß ich
„die Rechte der Gastfreundschaft gemißbraucht habe, und ich gestehe,
„daß alles das, was ich bisjetzt gehört habe, rein unverständlich
„für mich ist, so daß ich vermuthen muß, daß Er. Excellenz in
„Beziehung auf meine Person auf eine für mich unerklärliche Weise
„irre geleitet worden sind." „Ich wünschte in der That zu ihrem
„Besten, daß dem so wäre, aber, sagen sie mir, was hat sie dazu
„bewogen, mit dem Obrist Abaza Bekanntschaft zu machen?"
„Dasselbe was mich veranlaßte, Bekanntschaft mit Anderen anzu-
„knüpfen: durch Unterricht in der französischen Sprache meinen
„Unterhalt zu erwerben." — „Nein, dahinter muß noch etwas Anderes
„stecken." — „Durchaus nicht." — „Wo haben sie sonst noch Un-
„terricht ertheilt und wen kennen sie?" Ich wußte, wen ich zu
nennen hatte, was das Ertheilen des Unterrichts betraf, obwohl
er das auch ohne mich wußte; in Bezug auf die letzte Frage erwiederte ich, daß ich fast die ganze Stadt kenne. „Sie haben nach
„ihrer Ankunft hier bei Dmitrenko gewohnt?" „Ganz recht."
„Und warum thaten sie das, und in welchem Verhältniß standen
„sie zu ihm?" „Ich habe deshalb bei ihm gewohnt, weil er mir
„Wohnung bei sich angeboten und unsere Verhältnisse beschränkten
„sich darauf, daß ich ihm Unterricht gab und er mich dafür ent-
„schädigte."

Im Verlaufe dieser Unterredung mit dem Gubernator mischte
sich auch zuweilen Policzkowski ein. Beide Herrn waren
außerordentlich freundlich und in höflichen Formen gegen mich.
Zuweilen lächelte der Gubernator argwöhnisch, zuweilen nahm er
die Miene eines strengen Beamten an, aber die Grenzen der
Höflichkeit wurden von ihm nie überschritten. Ich hielt mich immer
im Tone der Hochachtung gegen so hochgestellte Beamte, aber

zugleich in demjenigen eines Menschen, den eine Unannehmlichkeit getroffen hat, der aber der ganzen Sache kein großes Gewicht beilegt. Ich sprach absichtlich sehr laut, damit mein Nachbar womöglich hören und merken konnte, an was er sich zu halten habe. Ich bemerkte, daß während ich sprach, der Gubernator und Po= liczkowski sich häufig ansahen als ob sie sich gegenseitig fragen wollten, was hier eigentlich Wahrheit und was Lüge.

Während wir so sprachen, begann mein Nachbar, der alles hören konnte und bisher ruhig gewesen war, zu husten und sich zu räuspern, in Folge wovon der Gubernator mich in ein anderes Zimmer zu kommen ersuchte. Nachdem dort nochmals dieselben Fragen und Antworten gethan und gegeben worden, sagte endlich der Gubernator mit ernster Amtsmiene: „Sagen sie die Wahrheit „denn ihre Lage ist sehr unangenehm." Ich erwiederte ihm ebenso ernst: „Ich weiß nicht, warum sie durchaus an der Meinung fest= „halten, daß dasjenige, was ich sage, falsch sei." — „Ich habe „ihnen bereits gesagt und wiederhole es nochmals, daß ich dazu „sehr wichtige Gründe habe." „Aber Ew. Excellenz mögen mir „glauben, daß ich ebenso wichtige Gründe habe anzunehmen, daß „sie mich für jemand Anderen nehmen." „Sie irren sich, mein „Herr, ich nehme sie für den, der sie sind, bitte sie, sich dazu zu „bekennen und nicht länger mit uns zu spaßen." „Ich versichere „Ew. Excellenz, daß ich dazu wahrlich nicht aufgelegt bin, denn die „Lage, in die sie mich versetzt haben, ist keineswegs dazu geeignet.

Ich sah, daß der Gubernator mit meinen Antworten nicht zufrieden war, aber zugleich bemerkte ich auch, daß sowohl er wie Policzkowski ihrer Sache nicht ganz sicher waren, namentlich blickte bei meiner letzten Antwort einer den anderen an, als wollten sie sich fragen: was ist das für ein Mensch und was soll man von ihm denken? Ich wiederhole, daß sowohl der Gubernator wie Policzkowski mich stets mit der größten Höflichkeit behandelten, ebenso der Polizeidirektor, dem sie mich übergaben, als sie das Zimmer bald darauf verließen. — Von den mir zu Abend gebrachten guten Speisen konnte ich trotz meines besten Willens nichts essen, trank nur Thee, legte mich dann auf einige aneinander gereihte Stühle, deckte mich mit meinem Mantel zu und zwang mich zum

Schlafe. — Nach 9 Uhr weckte man mich, führte mich in ein anderes mehr versichertes Zimmer, machte eine gute Streu mit Bettuch und Kopfkissen für mich und meinen Wärter, der sich angekleidet wie er war, ohne selbst den Degen abzuschnallen, neben mich legte. Außerdem hatte ich zur Bedeckung noch einen zweiten Polizeibeamten und einen Soldaten. Während ich mich auskleidete, kamen noch 2 andere Beamte. In der Ueberzeugung, daß ich sie nicht verstände, sprachen sie von mir: „wer weiß, was daraus werden „kann? denn sehr viele stehen im Verdacht mit ihm zu Gunsten „einer fremden Macht gegen Rußland conspirirt zu haben. Es „sind sehr viele arretirt und selbst über Abaza spricht man ver= „fänglich. Schade um ihn, denn er ist ein braver Mann. Es „kann ihm übel bekommen, daß er auf seine alten Tage noch Lust „hatte, französisch zu lernen; am besten man spricht nur russisch, „da betrügt dich keiner und du kannst jeden hinters Licht führen. — „Heda!" rief Einer von ihnen dem Soldaten zu, „bring Brandt= „wein" und jeder nahm einen tüchtigen Zug, nachdem sie auch mich dazu aufgefordert hatten, wofür ich ihnen jedoch dankte. Darauf verließen sie uns.

Ich merkte aus ihrem Gespräche so viel, daß man noch nicht auf die rechte Spur gekommen war, daß man über mich noch nicht ganz sicher und daß man von meinen Plänen noch so gut wie nichts wußte. Ich legte mich auf die Streu und schlief gut und fest, doch mußte ich in der Nacht böse Träume gehabt und meinen Nachbar um sein Leben besorgt gemacht haben, denn am Morgen erzählte er seinem Collegen, daß ich während des Schlafs nach seiner Kehle gegriffen und daß er sich nur mit Gewalt losgemacht hätte.

Das Erwachen nach einer im Criminalgefängniß zum ersten Male zugebrachten Nacht ist furchtbar bitter, namentlich für einen politisch Verdächtigen, denn eine fast hoffnungslose Zukunft tritt mit den grellsten Farben vor die eben aus der Ruhe erwachende Seele. Wer das nicht erlebt hat, der wird das Gefühl eines solchen kaum ahnen können, aber er wird der richtigen Vorstellung davon am nächsten kommen, wenn er sich denkt, daß er einen Strick um den Hals hat, der erst unmerklich und mit

bm allmäligen Erwachen immer enger bis zum Ersticken zu=
geschnürt wird.

Nachdem ich mich angekleidet und mein Gebet verrichtet hatte,
wurde ich wieder in den Salon des Polizeidirectors geführt, der
wenigstens äußerlich stets freundlich und höflich gegen mich war.
Statt eines Gefangenen hörte ich im Nebenzimmer jetzt zwei leise
mit einander sprechen und von Zeit zu Zeit nur jene schmerzens=
volle Stimme von gestern.

Nachmittags erschien der Gubernator mit Policzkowski wie=
der und beide gingen wie gestern mit mir in das andere Zimmer
und begannen wenngleich immer höflich so doch nachdrücklicher in mich
zu bringen, ihnen endlich zu sagen, wer ich sei und in welcher Absicht
ich gekommen. Ich blieb bei meinen bereits gegebenen Antworten.

„Sie suchen vergebens Ausflüchte" — sagte man schließlich
— „wir wissen, wer sie sind und wenn sie sich dazu nicht bekennen
wollen, so werden es Andere thun und sie werden nur eine
schwere Verantwortlichkeit auf sich laden." — Ich habe in dieser
Beziehung nichts zu befürchten, denn wenn ich gleich nicht weiß, um
was es sich handelt, so fühle ich mich so unschuldig, daß ich nicht
begreifen kann, wie man mich für etwas verantwortlich machen
könne." — „Sagen sie mir, in welchem Verhältnisse sie mit Abaza
gestanden." — Ich gab dieselbe Antwort wie gestern. Darauf setzte
man sich nieder und nahm mich zu Protocoll. „Wie heißen sie?" —
„Joseph Catharro." — „Wo sind sie geboren?" — „In La Valette
auf Malta. — „Wie heißen Vater und Mutter? Woher gebürtig?
Wie alt sind sie? Wo haben sie seit ihrer Geburt gewohnt? wo
zuletzt? Wo während ihres Aufenthalts in Kamieniec? u. s. w. —
Auf alle Fragen antwortetete ich schnell und kurz.

Nach dieser Protocollaufnahme verließen sie mich beide auf
einen Augenblick. Bald erschienen sie jedoch wieder und der Gu=
bernator fragte mich: ob man mir gut zu essen gäbe, worauf ich
meine vollständige Zufriedenheit damit ausdrückte.

„Gewiß möchten sie Kamieniec und Rußland sobald als
möglich verlassen?'

„Im Gegentheil, Rußland ist ein so gutes Land wie jedes
„andere und ich würde gern darin bleiben, allein natürlich nicht

„um im Gefängniß zu sitzen, denn dann würde ich freilich ein
„Land je eher je lieber verlassen, wo die Behörden in jedem Augen-
„blick ihre Gewalt an einem Ausländer mißbrauchen können."

Mit ironischem Lächeln entgegnete er mir: „Nous vous
„procurerons, pour vous satisfaire, tous les moyens possibles."

Ich verstand, was er damit sagen und wohin er mich schicken
wollte, aber indem ich that, als ob ich davon nichts verstände,
erwiderte ich: „Obwohl ich nicht im geringsten an den freundlichen
„Wünschen Ew. Excellenz zweifle, so rechne ich doch mehr auf die
„Hülfe des britischen Gesandten, an den ich schreiben will, was
„man mir hoffentlich gestatten wird."

„Unzweifelhaft — sie können schreiben."

„So bitte ich, mir meinen Paß zu geben, damit ich denselben
„dem Briefe zu meiner Legitimation beilegen könne."

„Ihren Paß können sie nicht bekommen, aber sie können ja
ohne denselben schreiben."

„Und woher soll denn der Gesandte wissen, daß ich ein eng-
„lischer Unterthan bin?"

„Aus ihrem Briefe."

„Aber mein Brief hat ja auf diese Weise gar keine bewei-
„sende Kraft; indessen will ich doch selbst ohne Beifügung des
„Passes schreiben, wenn mir Ew. Excellenz nur gestatten, den
„Brief sofort zu versiegeln und ihn unrevidirt abgehen zu lassen."

„Das kann ich nicht, denn ich will lesen, was sie geschrieben
„haben werden."

„Das ist Mißbrauch ihrer Gewalt. — Genügt es denn nicht,
„wenn ich den versiegelten Brief ihren Händen übergebe? Was in
„ihm steht, betrifft doch nur mich und den englischen Gesandten; an-
„dernfalls würde ja die Freiheit des Briefschreibens ganz illusorisch."

„Wir kennen unsere Competenz besser als sie und ich bitte
„mich nicht zu chikaniren."

„Ich stelle keineswegs in Abrede, daß Ew. Excellenz ihre
„Landesgesetze kennen, aber ohne Zweifel müssen sie auch annehmen,
„daß ich diejenigen meines Vaterlandes kenne und mich in dem
„Falle befinde, mich auf diese zu berufen."

Der Streit über das pro und contra war ziemlich andauernd und lebhaft. Endlich verlor ich meine Ruhe einigermaßen und sagte schließlich mit ironischem Lächeln: „wohl, nun weiß ich, was „die so ausposaunte russische Gastfreundschaft auf sich hat." Dieser letzte Satz erbitterte den Gubernator und ohne alle Ironie warf er mir Ungerechtigkeiten gegen Rußland vor, die ich in dieser Behauptung als der erste gegen Rußland geschleudert hätte. Policzkowski mischte sich mehre Male ins Gespräch und reflectirte namentlich den Gubernator, wenn er zu sehr in Ertase gerieth. Endlich nach vergeblichem langem Streite verließen sie mich.

Wäre ich wirklich Engländer gewesen, dann hätte ich sie schon wollen springen lassen, aber in meiner Lage durfte ich es nicht wagen, mich ernstlich auf England zu berufen, gegen das ich eben auch nur im Unrechte war; doch wehrte ich mich, um Zeit zu gewinnen und womöglich den Gubernator von der Fährte abzubringen.

Abends gegen 7 Uhr brachte man mir schriftlich einige kategorische Fragen, dieselben, die wir mündlich bereits durchgemacht hatten. Ich beantwortete sie wörtlich so wie früher, und fügte hinzu: ich habe Ew. Excellenz Verlangen Genüge geleistet, nicht als ob ich mich dazu verpflichtet fühlte, sondern allein deshalb, um zu beweisen, daß ich in einem so hochgestellten Beamten sein edles wenn auch zuweilen etwas rauhes Benehmen gegen mich anerkenne. Ich hoffe, daß Ew. Excellenz in mir die Würde eines freien und unabhängigen Mannes achten und befehlen werden, mich aus der Haft zu entlassen. Sollte das nicht geschehen, dann würde ich mich genöthigt sehen, mein Recht anderweitig nachzusuchen und bitte ich zu bedenken, daß in England sich ebenfalls russische Unterthanen befinden, an denen man nöthigenfalls Repressalien üben könnte.

So etwas hätte eigentlich nur ein wirklicher Engländer schreiben können; allein ich wollte ihnen durch meine Kühnheit imponiren und sie womöglich veranlassen, mich aus dem Lande zu treiben, und auf diese Weise jede weitere Untersuchung gegen meine Landsleute beseitigen. Indessen hatte ich mich geirrt, nicht darin, daß ich ihnen imponirte, aber in dem Character einiger meiner Landsleute.

Gegen 10 Uhr Abends holte mich der Polizeidirector in

Begleitung einiger Soldaten ab und führte mich zum Gubernator, der mit einem Lächeln um den Mund mich an der Thüre empfing und mir sagte: „Sie haben mir mit ihren Drohungen einen solchen „Schreck eingejagt, daß ich für gut fand, zur weiteren Erklärung „sie sofort rufen zu lassen." — Dieser spottende Ton gefiel mir keineswegs und ich sagte mit beleidigtem Ernste. „So wie ich „niemandes Drohungen fürchte, so fällt es mir nicht ein, Jemandem „zu drohen, aber auf seinem Rechte zu bestehen, ist Jedermanns „Ehrensache." — Der Gubernator verließ mich und etwa nach einer Viertelstunde wurde ich in einen anderen hellerleuchteten Saal gebracht, in dessen Mitte ein runder Tisch und um ihn herum mehrere Stühle standen.

Bald darauf erschien der Gubernator mit Policzkowski mit sehr ernster richterlicher Miene. Sie setzten sich und ließen mich stehen. Der Gubernator fragte:

„Kak pozywajetie?" Wie heißen sie? — Keine Antwort.
„Comment vous appelez vous?" „Joseph Catharro!"
„Aber sie heißen nicht so, sie sind ein Pole, aus der Ukraine „gebürtig, wir wissen wie sie heißen, wir haben das von Andern „erfahren und wir wollen uns nur überzeugen, ob sie die Wahr„heit sagen werden."

„Ich heiße Catharro, bin aus Malta und englischer Unter„than. Wenn ich Pole wäre, so seh ich nicht ein, warum ich das „leugnen sollte, da es eben so ehrenvoll ist, Pole zu sein als „Engländer oder Franzose, und ich möchte diejenigen wohl sehen, „die mich als Polen kennen. Endlich bitte ich ernstlich, mir zu „sagen, worum es sich hier handelt, wessen man mich verdächtigt, „weshalb man mich verhaftet hat und weshalb mir diese Fragen „gestellt werden?"

„Sie wissen sehr gut, um was es sich handelt. Sie sind „ein Pole, Emigrant, Emissär und sind gekommen, um hier Auf„ruhr gegen den Kaiser zu erregen."

„Wer das sagen konnte, ist ein Lügner. Ich bin Niemandes „Emissär und noch weniger habe ich Jemanden zum Aufruhr be„redet, denn ich hatte keinen Grund dazu, da mich Rußlands In-

„teressen nur insoweit berühren, als ich mir darin meinen Unter=
„halt verdienen kann."

„Ich muß sie nochmals ersuchen, mit uns nicht zu spaßen,
„vielmehr endlich die Wahrheit zu sagen. Sie sind ein Pole und
„da sie lange in Frankreich gelebt, so haben sie französische Ma=
„nieren angenommen und doch erkennt man aus ihrem Gesichte,
„ihrer Haltung, ja sogar aus ihrem Accent, daß sie ein Slave,
„ein Pole und unser Landsmann sind."

„Was den Accent meiner Sprache betrifft, so sind Ew. Ex=
cellenz der erste, der mir das gesagt hat, und in Beziehung auf
„mein Aeußeres, so mag es ganz ehrenvoll sein, daß sie mich für
„einen Slaven und ihren Landsmann halten, allein da dem nicht
„so ist, so kann ich mich dazu nicht bekennen."

„Nöthigen sie uns nicht die Strenge unserer Gesetze gegen
„sie anzuwenden, verlassen sie sich vielmehr auf die Güte, Gerech=
„tigkeit und Gnade unseres Kaisers, er ist gut und wird auf ihre
„sehr unangenehme Lage Rücksicht nehmen, besonders wenn sie sich
„freiwillig zu Allem bekennen; fürchten sie nichts und sprechen sie
„dreist."

„Ich zweifle weder an der Strenge der Gesetze, noch an der
„Güte und Großmuth ihres Kaisers, aber so wie ich die ersteren
„nicht zu fürchten habe, so finde ich keine Ursache, die letztere in
„Anspruch nehmen zu müssen."

Zornig und mit funkelnden Augen entgegnete der Gubernator
schnell: „vergessen sie nicht, daß hier Rußland und nicht Frankreich
„oder England ist und daß wir weder Zeit noch Lust haben, lange
„mit ihnen zu verhandeln." — Er wandte sich darauf an Poli=
czkowski und sagte: „was sollen wir uns hier lange mit ihm
„herumstreiten und Ceremonien machen, ich werde ihm sofort Ketten
„an Hände und Füße legen lassen, und ihn russisch in die Hand
„nehmen, dann wird er schon singen" — und schnell sich zu mir
wendend, sagte er: „panjemajetie li wy jeto? Verstehen sie
„das?" Da ich nichts erwiderte, so sagte er: „entendez
„vous bien?"

„Oui, Monsieur, j'entends, mais je ne comprends pas."

„Ich sehe nur, daß Ew. Excellenz, ich weiß nicht warum, und

„gegen wen in Zorn gerathen sind, woran ich jedenfalls ganz un-
„schuldig bin."

Beide sahen sich wieder gegenseitig an, als ob sie sich fragen wollten: sind wir auch wirklich auf richtigem Wege? Soviel merkte ich, sie waren ihrer Sache noch nicht ganz gewiß, denn sonst würden sie jedenfalls anders mit mir verfahren sein. Ich war übrigens seit lange entschlossen, daß wenn sie sich beikommen lassen wollten, mit mir auf russisch umzugehen, d. h. mir Stockhiebe zu geben und ich nur die Hände noch frei hätte, einen Stuhl oder irgend was zu ergreifen und Einem wie dem Andern den Schädel einzuschlagen; dann wären natürlich Soldaten zu Hülfe gekommen, hätten mich auf die Bajonette genommen und alles wäre vorbei gewesen.

Ein solcher Entschluß war allerdings eines Menschen unwürdig, der für die Wahrheit zeugen wollte, aber ich fühlte, daß ich nicht soweit Christ sein konnte, um Entwürdigungen der Art zu ertragen. Meinem Mörder würde ich im letzten Augenblicke noch die Hand der Versöhnung um Vergebung reichen, aber eine Mißhandlung meiner Menschenwürde hätte ich nie und nimmer ruhig hinnehmen können.

Nach der jetzten Unterredung sprachen der Gubernator und Policzkowski wohl eine Viertelstunde miteinander und ich sah mich unterdessen ganz gleichgültig im Saale um. Endlich begann der Gubernator wieder: „Ich wiederhole ihnen, daß wir in ihrem Interesse wünschen, daß sie sich als Pole bekennen mögen, allerdings ist ihre Lage sehr übel, aber vertrauen sie auf die Güte des Kaisers."

„Ich muß gestehen, daß die Zähigkeit, mit welcher Ew. Er-
„cellenz in der Behauptung beharren, daß ich ein anderer sei, als
„ich bin, mich in Erstaunen setzt, wenn daher die Großmuth und
„Güte des Kaisers Ew. Excellenz so groß ist, wie sie sagen, so
„bitte ich mich in seinem Namen mit allen ähnlichen Fragen zu
„verschonen und mich ihrer Fürsorge für mich zu überheben."

„O ja, das glaub' ich gern, daß sie das wünschten, aber es
„ist nicht so leicht, aus unseren Händen loszukommen."

Mittlerweile führte man auf ein gegebenes Zeichen Herrn

Albert Ritowski herein. Zu meinem Unglück hatte ich diesen Menschen am zweiten oder dritten Tage nach meiner Ankunft in Kamieniec kennen gelernt oder vielmehr hatte er mir seine Bekanntschaft aufgedrängt, als ich eben nur noch Catharro, der Italiener, war, viel später hat man mich ihm als den, der ich wirklich war, bekannt gemacht. Ich hatte den richtigen Instinct, daß er ein schwacher, unzuverlässiger Mensch sei, denn er war Kartenspieler und ein solcher war noch nie zu etwas zu brauchen, deshalb auch hatte ich mich ihm nie und mit nichts anvertraut und andere gewarnt, mit ihm vorsichtig zu sein. Meinen Namen hatte er nie erfahren. — Als man ihn hereinführte, war er blaß wie eine Leiche, mehr einem Schemen als einem Menschen ähnlich. Aus seinem schwankenden Gang, seinem unsichern Blick ahnte mir nichts Gutes, vergebens bemühte ich mich, seiner Seele Muth einzuhauchen, indem ich ihn fest anblickte. Einige Schritte von mir blieb er stehen.

„Kennen sie diesen Herrn", fragte ihn der Gubernator französisch, indem er auf mich zeigte.

„Ja, ich kenne ihn gut." — „Wie heißt er?" „Catharro." „Hat er nicht noch einen anderen Namen?"

„Ja wohl, er hat einen polnischen Namen, der auch sein eigentlicher ist, aber ich sage aufrichtig, daß ich ihn vergessen habe." — „Woher ist er gebürtig?" — „Aus der Ukraina, aber mit Sicherheit weiß ich nicht aus welchem Orte."

„Spricht er polnisch?" — „So gut wie ich."

„Von wo ist er gekommen?" — „Aus Frankreich."

„Ist er Emigrant?" — „So ist es, Emigrant."

„In welcher Absicht und zu welchem Zwecke ist er gekommen?"

„Um den Haß der Polen gegen das russische Gouvernement und gegen den Kaiser anzufachen."

„Was für Mittel und Wege hat er dazu angegeben?"

„Er rieth zuerst und vor allem den Edelleuten, mit den Bauern freundlich umzugehen, um sie auf diese Weise zu gewinnen und an sich zu fesseln, indem jede Bedrückung nur auf die Behörden und den Kaiser geschoben werden sollte und daß zu dem

Zwecke die Edelleute sich untereinander verständigen möchten; wenn dann auf diese Weise die Gemüther hinlänglich und unmerklich vorbereitet worden wären, rieth er den Aufstand zu beginnen. Er sprach außerdem noch viel in diesem Sinne, kurz er beredete zur Empörung."

„Weißt du, mit wem er dergleichen Gespräche geführt hat?"

„Ja, ich weiß es."

„Nun und wer sind diese?"

„Zwei Brüder Bielinski's, drei Brüder Kondracki's, Omiński, „Koczorowski, Baczyński, der alte Richter Zawadzki, Młodziejo„wski und noch einige andere, deren ich mich nicht mehr entsinne."

„Kannte er außer diesen noch andere Personen hier?"

„Ohne Zweifel, denn er hatte sehr viele Bekanntschaft am „Orte."

„Wie glaubst du? hat er mit jenen auch wohl dergleichen „Berathungen gepflogen?"

„Ohne Zweifel, denn in der Absicht ist er hergekommen; „aber ich weiß nicht mit wem, wie und wo."

Als ich diese Bekenntnisse hörte, hörte, wie er die Namen seiner besten Freunde verrieth, da vergingen mir fast die Sinne. Eine solche Niederträchtigkeit hatte ich in einem Polen für unmöglich gehalten.

Nach diesen Bekenntnissen wandte sich der Gubernator gegen mich und sagte: „Sie wollten es nicht gestehen, daß Sie Pole sind, „und sehen sie, jetzt sagt es ihnen Nitowski ins Gesicht, nicht „nur, daß sie Pole sind, sondern daß sie gekommen, um ihre „Landsleute gegen Regierung und Kaiser aufzustacheln. Was „haben sie dagegen zu sagen? Der Beweis ist augenscheinlich, sie „müssen jetzt Alles gestehen."

Die Niederträchtigkeit Nitowski's hatte mich so aufgeregt, daß alle Leidenschaften in mir wach wurden und kaum konnte ich mich halten, um meine Antwort nicht in anstößigen Formen zu geben aber mit zorniger Verachtung antwortete ich: daß alles, was Herr Nitowski gesagt habe, ohne auf die Gründe einzugehen, die ihn dazu bewogen haben könnten, von Anfang bis zu Ende Verläumdung und Lüge sei. Hier begann ich seine Aussagen zu widerlegen und endlich mich an ihn wendend, sagte ich: "Haben "sie die Stirn, mich zur Ursache des Unglücks so vieler unschul="digen Menschen zu machen, deren Namen ich nicht einmal kenne, "die ich vielleicht einmal gesehen und die sie ihren Privatplänen "zum Opfer bringen wollen? Alles, was sie gesagt und was ich "gehört habe, sind schamlose Lügen."

Ich sprach in gewaltiger Aufregung. Nitowski begann schwankend zu werden, aber der Gubernator gegen ihn gewendet, sagte: "Nun, wie ist's, was sagst du dazu?" und als er sah, daß er verlegen wurde, brüllte er ihn russisch an: "Nun, sag die Wahr="heit, oder ich laß sofort Stöcke herbringen und mag der sich das "mit ansehen, und die Wahrheit wird gleich zum Vorschein kom="men. Fürchte dich nicht, er kann dir nichts thun, sprich und ver="traue dem Kaiser, er wird dir gnädig sein. No! sprich!" — Nitowski zitterte am ganzen Leibe — ein kläglicher Anblick. — "Ich schwöre" — sagte er russisch — "daß alles, was ich gesagt, "die reine Wahrheit ist, mehr weiß ich nicht und kann ich nicht "sagen; ich weiß nicht, warum Herr Catharro sich weigert, das "einzugestehen." — Dann zu mir gewendet und weinend wie ein Kind, rief er: "Herr Catharro, Herr Catharro! haben sie Mitleid "mit mir! Sie haben mich ins Unglück gestürzt, sie haben mir "von Sachen gesprochen, von denen ich nie etwas wissen wollte. "Ich war ruhig und glücklich, sie haben mich aus meiner Ruhe, "meinem Glück, meinen Hoffnungen gerissen, sie haben mich auf "Zeitlebens unglücklich gemacht! Bekennen sie jetzt, daß ich die "Wahrheit gesagt habe, leugnen hilft ihnen nichts, denn Andere "werden dasselbe aussagen." Und damit fing er laut zu schluch=zen an.

Man wird begreifen, daß nach dieser Scene meine Stellung fast unhaltbar geworden und daß die verschiedenartigsten Gefühle auf mich einstürmten. Ich konnte mich trotz der enormen Verach=tung, die ich für Nitowski empfand, dennoch dem Mitleide nicht verschließen, wenngleich die Motive zu seinem derartigen Auftreten in jeder Beziehung nur von der Jämmerlichkeit keines Characters zeugten und auf Mitleid kein Recht hatten. Allein ich stand nicht auf der Höhe eines Nicolaus, ein Fels auf einsamem Felsen, ich

fühlte wirklich menschliches Mitleid und gegen ihn gewendet, sagte ich: „Trotz des Mitleids, das ich für sie hege, muß ich doch ge=
„stehen, daß ihre Aussagen über mich, meine Nationalität und Ab=
„sichten so sehr gegen alle Wahrheit streiten, daß entweder nur die
„Furcht vor einer grausamen Strafe oder gradezu Niederträchtig=
„keit sie dazu können bewogen haben; ich wiederhole also, daß
„Alles, was sie gesagt haben, infame Lüge und Verläumdung ist
„und wünsche von ganzem Herzen, daß wir uns zum letzten Mal
„gesehen haben mögen."

Der Gubernator drang wieder in Nitowski und zwar mit allem Ernst und Nachdruck und dieser wiederholte Alles, was er schon zweimal gesagt hatte, heulte und weinte; worauf jener noch= mals zu mir gewendet, mir klar machte, daß Nitowski's Aus= sagen wahr sein **müßten**, da er so aufrichtig und offen mir dieselben ins Gesicht gesagt habe. Allein ich wiederlegte ihn mit allen Beweisen, die mir zu Gebote standen und blieb fest, gestand nichts zu.

Man führte Nitowski ab und wiederum begann der Gu= bernator mir von der Gnade des Kaisers, von seiner Güte und Gerechtigkeit zu sprechen, sagte mir, daß ich vergebens leugnete, daß Nitowski die Wahrheit gesagt habe und daß viele Andere dasselbe ausgesagt hätten, daß es für mich selbst besser sein würde, wenn ich mich zu Allem bekennete, und daß im entgegengesetzten Falle mich eine sehr schwere Strafe treffen würde. Allein ich blieb fest bei meiner Behauptung. Er sprach bald freundlich bald mit einem gewissen Lächeln, dann aber wieder zornig und aufgeregt und in einem Augenblicke letzterer Stimmung vergaß er sich, so weit zu gehen, daß er sagte: „wenn sie freiwillig nicht gestehen wollen, „so giebt es Ruthen, um die Wahrheit herauszubringen." Diese Aeußerung gab mir meinen sinkenden Muth wieder und mit allem Zorne meiner Seele sagte ich ihm: „Merken sie wohl, Herr Guber= „nator, daß ich eine solche Sprache nicht gewohnt bin und hoffentlich „zum letzten Mal gehört habe" und fügte hinzu: daß wenn man auf diese Weise die angebliche Wahrheit aus Nitowski heraus= gebracht habe, ich mich dann über seine Aussage nicht wundern könnte, da man auf diese Weise den Menschen zu allen Geständ nissen zwingen könne, zu welchen man wolle, auch zu den unsinnigsten. Dies wirkte, denn nie habe ich weder von ihm noch von irgend Jemanden eine ähnliche Drohung gehört.

Ich war dem Gubernator von Herzen dankbar, daß er mich durch seine Drohung wieder einigermaßen aufgerichtet hatte, denn ich war bei dem Auftreten Nitowski's tief erschüttert worden und fast aus den Fugen gegangen und doch brauchte ich eben frische Kraft, denn Leszczynski wurde zur Confrontation herein geführt. Ich hatte ihn nur ein oder zweimal gesehen und durch Andere mit ihm bekannt gemacht, hatte ich ihn sofort durchschaut und alle vor ihm gewarnt. Man hatte darauf glücklicherweise reflectirt und ihm nichts anvertraut. Wie ich später erfahren, war er die eigentliche Veranlassung, die russischen Behörden auf die Spur zu bringen. Leszczynski war jedenfalls mehr dumm und schwach als schlecht und niederträchtig und in seinem blinden Eifer, die neue Doctrin, von der er, ich weiß nicht durch wen in Kenntniß gesetzt war, zu verbreiten, theilte er dieselbe seinem Vetter Jaszowicz oder Jaszkowski mit, der sie lobend anerkannte und nach dem Urheber derselben fragte, worauf ihm dieser umständlich erzählte, daß sich in Kamieniec ein polnischer Emigrant unter dem Namen eines Franzosen aufhalte, welcher dergleichen Lehren verbreitete. „Kennst du ihn persönlich?" Ja, ich kenne ihn. Mit dieser Nachricht hatte sich jener sofort zum Gubernator begeben und ihm alles erzählt, indem er hinzugefügt: „ich kenne jenen Polen nicht persönlich, aber Leszczynski kennt ihn, lassen sie sich den nur holen, er wird ihnen vollständige Auskunft geben." — So geschah es. Leszczynski sagte, was er wußte und nannte zum Unglück auch Nitowski. Diese Beiden haben das Unglück vieler, sehr vieler auf dem Gewissen. — Als ich bereits in Sybirien war, bekam ich zufällig einmal eine Nummer des Petersburger Wochenblatts, das in polnischer Sprache herauskommt, in die Hände. In dies Blatt werden allerlei das Land betreffende von der Behörde erlaubte Nachrichten aufgenommen, besonders aber und was für die Russen das Wichtigste ist, wer avancirt oder wer eine Belohnung erhalten hat. Und so las ich denn mit eignen Augen in dieser Nummer, daß eben dieser Leszczynski aus dem podolischen Gubernium für bewiesenen Eifer im Dienste des Kaisers das Kreuz des heil. Stanislaus III Classe erhalten habe.

Leszczynski mir gegenübergestellt gab auf dieselben Fragen des Gubernators dieselben Antworten, welche Nitowski gegeben hatte, nur daß er weniger Personen anführte, weil er weniger kannte. Da er nicht französisch verstand, so fragte man ihn russisch: „Kennst du diesen?" — „Ja, ich kenne ihn." — „Wie heißt er?" — „Catharro?" — „Heißt er nicht noch anders?" „Ja er hat noch einen polnischen Namen, aber diesen kannte ich nie." „Spricht er polnisch?" — „So gut wie ich? — „Was hat er gesprochen?" „Er sprach von Aufstand gegen Regierung und Kaiser u. s. w.

Nachdem dieses Verhör zu Ende war, wandte sich der Gubernator zu mir und fragte russisch: „Haben sie gehört, was er gesagt hat?"

Ich antwortete nicht.

„Entendez vous ce qu'il dit?"

„Oui, Monsieur, j'entends bien ce qu'il dit, mais je ne comprends pas. —

„Mais vous le comprennez très bien!"

„Du tout!"

„Doch hat er selbst gesagt, daß sie mit ihm gesprochen haben."

„Aber ich bitte sie, wie hätte das geschehen können, da er nicht französisch versteht und ich polnisch nicht spreche. Ich habe den Menschen nie gesehen, kenne ihn ganz und gar nicht."

„Indessen sagt er doch über sie dasselbe aus, was Nitowski gesagt hat."

„Sehr möglich, daß sie sich dazu beredet haben, aber einer lügt wie der andere."

„Wie wäre das nur denkbar, daß sie ein und dasselbe sagen sollten, wenn sich die Sache nicht wirklich so verhielte."

„Ich gestehe, daß ich das selbst kaum begreifen kann, aber das weiß ich, daß alles infame Lüge und Verläumdung ist und daß ich mich zu nichts bekennen kann." —

Als Leszczynski abgetreten war, versuchten der Gubernator und der Polizeidirector wiederum mich zum Geständniß zu bringen, aber ich blieb bei meinen Aussagen. Endlich erlaubte man mir abzutreten und bevor ich ging, wandte ich mich in allen Formen der Höflichkeit an den Gubernator und sagte: „Ich habe die „Hoffnung, daß Ew. Excellenz bereits hinlänglich über diese seltsame „Verwickelung aufgeklärt sind und rechne auf ihre Güte, daß sie „dieselbe bald beseitigen, Unschuldige nicht strafen und mich aus „ihrer Haft entlassen werden."

„Sein sie sicher, daß die Sache bald zu Ende sein wird und „sie aus meiner Haft entlassen werden."

Ich war müde von diesem langen Verhöre und auch der Gubernator wischte sich den Schweiß von der Stirn.

Die Nacht und den folgenden Tag hatte ich Ruhe und sie that mit in der That Noth, denn ich war geistig und körperlich angegriffen. Angst, Zweifel, Sorgen, Schmerz, Zorn und Wuth, kurz alle Gefühle und Gedanken waren im Kampfe mit einander. Gegen Abend fand ich erst einige Ruhe und legte mich wie sonst auf die Stühle, deckte mich mit meinem Mantel zu und schlief ein. Gegen 9 Uhr weckte man mich und führte mich zum Gubernator. Kaum war ich in den Saal getreten, so kam der Gubernator sich die Hände reibend und mit freudiger Miene zu mir, zeigte mit dem Finger auf eine Reihe von Menschen, die unter einem rechten Winkel an den Wänden standen und sagte mir auf russisch:

„So, jetzt sprechen sie mit ihnen, wie sie vorher gesprochen, „jetzt halten sie ihnen Vorträge. Sie alle kennen sie, sprechen sie also „polnisch mit ihnen. Alle haben gesagt, daß sie ein Pole sind."

Auf diese Worte des Gubernators, die er mit freudiger Selbstzufriedenheit aussprach, warf ich meinen Blick auf jene Reihe von Leuten und erkannte darunter sehr gute Bekannte. Ihr Aussehen und die Art und Weise, wie sie mich anblickten, erweckte wenig Hoffnung in mir und ich war sicher, daß der Gubernator die Wahrheit gesagt habe und daß sie alle gebeichtet hatten. Indessen wartete der Gubernator vergebens auf eine Antwort von mir. Endlich wurde er begreiflicher Weise zornig und sagte mir französisch: „Quoi donc, encore vous prétendez de ne pas „parler le polonais? Alle diese hier sagen, daß sie ein Pole „sind, so sprechen sie polnisch mit ihnen."

„Votre Excellence" .....

„Ei was! Votre Excellence .... das will ich nicht, „sprechen sie polnisch und sagen sie die Wahrheit." Und ich begann wieder französisch: „Ew. Excellenz muß ich zunächst erklären, „daß ich von allen diesen Herren kaum einige kenne; wenn ich da„her auch polnisch verstände, so habe ich doch keine Gelegenheit „gehabt, mit ihnen zu sprechen; ich kann also nicht glauben, daß „sie behauptet hätten, ich sei ein Pole und spräche polnisch und „ich habe Ew. Excellenz bereits erklärt, daß wenn ich Pole wäre „und polnisch spräche, ich das durchaus nicht leugnen würde."

Ich sprach absichtlich so, um jene wissen zu lassen, daß ich nichts eingestanden und daß sie ebenfalls so verfahren sollten.

„Aber wozu soll dieses Leugnen führen. Fragen sie die „Leute selbst und alle werden es ihnen ins Gesicht sagen, daß sie „ein Pole sind."

Indem ich von diesem Anerbieten Gebrauch machte, fragte ich mit fester Stimme und scharfem Blick die am linken Flügel Stehenden: „habe ich jemals mit ihnen polnisch gesprochen?" — „Ja", erwiederte er mit zitternder Stimme, „so ist es, sie haben „mit mir polnisch gesprochen." — „Das ist nicht wahr, eine Lüge!" wandte mich zum zweiten, aber schon zornig: „vielleicht werden sie „auch behaupten, daß ich mit ihnen polnisch gesprochen?"

„So ist es, sie sind ein Pole und haben polnisch mit mir „gesprochen."

Die ganze Reihe antwortete auf diese Weise.

Jetzt war ein fernerer Widerstand unmöglich, ja er wäre schädlich und eine Thorheit gewesen, denn so wie die Sachen standen, konnte ich nur dann, wenn ich jetzt zu meinem Namen mich bekannte, die ganze Angelegenheit noch in der Hand behalten und ihre Leitung und Vertheidigung übernehmen Ich überlegte hin und her, aber es war nichts mehr zu thun und im Zorn rief ich polnisch: „Kozły jesteście! Ihr seid Schafsköpfe!" und indem ich mich an den Gubernator wandte, sagte ich ihm laut und deutlich polnisch: „So ist es, ich bin ein Pole; aber mein Hierher„kommen hatte keine politischen Zwecke, Sehnsucht nach dem „Vaterlande war das einzige Motiv. Ich wollte darin unter

„fremdem Namen ruhig leben, da ich unter meinem eigenen nie hätte
„zurückkehren und hier bleiben dürfen. Niemanden konnte ich daher
„zum Aufstande bereden, ich sprach nur von der traurigen Lage
„der Emigration, von ihrer Sehnsucht ins Vaterland zurückzukehren
„und dergleichen; ich wiederhole, daß ich nie politische Zwecke hatte,
„niemanden zu dergleichen beredete oder irgend welchen Rath in
„dieser Beziehung ertheilte." — Ich sprach dies absichtlich mit
erhobener Stimme, damit mich alle Anwesenden gut hörten und
die Angeschuldigten wüßten, wonach sie sich zu richten hätten.
Daß ich Pole war und unter fremden Namen gekommen war,
dafür konnte ich nur bestraft, jene aber und die Sache des Vater=
landes gerettet werden.

Nachdem der Gubernator nun vollständig über mein Polen-
thum gewiß war, heiterte er sich auf, rieb sich die Hände und
sprang vor Freuden im Saale herum, ja war sogar denen dankbar,
die am meisten dazu verholfen hatten. Einige dieser Elenden —
ich kann sie anders nicht nennen — baten jetzt um die Erlaubniß
in ihrem Gefängniß eine Pfeife rauchen zu dürfen, was ihnen der
Gubernator mit der größten Bereitwilligkeit gestattete. Ich benutzte
diesen Augenblick eines gewissen sich Gehenlassens, um dem Guber=
nator die Bemerkung zu machen indem ich auf die Angeschuldigten
zeigte und so laut sprach, daß sie es gut hören konnten: „Es
„wundert mich in der That, woher einige dieser Herren wissen
„konnten, daß ich polnisch spreche, denn unter allen sind nur zwei
„die ich gut kenne, da ich ihnen einige Zeit hindurch französische
„Stunden gegeben, und immer französisch mit ihnen gesprochen habe
„da sie indessen behaupten, daß ich polnisch gesprochen, so mußte
„das wohl Statt haben, doch kann ich mich dessen nicht besinnen
„einige von ihnen kenne ich nur von Angesicht, aber nie habe ich
„mit ihnen gesprochen und diese hier — indem ich auf diejenigen
„zeigte, welche nichts gestanden hatten — habe ich nie gesehen und
„wie hätte ich ihnen dann, wie Ew. Excellenz sich ausdrücken, über
„irgend welche Pläne Mittheilungen machen können?"

Hätten meine Mitgefangenen ein wenig mehr Seelenstärke
und Muth gehabt, so hätte die Regierung von unsern Absichten
nichts erfahren, denn Nitowski und Leszczynski hätte man

leicht zu Lügnern gemacht; aber nur zwei hielten Stand, bekannten sich zu nichts, wurden nur von Andern angeklagt und darum auch härter bestraft.

Bald näherte sich mir der Gubernator wieder und sagte: "warum waren sie nicht gleich geständig, sie würden sich und uns "viel Unannehmlichkeiten und nutzlose Arbeit gespart haben."

"Ich bitte Ew. Excellenz sich einen Augenblick in meine Lage "zu versetzen und sie werden meine Gründe dazu begreifen. Obwohl "ich mich in Beziehung auf Pläne gegen die russische Regierung ganz "unschuldig weiß, wie hätte ich bei der Strenge, mit welcher man die "Emigranten verfolgt, mich freiwillig als solchen bekennen sollen? Au= "ßerdem kenne ich ja die Wuth des Kaisers gegen die Polen, und re= "chne darum auch auf keine Großmuth von seiner Seite, rechnete nie "darauf. Dennoch hoffe ich, daß Ew. Excellenz auch ferner gegen "mich, den Polen, eben so edel und wohlwollend verfahren werden, wie "sie gegen mich, den Ausländer, gewesen sind, und daß Ew. Excellenz "in Beziehung auf diese jungen Männer, die ich größtentheils nicht "kenne und zu deren gegenwärtigem Unglücke ich wider meinen Wil= "len leider die Ursache geworden bin, Nachsicht haben und sie von "der Verantwortlichkeit vor dem Gesetze frei sprechen werden. Nicht "wahr, Excellenz, es ist besser ein gutes Andenken, Achtung und Dank= "barkeit zu verdienen, als Fluch und Verachtung." Der Gubernator antwortete mir mit großer Freundlichkeit und hieß mich auf die Gnade des Kaisers vertrauen. Ich aber dachte mir: lieber hundertfachen Tod als eine Gnade vom Kaiser. Darauf führte man uns in unsere Gefängnisse ab.

Nach einiger Zeit brachte man mir schriftlich französisch einige schön und correct geschriebene Fragen. Unter anderen besinne ich mich auf folgende: wie ich heiße? Wo ich geboren? Ob ich an der Revolution 1830 Theil genommen? In welchem Corps ich gedient und wann ich emigrirt? Wo ich in der Emigration gewohnt? Womit ich mich bisher beschäftigt? Auf welche Weise ich den englischen Paß erhalten? Wen ich in Kamieniec kenne? Ich antwortete kurz und sofort. Ich heiße Rufin Piotrowski, bin zu Malin im Ra= domysler Kreise, Gubernium Kijów, geboren, diente während der Revolution im Corps Dwernicki's, in welches ich eintrat als es nach Volhynien kam. 1832 bin ich emigrirt. In Frankreich lebte ich in Bourges, Châteauroux, Levroux, la Rochelle, Coutances, Loches, Tours, Dijon, Versailles und Paris. Ich habe mich mit nichts beschäftigt und lebte von meinem Solde, den Paß habe ich auf der Straße gefunden und auf Grund dessen einen neuen von der englischen Gesandschaft erhalten. Ich kenne fast alle mehr oder weniger angesehenen Einwohner von Kamieniec, namentlich Nitowski, Dmitrenko, Leszczyński, zwei Bieliński's, Lachowicz, Rogaczew, und hier nannte ich nur solche Personen, die mich durchaus kennen wollten, oder die nicht compromittirt werden konnten.

Da es sich jetzt nur um mich handelte und ich auf das Schlimmste bereits gefasst war, so war ich fest entschlossen Alles allein auf mich zu nehmen, in Beziehung auf meine Pläne und Absichten aber unter keinen Umständen etwas zu gestehen, und alle näheren Bekanntschaften mit wenigen Ausnahmen in Abrede zu stellen.

Neben dem Major Policzkowski, der sich mir immer gleichmäßig freundlich aber kalt gezeigt hatte, waren sämmtliche Beamte aller Grade mit der Entdeckung meines Polenthums ausserordentlich zufrieden, indessen muß ich ihnen zum Lobe nachsagen, daß sie mich alle anständig behandelten und meinen Zustand zu beklagen schienen. Mir war jetzt, nachdem die Sache einmal soweit zur Entscheidung gekommen war, leichter ums Herz und es war mir eine wahrhafte Freude, nach Herzenslust und ohne Rücksicht polnisch sprechen und als Pole die Sache meines Vaterlandes vertheidigen zu können, ja ich schwelgte in dem Gedanken vielleicht und sehr wahrscheinlich für dasselbe mein Leben in schmachvollem Tode hingeben zu müssen.

Nachdem so das mündliche und schriftliche Verhör beendigt war, brachte man mich wieder in die Wohnung des Polizeidirectors. Er so wohl wie alle übrigen Beamten bewunderten mich deshalb, daß ich sie so zu täuschen vermogt hatte, daß sie in mir nie einen Polen geahnet haben würden. Unterdessen war ein anderer Beamter des Dirigenten der geheimen Polizei, Pisarew, von Kijów angekommen, der mich sofort sich vorstellen ließ. Der Polizeidirector, der mich nach Hause begleitete, von Geburt ein Litauer, hatte als Bataillonskommandeur die Schlacht bei Grochow mitgemacht und eine Wunde am Kopfe erhalten, die ihn oft noch schmerzte weshalb er häufig den Kopf verbunden trug; er sprach gut polnisch und erzählte mir viel von den Schlachten unserer Revolution, und da er, wie er mir sagte, Simon Konarski gut gekannt hatte, mit dem er zusammen auf Schulen gewesen war, so erzählte er mir viel über ihn und sprach mit großer Achtung von ihm. Eben so theilte er mir mancherlei über die Russen mit und ich hörte ihm mit Aufmerksamkeit zu. Mit vielem Appetit aß ich Abendbrod, trank eine tüchtige Portion guten Bieres und schlief dann einen tiefen erquickenden Schlaf.

Am folgenden Tage führte man mich wieder zum Gubernator, um mich wieder zu Protocoll zu vernehmen. Ich erklärte, daß ich durchaus keine politischen Zwecke gehabt, daß allein die Sehnsucht nach dem Vaterlande mich bewogen habe, den Umstand des zufällig gefundenen Passes zu benutzen, um unter einem fremden Namen die Sehnsucht meiner Seele zu befriedigen. Allein der Gubernator und Policzkowski waren anderer Ansicht und confrontirten mich mit einigen meiner Mitangeklagten, die ich jedoch widerlegte, indem ich ihnen bewies, daß ich nur als Ausländer, als Franzose mit ihnen französisch verkehrt und daß, wenn ich dabei vielleicht über Polen gesprochen hätte, ich dieses doch nur von dem Standpunkte eines Franzosen aus gethan, d. h. mehr gefragt hätte, als mittheilend gewesen wäre, um mich ihnen gegenüber nicht zu verrathen, und daß man schließlich dabei unterscheiden müßte, was absichtlich und was zufällig verhandelt worden wäre. Uebrigens, fügte ich hinzu, wenn ich mit politischen Absichten hierher gekommen wäre, so würde ich, da ich die Erlaubniß hatte mich im ganzem Gubernium frei zu bewegen, gewiß mich nicht bloß auf Kamieniec beschränkt, sondern auf dem Lande vorzugsweise Propaganda gemacht haben.

Darauf stellte man mir wieder Nitowski gegenüber, da man schwankend geworden war. Trotz meiner Bemühungen, diesen auf denselben Weg zu bringen wie jene, ihm die Mittel in den Mund zu legen, sich, seine Freunde und mich retten zu können, blieb er unerschütterlich bei seinen ersten Aussagen und als ich ihm schließlich einen Lügner ins Gesicht warf, so sagte er gegen den Gubernator und Policzkowski gewandt: „bemerken sie wohl, „meine Herrn, er macht es grade so, wie das erste Mal, er nannte „mich Lügner, als ich behauptete, daß er Pole sei und doch hatte „ich die Wahrheit gesagt, wie sie sich überzeugt haben, eben so „wahr ist das, was ich jetzt behaupte, daß Herr Piotrowski „uns zum Aufstand gegen den Kaiser bewegen wollte."

Diese Rücksichtslosigkeit und Canaillerie empörte mich und im Zorne sagte ich: „Sie sind der niederträchtigste Mensch, den „ich in meinem Leben gesehen habe; einem so Nichtswürdigen sollte „kein ehrlicher Mensch glauben." Policzkowski beruhigte mich in meiner jedenfalls ungehörigen Aufregung, indem er sagte: „Er= „eifern sie sich nicht, jeder hat das Recht, wenn er gefragt wird, „das zu sagen, was er für Wahrheit hält." Nitowski, durch diese Worte Policzkowski's ermuthigt, legte seine rechte Hand aufs Herz und sagte mit erhobener Stimme: „bei den Wunden des gekreu= „zigten Christus schwöre ich, daß alles, was ich gesagt habe, die „lauterste, reinste Wahrheit ist!" Nichtsdestoweniger widersprach ich dieser feierlichen Erklärung.

Ich war über die Leichtigkeit, mit welcher meine Mitange= klagten trotz unserer Verabredung sich über meine Nationalität aus= gelassen hatten, bestürzt und ergrimmt, allein ich sah darin doch nur Schwäche und keine Niederträchtigkeit, da sie weiter nichts bekann= ten; nur Nitowski und Leszczyński blieben bei ihren Aussagen und wurden jenen, die man mit Tortur bedrohte, gegenübergestellt. Mit dieser Hilfe gestanden endlich alle ein, und nun wurde ich durch alle Zeugen widerlegt, mithin kam alle Schuld jetzt allein auf mich. Nitowski namentlich war unbarmherzig in Compromit= tirung seiner Freunde.

Den ganzen Tag hindurch dauerte dies Verhör. Ich war entschlossen alle Mittel anzuwenden, um überzeugend darzuthun, daß wir nie Zusammenkünfte beabsichtigt, noch gehabt hätten und daß natürlich auch dafür kein Ort bestimmt gewesen wäre, daß wir durchaus keine politischen Zwecke gehabt hätten, daß das Zu= sammentreffen von Zweien oder Dreien rein zufällig gewesen und dann Gespräche über gleichgültige Dinge geführt worden wären, wenn dabei zuweilen im Verlaufe des Gesprächs die Rede auf die gegenwärtige Lage Polens und der Emigration gefallen wäre, so sei natürlich auch darüber, aber ohne irgend welche Absicht gesprochen worden, daß ich niemanden zu irgend etwas aufgefordert oder beredet hätte, daß mithin, wenn jemand daraus geschlossen, daß geheime Absichten und Pläne gegen die Regierung dahinter gesteckt hätten, dies nur ein Beweis seiner Dummheit oder seiner intimsten eigenen Gefühle und Gedanken gewesen wäre.

Einige meiner Mitangeklagten verstanden mich und gingen auf diese Art von Beweisführung ein, andere aber waren so in Angst und Schrecken, daß sie nicht mehr wagten an ihre Vertheidigung zu denken und einer von ihnen, ein sehr braver und liebenswürdiger junger Mann entgegnete auf mein obiges Raisonnement. „Geben sie doch den Widerstand auf, es führt ja zu nichts, sie sind doch verloren; gestatten sie mir also, daß ich durch freies und aufrichtiges Bekenntniß die Strafe einigermaßen mildere, die meiner und meiner Mitangeschuldigten wartet, und den Schmerz und die Leiden meiner unglücklichen Eltern lindere." Als ich dieses bleiche Gesicht sah und seine von Thränen und Schluchzen unterbrochenen Worte hörte und den Abgrund vor ihm sich öffnen sah, in welchen der Unglückliche gutwillig sich zu stürzen bereit war, entgegnete ich ruhig: „Es handelt sich hier keineswegs um mich, ich weiß daß ich verloren, fast schon verfallen bin; aber hier geht es um Recht und Wahrheit. Das Bestreben sich von Strafe zu befreien ist so natürlich, wie das Mitgefühl für die Leiden der Eltern und der innige Wunsch, dieselben zu lindern; allein es ist nicht erlaubt selbst für die edelsten Zwecke Lüge und Falschheit als Mittel zu gebrauchen. Denken sie nur ruhig und mit kaltem Blute an Alles, was wir besprochen haben und sie müssen einräumen, daß ich Recht habe." Der junge Mann besann sich und schwieg und als Policzkowski ihn fragte, ob er bei seinen früheren Behauptungen verharre? sagte er: „nein, wie ich mich jetzt entsinne war Alles so wie Herr Piotrowski gesagt hat."

„Und warum haben sie denn die Unwahrheit gesagt?"

„Sie wissen, mein Herr, wie man uns gedroht hat."

Dieser Tag war fürchterlich und kostete mich viel; Fieberhitze durchglühte meine Glieder und die Aufregung meiner Nerven war aufs höchste gesteigert. Die erbärmliche Schwachheit meiner Landsleute, dieser Mangel an allem Stahl der Seele, diese fieberhafte Gier rücksichtslos sich die Haft so kurz als möglich selbst auf Kosten des Gewissens zu machen, erfüllte mich mit Verachtung und ließ mir geringe Hoffnung für eine bessere Zukunft. Ich hatte nicht geglaubt daß die animalische Lust am Leben, an der Selbsterhaltung so stark im Menschen wäre, um selbst das heiligste dafür hinzugeben. Und doch, wenn ich auf diese jammervollen Gestalten blickte, die um Erbarmen fleheten, fühlte ich Mitleid und mein Zorn, mein Groll und mein Ekel wichen jenem Gefühle. Zwei oder drei von ihnen blieben fest und das schmeichelte meinem Stolz als Pole.

Gegen 10 Uhr Abends an diesem Tage d. h. am 5 Januar 1844 brachte man mir einen mit blauem Tuche überzogenen, weiten, sehr schweren Schaafpelz und stark mit Pelz gefütterte Ueberschuhe und befahl mir mich reisefertig zu machen. Auf meine Frage, wohin man mit mir wolle, entgegnete mir Policzkowski: „nach Kijów, zum General-Gubernator Bibikow. Ich werde „mit ihnen reisen." Ich war darüber sehr erfreut, da er mich bisher immer anständig behandelt hatte. Ueberhaupt fühle ich mich verpflichtet allen Beamten, mit denen ich es bisher zu thun hatte, hier öffentlich das Zeugniß zu geben, daß sie mich ohne Ausnahme sowohl bevor ich mich zu meiner Nationalität bekannt hatte als nachher höchst würdig behandelt haben, was sie nach meinem Bekenntnisse als russische Beamte nicht nöthig hatten. Sie thaten als kaiserliche Beamte ihre Schuldigkeit, aber sie mißbrauchten ihre Stellung nie, um mich in meiner Lage das fühlen zu lassen. Möglich daß ich eine Ausnahme darin gemacht habe, allein das hindert mich nicht, mit Freuden den Russen dieses Lob öffentlich zu ertheilen. Obwohl ganz Europa und wir Polen ebenfalls die Russen noch für Halbbarbaren halten und zwar nicht mit Unrecht, so muß ich doch bekennen, daß die Behandlung derjenigen Kategorie von Gefangenen, zu welcher ich gehörte, unvergleichlich milder, besser und civilisirter war, als diejenige von Seiten der deutschen Regierungen, namentlich der östreichischen.

Aber dieselbe Unparteilichkeit, welche mich nöthigt, den Russen Gerechtigkeit widerfahren zu lassen, wo sie es verdienen, zwingt mich einer Eigenthümlichkeit zu gedenken, welche alle russischen Beamten mehr oder weniger besitzen und zwar je höher der Beamte steht in desto höherem Grade; es ist nemlich jeder ohne Ausnahme von diebischer Natur und je größer und höher die Würde eines Beamten ist, desto umfangreicher übt er diese Eigenschaft. Der Kaiser ist darin das vorleuchtende Beispiel für seine Untergebenen. Als man mich in Kamieniec arretirte, confiscirte man mir ein sehr gutes englisches Rasirmesser und ein italienisch französisches Wörterbuch. Wie oft habe ich nicht um Rückgabe oder Asservirung dieser unbedeutenden Sache gebeten! Alles vergebens. Man versprach und versprach, aber nie habe ich diese Dinge wieder gesehen.

X.

Abreise von Kamieniec. Reise nach Kijów. Begebenheiten während derselben. Ich werde in Ketten gelegt. Ankunft in Kijów.

Als alles zur Reise fertig und ich in Pelz und Stiefeln amtlich eingekleidet war, kam gegen 11 Uhr der Reisewagen vorgefahren. Ich stieg ein, neben mich setzte sich Policzkowski, uns gegenüber nahmen zwei bewaffnete Gensd'armes Platz, der Kutscher war der fünfte. In einen zweiten Wagen stieg der Kijower Delegirte und ein anderer Beamter. Wir fuhren langsam an. Kamieniec war ganz öde, hin und wieder nur war noch Licht in den Häusern. Als ich über den Marktplatz fuhr, sah ich noch Licht in den Fenstern des Hauses, wo ich soviel wahrer Freundschaft gefunden hatte. Vielleicht sprechen sie von mir, dachte ich, dort haben sie mir vielleicht ihre Achtung und Liebe bewahrt, während man anderswo mir flucht. Ich warf einen thränenfeuchten Scheideblick dahin, rief ihnen in Gedanken ein freundlich Lebewohl zu und verließ durch Batorys Thor Kamieniec. Vor 9 Monaten hatte ich Kamieniec betreten. Ich war damals traurig, aber voller Hoffnung, heute verließ ich es in einer unvergleichlich viel traurigeren

Lage und hoffnungslos. Es war eine stille, finstre, kalte
Nacht, nur die Glocke, die nach russischer Sitte an die Deichsel gebunden war, unterbrach mit ihrem monotonen „Klingklang" die
Grabesstille. Ich war in Gedanken versunken und schwieg. Die
Geister der Vergangenheit hielten Heerschau vor meinem inneren
Gesicht, und trübe wurde es in meiner Seele. Es giebt gewiß
wenig Menschen, denen so wenige Freuden im Leben zu Theil geworden waren, wie mir und die das zugleich so tief empfunden
hätten. Policzkowski achtete mein Schweigen und störte es
nicht; zuletzt schlummerte ich in einen Halbschlaf ein, der bis zum
Morgen anhielt. Gegen diese Zeit hielten wir an und Policzkowski ließ Thee geben, um uns zu erwärmen. Wir hielten uns
nicht lange auf, denn wegen des schlechten Weges konnten wir eben
nicht sehr schnell fahren. Allmählig wurde es Tag und Policzkowski begann mit mir französisch zu sprechen, zuerst von unbedeutenden, dann aber von wichtigeren Dingen. Als gebildeter Mann
fragte er mich mit wahrer Neugierde über Frankreich, über dessen
Administration, Gemeindeverfassung, Zustand des Ackerbaues, über
Handel, Literatur, schöne Künste und dergleichen. Ich berichtete
ihm darüber so weit meine Kenntnisse reichten und ich darüber
urtheilen konnte. Mit der Zeit kamen wir auch auf politische Gegenstände und sprachen in dieser Beziehung über Frankreich, Rußland
und Polen. Policzkowski war der Ansicht, daß Polen in
Rußland aufgehen müsse, und daß diese beiden Nationen in gemeinschaftlichem Interesse in eine einzige übergehen und einen Staats-
körper bilden müssen. Ich dagegen, indem ich mich auf die
Gerechtigkeit und auf die höhere Bildung im politischen wie im wissen-
schaftlichen Leben Polens, auf die Verdienste, welche Polen sich um
die europäische Menschheit erworben, stützte, behauptete, daß Polen
durchaus für sich selbstständig und unabhängig sein müsse, daß es
zum Führer des ganzen Slaventhums wie berufen sei, insofern
es des letzteren Seele und geistiges Leben, während Rußland nur
physische und materielle Kraft repräsentire, daß es im wohlverstandenen Interesse liege ein unabhängiges Polen wieder herzustellen,
weil sonst Polen ohne Rußland mit anderer Hülfe geschaffen werden
müßte, da es vergeblich sei, diesem Berufe Polens sich zu wider-

setzen. Schließlich kamen wir auf die polnische Emigration zu sprechen und ich wunderte mich nicht wenig über seine speciellen Kenntnisse in dieser Beziehung. Er wußte ganz genau, in welche Parteien sie gespalten und wer an der Spitze jeder einzelnen stehe, welche Schriften jede herausgebe und sogar welche im Großherzogthum Posen erscheinen, und nicht genug damit, wußte er die Farbe jeder Fraction treffend anzugeben. Mit Recht darüber erstaunt, fragte ich ihn, woher er diese genaue Kenntniß habe? „O wir haben Mittel alles zu erfahren und alle vorerwähnten Schriften besitzen wir."

Gegen die Frühstückszeit hielten wir in einem Kruge an. Policzkowski hatte vorzüglich gebackene Weizen Pirogen*) mit Sauerkraut bei sich, welche ihm seine Schwester, die Frau des Obristen der Gensd'armerie in Kamieniec, auf die Reise mitgegeben hatte, und zu deren Genuß Policzkowski mich gastfreundlich einlud. Ich frage ob das ein Oestreicher oder ein Preuße mir gegenüber gethan haben würde? Ich wunderte mich oft über diesen Menschen. Er hatte mich verhaftet, er war bei meinen Verhören mit thätig, jetzt brachte er mich nach Kijów, später war er daselbst Mitglied der Untersuchungs-Commission und, nächst dem Präsidenten, inquirirte er am meisten, und dennoch war er bei Ausübung dieser Pflichten immer stereotyp derselbe, nie habe ich ihn besser nie schlimmer für mich gesehen; mit der größten Genauigkeit inquirirte er über alles, ging in die größten Einzelnheiten, erfüllte die Pflichten des ihm anvertrauten Amtes mit der minutiösesten Gewissenhaftigkeit, zeigte nie sichtbares Mitgefühl mit meinem Schicksale, tröste mich nie mit einer Hoffnung, stärkte mich nie durch einen Blick oder ein Wort, war immer kalt, gleichgültig, fast gefühllos, aber immer voll Tact, Höflichkeit und Freundlichkeit für mich, während des Verhörs war er voller Würde, widerlegte zuweilen meine Antworten, drängte mich indessen nie, nie verletzte er meine persönliche Würde und nie berührte er mein polnisch Gefühl unangenehm. Ich weiß nicht warum, aber ein glücklicher Stern hat mir Policzkowski geschickt, der sicherlich sowohl dem Guber-

---

*) Ein mit verschiedenen Ingredienzen gefülltes meist in Butter gesottenes Backwerk, daher giebt es Fleisch- und Obstpirogen, Kraut- ꝛc. Pirogen.

nator in Kamieniec als dem Generalgubernator Bibikow in Kijów über mich gut referirte und vielleicht die Veranlassung war, daß man menschlich mit mir umging. Mein Herz gewann er nicht, aber meine Dankbarkeit und Achtung darf er mit Recht in Anspruch nehmen, und wenn ich ihn irgendwo einmal träfe, würde ich ihm gern die Hand reichen. Er war blond, über mittelgroß von rundem Gesicht, hatte dichte Brauen, welche die Augen beschatteten, seine Augen waren blau, die Stirne frei. In seiner Haltung hatte er nichts von der russischen Steifheit und mochte ungefähr 36 Jahre alt sein.

Gegen Abend kamen wir nach der Stadt Mohilew am Dniester gegenüber den in unserer Geschichte verhängnißvoll berühmten Cecorskischen Gefilden. Da die Federn an unserem Wagen nachgelassen hatten, so bestiegen wir nach einem guten Abendbrod zwei, jede mit 3 Pferden bespannte Kibitken. In die vordere stieg Policzkowski mit dem Kijower Delegirten, in die zweite ich mit den beiden Gensd'armes. Wir flogen wie auf der Eisenbahn. In ganz Rußland giebt es keine besseren und zum Laufen geeigneteren Pferde als in Podolien und Ukraïna und nirgend in der Welt fährt man mit der Post schneller als hier. Wir durchflogen die Station in voller Carriere in sehr kurzer Zeit und obwohl die Erschütterung bei so rasender Fahrt mir keineswegs angenehm war, so freute ich mich doch über die Schnelligkeit, mit der wir vorwärts kamen. Es war ein ziemlich linder mondheller Abend. Gegen das Ende der zweiten Station, die wir fast mit Blitzesschnelle durchflogen hatten, stieß unsere Kibitka dermaßen auf, daß ich das Rückgrad durchbrochen zu haben glaubte, ich fühlte einen solchen Schmerz im Gehirn, so furchtbare Stiche, daß es mir schien, als wäre mein letzter Augenblick gekommen und ich unwillkührlich: „Halt!" schrie. Policzkowski fragte nach der Ursache dieses Rufes und ich konnte kaum sagen, was geschehen war. Er befahl bis zur Station Schritt zu fahren. Ich war nicht im Stande vom Wagen zu steigen und von dem furchtbaren Gehirnschmerz stürzten mir die Thränen aus den Augen. Policzkowski rieth mir die Nacht hier zu bleiben, doch wollte ich das nicht, in der Meinung, daß der Schmerz nach einiger Ruhe vorübergehen werde. Wir stiegen wieder ein, aber die geringste Erschütterung verursachte mir solche Schmerzen, daß ich trotz der größten Gewalt, die ich mir anthat, mich des Schreiens nicht enthalten konnte; wir fuhren daher die ganze Station im Schritt und indem ich meinen Kopf mit beiden Händen hielt wimmerte ich wie ein Sterbender.

Auf der nächsten Station sagte mir Policzkowski, daß er nach Braclaw vorauseilen müsse und daß er mich unter der Aufsicht des Beamten zurücklasse, dem er eben so wie den Gensb'armes befahl, ganz langsam zu fahren. Obwohl wir nun Schritt fuhren, so verursachte mir doch die geringste Erschütterung Schmerz zum wahnsinnig werden. Der Beamte, dem das langsame fahren jedenfalls mißfiel, rief den Gensb'armes zu, schneller zu fahren, aber kaum ließen sie die Pferde antraben, als ich auch schon vor Schmerz laut aufschrie. Die Gensb'armes hielten an, der Beamte kam an den Wagen und ich vor Schmerz fast toll brüllte ihn an: „du „hast Befehl langsam zu fahren und wenn dir das nicht gefällt, so „laß mir eine Kugel durch den Kopf jagen, das wird mir erträg„licher sein." Er bat um Verzeihung, da er nicht gewußt, daß ich solche Schmerzen litte — und ich sagte ihm darauf ganz gelassen: „glauben sie mir, daß ich nicht 5 Minuten eine schnelle Fahrt aus„zuhalten vermag, und was würde dann aus ihnen werden?" In der That war der Schmerz der Art, daß ich fest überzeugt bin, ich würde bei schneller Fahrt meinen Geist aufgegeben haben. Wir fuhren also die ganze Nacht Schritt. Gegen 7 Uhr Morgens begann nasser Schnee zu fallen und ich bat den Beamten, der ganz demüthig geworden und für ein Mitglied der geheimen Polizei gut genug war, daß man einen Schlitten anspannen möge, obwohl der Schnee kaum den Boden bedeckte und wir in der That im Kothe fahren mußten. Auf dem Schlitten war mir unendlich besser. Endlich gegen 1 Uhr Nachmittags kamen wir nach Braclaw, einer schlecht und unordentlich gebauten Stadt, die zu polnischen Zeiten die Capitale der Wojewodschaft gewesen war. Hier hatte uns Policzkowski erwartet und war bereits sehr unruhig. Als er mich so angegriffen und ermüdet und die Unmöglichkeit meiner sofortigen Weiterreise sah, sagte er zu mir mit seiner gewöhnlichen Freundlichkeit. „Ich muß nach Kijów zum Generalgubernator voraus

„und sie werden hier ausruhen bis sie im Stande sein werden, „weiter zu fahren," und indem er seine Hand auf meinen Arm legte begann er mich mit freundlicher Zutraulichkeit anzusehen und zu fragen, ob ich sehr leide, ob die Stiche sehr empfindlich seien u. dgl. Dies war das einzige Mal, wo mir Policzkowski etwas wärmer als sonst erschien, aber mein Zustand war in der That auch im höchsten Grade jammervoll. Er schickte sofort nach dem Bürgemeister (horodiczny) und ich legte mich unterdessen aufs Sopha. Wenn ich lag oder saß, fühlte ich keinen Schmerz nur ein Sausen in den Ohren und Gedankenlosigkeit. Der Horobiczny erschien in voller Uniform mit allen Orden, die er hatte Nachdem mich Policzkowski ihm übergeben und ihm gesagt hatte, daß er es mir an nichts fehlen lassen sollte, nahm er mit einem Händedruck von mir Abschied und ließ den Beamten bei mir Ich stieg in einen Schlitten mit dem Horobiczny, Policzkowski dagegen in die Kibitka und sauste nach Kijow.

Der Schlitten hielt vor einem ziemlich großen, gemauerten Hause. Man öffnete die Riegel, führte mich auf einen dunkeln Corridor und von da in ein kleines, düsteres aber ziemlich reinliches Zimmer, dessen großes Fenster mit dichten und starken Eisenstäben versehen war. Ich warf mich sofort auf den auf der Pritsche liegenden Strohsack, doch bald brachte man mir ein reines Bettuch und Kopfkissen, ich zog mich also gänzlich aus, legte mich bequem nieder und deckte mich mit Mantel und Pelz zu. Der Horobiczny, ein schlanker noch ziemlich junger Mann, ein Galizianer, hatte unter anderen Orden auch den für die Einnahme Warschaus, da er während der Zeit unserer Campagne in der russischen Armee gedient und den Sturm von Warschau mitgemacht hatte. Als ich seine Frage, ob ich nicht etwas stärkendes genießen wollte, bejahte, brachte man mir eine gute Hühnerbrühe. Nachdem der Horobiczny dafür gesorgt, daß es mir an nichts fehle, ließ er mir meine beiden Gens'darmes im Zimmer, stellte eine Schildwach auf den Corridor, schloß die Thür desselben und ging fort. Bald darauf kam ohne daß ich darum gebeten hatte, der Arzt, ein Litauer, ich meine, Namens Kaszyc; er blickte mich mit wahrem Mitgefühl an, fragte mich umständlich nach meinem Zustande und sagte mir dann, daß

mir bald wieder besser werden würde, daß mir Ruhe vor allem
Noth thue, die ich hier haben könne, dann verschrieb er mir eine
Medicin und empfahl sich, ohne daß es uns möglich gewesen wäre,
irgend ein anderes Wort mit einander zu sprechen.

Mein Zimmer war von anderen Gefangenzellen umgeben, die
ganze Nacht hindurch hörte ich Kettengerassel. Das Haus schien
sehr bevölkert zu sein. Ich schlief lange und gut und würde vielleicht noch länger geschlafen haben, aber ein immer deutlicher an
meine Ohren bringender Gesang weckte mich. Es mußte ziemlich
spät sein, denn es brannte Licht in meinem Zimmer. Ich horchte
auf und allmählig vernahm ich ganz deutlich Gesang mit polnischem
Texte. Es war heiliger Abend nach russischem Calender und die
Gefangenen sangen die Colenda:

W żłobie leży,	Er liegt in der Krippe
Któż pobieży	Man eilt herbei
Kolędować małemu etc.	Das Kindlein anzubeten ꝛc.

Ich richtete mich auf meinem Schmerzenslager auf, stützte
meinen Kopf auf die Hand und begann herzlich zu weinen, denn
die Erinnerung besserer Zeiten trat vor meine Seele, wo auch ich
diese Colenda gesungen hatte als ich noch in jungen, freien Jahren
lebte. Zum ersten Male seit 13 Jahren hörte ich diese Melodieen
auf heimathlichem Boden aber leider durch die Mauern eines Gefängnisses, hinter der Quadratur von Eisengittern. Nie in meinem
Leben hat ein Gesang tieferen Eindruck auf mich gemacht, nie zu
umfangreicheren Reflexionen mich angeregt.

Bald darauf öffnete sich die Thür und man erlaubte einem
Sacristan herein zu treten. Nach alt polnischem Gebrauche am
heiligen Abend kam er, eine Oblate mit mir zu brechen und mir
zu wünschen, daß die Erscheinung des Erlösers auf der Welt auch
mich aus der Gefangenschaft erlösen möge. Ich dankte ihm von
ganzem Herzen, theilte die Oblate mit meinen Gensd'armes, bat
dann um Thee, den man mir sofort servirte. In keinem Gefängnisse der sogenannten civilisirten Welt würde man die Thüre
eines Gefängnisses zu einer so kindlich frommen Sitte geöffnet
haben und ich pries diesmal die russische Barbarei, denn sie hat
Ehrfurcht für das Heilige und verschließt die Gefangenen nicht vor

den äußeren Zeichen dieser Ehrfurcht. Die Sitte ist mächtiger als
der Kaiser. Dies gab mir Hoffnung für die Zukunft Rußlands. —
Den ganzen ersten heiligen Weihnachtstag blieb ich auf meinem
Lager. Dr. Kaszyc besuchte mich 2 mal, wofür ich ihm sehr
dankbar war, auch fühlte ich mich bedeutend wohler, denn der
heftige Schmerz im Gehirn und das Sausen in den Ohren hatte
nachgelassen. Auch der Horobiczny kam einigemal, fragte mich
freundlich nach meinem Befinden und ob ich nicht irgend etwas
wünschte. Am zweiten Festtage kam derselbe mit meinem Beamten
schon früh und da ich mich bedeutend wohler fühlte, so bat ich um
die Fortsetzung der Reise, womit ihnen sichtbar gedient war. Es
war viel Schnee gefallen und bald fuhren zwei Schlitten vor.

Obwohl ich mich sehr schwach fühlte, so hatte ich doch wenigstens
weder deutliche Schmerzen noch Stiche. Ich wickelte mir ein Tuch
fest um den Kopf, setzte die Mütze darüber, zog Mantel und Pelz
an, und stieg mit meinen Gensd'armes in den Schlitten, während
der Delegirte und der zweite Beamte in dem anderen Schlitten
Platz nahmen. Dem Horobiczny, der bei meiner Abreise zugegen
war, sagte ich für seine Freundlichkeit meinen besten Dank und vorwärts gings mit Windeseile. Es war ein strenger Frost und der
Schnee kreischte wenn die Kufen darüber hinsausten. Der Weg
war nur schwach mit Schnee bedeckt, daher stieß der Schlitten zuweilen auf, was mir immer noch einigen Schmerz verursachte, aber
doch bei weitem nicht so wie früher.

Kaum mochten wir eine Meile von Bracław gefahren sein,
als wir auf ein wie vom bösen Geist getriebenes Dreigespann stießen:
„Halt! Halt!" tönte es und die drei Dreigespanne standen wie an-
genagelt. Ich wußte nicht, was das zu bedeuten hatte. Der neu
Angekommene raunte meinem Begleiter etwas ins Ohr, trat dann
an meinen Schlitten und sagte mir mit russischer Competenz: daß
auf Befehl des Generalgubernators Bibikow ich fortan unter
seine Oberaufsicht gestellt sei. Es war ein Offizier der Gens'armerie,
der an Policzkowskis Stelle expreß geschickt war, ein hoher,
schlanker, einige zwanzig Jahre alter Mann, ein Liefländer, mithin
russischer Germane, halb Katze halb Hund, und um seine Natur
sogleich zu zeigen, drohte er ohne allen Grund meinen Gensd'armes

mit Stockprügeln, vielleicht um mir zu imponiren und um mir zu verstehen zu geben, mit was für einem gewaltigen Potentaten ich es jetzt zu thun hätte. Aber er täuschte sich, denn er imponirte mir nicht nur nicht, vielmehr behandelte ich ihn mit Geringschätzung und sprach kein Wort mit ihm. In seiner Gestalt, in seinem Blick und ganzen Wesen gewahrte ich etwas für mich Abstoßendes und bedauerte den Verlust Policzkowskis. Ich wunderte mich über die Schnelligkeit der russischen Posten und die demonische Schnellkraft der Administration. Policzkowski hatte Bracław gegen 2 Uhr Nachmittags am heiligen Abende verlassen, war nach Kijów gelangt, hatte an Bibikow Rapport abgestattet, hatte dort seinen Stellvertreter ernannt, von Kijów expedirt, der am zweiten Feiertage 8 Uhr früh in Bracław angekommen wäre, so daß im Ganzen seit Abfahrt Policzkowskis von mir nur 42 Stunden verflossen waren. Ich bitte auf der Carte die Entfernung zwischen Bracław und Kijów nachzumessen.

Der neuangekommene Offizier setzte sich zu dem andern Beamten auf den Schlitten. Wir passirten den Boh und kamen gegen Sonnenuntergang nach Lipowiec, einer schon im Gubernium Kijów gelegenen Kreisstadt. Nachdem wir vor der Post angehalten, flüsterte der Offizier seinem Collegen etwas zu und ging fort. Ich merkte, daß etwas nicht Gutes mit mir vorgenommen werden sollte. Nach seiner Rückkehr fuhren wir zur Stadt hinauf und hielten vor einem abscheulichen Ortspolizeigebäude an. Man führte mich hinein und da es Festtag war, so sammelten sich eine Masse Neugieriger, namentlich Juden, vor dem Gebäude. Ich dachte mir ungefähr, was man mit mir vorhatte, doch war ich dessen noch nicht gewiß. Mittlerweile wurde es dunkel und ich stand noch immer in Erwartung dessen, was da kommen sollte. Da trat plötzlich jener Offizier hierein, nahm meine beiden Hände aus den Taschen und steckte die seinigen hinein, indessen hatte ich den Rest des mir in Kamieniec abgenommenen Geldes so gut versteckt, daß er es sicher nicht finden konnte. Da ich ihm keine unnütze Mühe machen wollte, so sagte ich ihm, daß man mir bereits in Kamieniec alle Baarschaft abgenommen habe. „Das werden wir sehen" brummte er, und durchsuchte Alles aufs genauste, fand indessen nichts, womit er höchst unzufrieden war, und befahl mir dann den Gensd'armes zu folgen.

Diese führten mich zu einer unterirdischen Hütte nicht fern von der Polizei die mir wie es schien als eine Art von Kaserne benutzt wurde. Es war daselbst stockfinster und voller Soldaten. Man legte mir Handschellen an, die leider so eng verbunden waren, daß ich die Hände nicht einzeln rühren konnte. Dann brachte man mich nach einer Schmiede und da es, wie gesagt, Feiertag war, so fehlte es sogar am Feuer; allein ein Soldat, der zugleich Schmied war, verhalf bald zu allem Nöthigen. Der Offizier hatte mittlerweile selbst ein Stück verrosteter Kette gebracht, die mir auf den Füßen festgeschmiedet wurde. Indessen waren die Schellen zu eng und ich erklärte, das nicht ertragen zu können und als man darauf nicht hörte, so sagte ich aufgebracht, daß ich mich beim Generalgubernator beschweren würde. Das half einigermaßen, denn man erweiterte sie und so waren sie wenigstens erträglich. Sie waren nur durch zwei ganz rohe Schaaken verbunden, so daß an ein Gehen nicht zu denken war. Man hob mich also auf und trug mich in den Schlitten.

So an Händen und Füßen gefesselt hatte ich ein sonderbares Gefühl meiner Ohnmacht. Da ich nicht im Stande war durch physische Kraft die Musculatur der Seele zu unterstützen, schien es mir, als wenn meine Seele an der Körperschwäche participirte, denn ich war nicht im Stande selbst einem Gefühle der Rache nachzuhängen. Ich war wie ein Kind das zürnt, aber bald im Gefühl seiner Ohnmacht zur ursprünglichen Sanftmuth zurückkehrt. Mir kam die Gefangennahme Carls XII durch die Türken in Warnica in den Sinn, der vor einem Augenblicke noch unbeugsam, wild, grausam, blutgierig wie ein Tiger mit eigener Hand die Janitscharen gemordet hatte, plötzlich als der Säbel seinen Händen entfallen war und er sich in der Gewalt seiner Feinde sah, sanft und mild wie ein Kind wurde. In einem ganz ähnlichen Zustande befand ich mich, so als ob ich paralysirt wäre. Es gehört zu den Seltenheiten, wenn ein Mensch so gefesselt seine Seele ungebrochen und frei erhält, es bedarf dazu eines Muthes, wogegen der Schlachtenmuth im größten Feuer ein Kinderspiel ist.

Da es Festtag war, so war das Volk überall heiter und fröhlich laut, auch unsere Postillone waren meist tüchtig angetrunken. Mein Officier trieb wie wahnsinnig und schrie fortwährend vom hinteren Schlitten meinem Postillone zu „paszoł! paszoł!" Vorwärts, vorwärts! Es war eine finstre Nacht, der Schnee leuchtete nur schwach und als wir bei einer Cerkiew vorbei fuhren, stieß mein Schlitten an und warf um. Die Gensd'armes flogen hinaus, was mit dem Postillon geschah, weiß ich nicht; ich, eingeschmiedet wie ich war, fiel wie ein Klotz, ich weiß nicht wie, aber der Schlitten verhaspelte sich mit meiner Kette und riß mich mit fort. Leicht hätte ich alle Knochen zerbrechen können, allein ich wurde nur geschunden, und verlor vor rasendem Schmerze die Geistesgegenwart. Ich weiß nicht, was weiter mit mir geschah. Als ich wieder zu mir kam, lag ich schon wieder auf dem Schlitten und alle standen um mich herum und fragten: „wie ist ihnen, sind sie gesund?" „freilich, bin ich gesund, lassen sie mich in Ruhe!" Aber damit war es noch nicht vorbei, es folgte eine andere Scene, denn in Rußland czyn czyna poczytajet d. h. richtet ein Rang den Andern; also dafür, daß der Schlitten umgeworfen war, begann der Officier die Gensd'armes und den Postillon in den Nacken zu keilen, obwohl er allein daran Schuld war, der Unterofficier keilte wiederum den Soldaten und Postillon, der Soldat den Postillon und dieser rächte sich endlich an den ganz unschuldigen Pferden, die ihrerseits wieder an ihren Hufen und Beinen Rache übten. Das ist Rechtsprincip in Rußland und so wird es factisch ausgeübt. Die Gensd'armes keilten den Postillon so unbarmherzig in den Nacken, daß ich nicht begreife, wie ihm der Kopf noch darauf sitzen blieb. Ich war darüber empört und fuhr endlich dazwischen, sie fluchten dann auf den Officier und dagegen hatte ich nichts einzuwenden. Der empfindliche Schmerz in Knieen, Ellenbogen und Brust und der durch diesen Sturz erneuerte stechende Schmerz im Kopfe bewirkten mir Uebelkeiten und ein Gefühl fortwährender Ohnmacht. Ich konnte kaum sitzen und eine förmliche Angst und Zittern überkam mich bei der dauernden Besorgniß, noch einmal umgeworfen zu werden. Wenn man mir bisher auf den Stationen beim Absteigen geholfen hatte, so mußte man mich jetzt wörtlich heruntertragen, denn ich hatte nicht die geringste Kraft mich zu rühren. Wir fuhren die ganze Nacht. Am folgenden 3. Weinachtstage bekamen wir einen stark angetrunkenen Postillon und auf den Ruf unseres Bramarbas: „paszol!" ließ er den Pferden die Zügel, der Schlitten schlug an und ich flog wie ein Ball hinaus und fiel mit der Brust auf meine Handschellen und das Schloß, womit sie verbunden waren. Der Athem stand mir still, aber ich behielt mein Bewußtsein. Wiederum folgte die Ceremonie der Rangordnung, aber mir war es gleichgültig, denn ich war halb todt.

Von jetzt ab fuhren wir langsam, denn ich war so zerschlagen, daß der Officier selbst Angst bekam und fürchtete statt eines Gefangenen eine Leiche nach Kijów zu bringen, außerdem wurde die Bahn immer schlechter, je näher wir Wasilkow kamen. Man trug mich in's Posthaus, wo ich mir Thee geben ließ. Hier wurde mein Bramarbas, ich weiß nicht, aus welchen Gründen, freundlicher und zeigte mehr Rücksicht für meinen Zustand, und so wurde ich auch gegen ihn höflicher, was mir um so leichter wurde, da persönliche Rachsucht nie in meinem Herzen Platz gefunden. Es war unmöglich zu Schlitten weiter zu kommen, man spannte daher wieder an eine Kibitka an. Wir fuhren die ganze Station Schritt für Schritt, außer wo etwas Sand war, allein trotz dieser Vorsicht bekam ich wieder so stechende Schmerzen, daß mir die Thränen aus den Augen rollten und ich fast wahnsinnig wurde. In Biała, der letzten Station vor Kijów, bat ich, obwohl gar keine Schlittenbahn war, daß man an einen Schlitten ansparnen möge. Dies wurde zugestanden und langsam schleppten wir uns vorwärts. Als wir uns den Thoren Kijóws näherten, wurden unsere Glocken durch Festbinden stumm gemacht und zwar deshalb, wie man mir sagte, weil in der Gubernialstadt Kijów und vielleicht auch in' anderen Gubernialstädten nur der kapitan sprawnik*) allein unter allen Civilbeamten das Recht habe, eine Glocke zu führen. Wir fuhren durch einen Theil der Stadt, bogen aber bald nach der Festung ein und hielten vor dem Hause des Platzmajors an.

---

*) Polizeidirector.

XI.

Gefangenschaft in Kijów.   Der Generalgubernator Bibikow.

Ich war zufrieden, daß die Reise vorläufig ihr Ende erreicht hatte. Man hob mich vom Schlitten und brachte mich in das Zimmer, in welchem der Platzcommandant gewöhnlich die Arrestanten zu empfangen pflegt. Hier verließen mich meine bisherigen Begleiter. Der Commandant, die Adjutanten und das ganze Dienstpersonal, an ähnliche Erscheinungen gewöhnt, sahen mich mit der höchsten Gleichgültigkeit an, obwohl ich einem Todten ähnlicher war als einem Lebenden. Nachdem ich vorschriftsmäßig in die Bücher eingetragen war, machte man sich an die Untersuchung meiner Effecten, schrieb in meiner Gegenwart alles auf, nahm es in Verwahrung und sagte mir, daß ich nach Bedürfniß darüber disponiren könne. Darauf führte man mich ins Gefängniß, das ziemlich entlegen war. Zwei Soldaten faßten mich unter die Arme und ich schleppte mich mit großer Schwierigkeit an den Ort meiner nächsten Bestimmung. Durch das Thor der Hauptwache trat ich auf einen äußeren Flur, dessen geöffnete mit einer Schildwache versehene Thüre rechts an einem inneren, langen, schmalen durch ein am Ende desselben befindliches kleines Fenster erleuchteten Flur führte. Wir gingen diesen Flur, zu dessen beiden Seiten Gefängnisse waren, entlang bis fast ans Ende. Ueberall gewahrte ich große Reinlichkeit und Ordnung. Am Ende des Flurs rechts öffnete man die knarrende Thür eines Gefängnisses, in das man mich hineinschob. Dasselbe hatte 6 Schritt Länge und 5 Breite, es war hoch aber unsauber und nur durch ein oben in der Wand angebrachtes Fensterchen erhellt, das von außen und innen mit starken Eisenstäben versichert war. Im Winkel dieses Zimmers stand eine elende dürftig mit zusammengelegtem Heu ausgestattete Bettstelle, daneben ein mit der Art ganz roh gefertigter Tisch und Stuhl. Zugleich mit mir trat der Gefangenwärter, drei Soldaten und der Adjutant du jour ein. Es erfolgte eine neue Revision, die bis auf die nackte

Haut ging. Man fand 800 fl. in Gold, die bisher alle Revisionen glücklich überstanden hatten und ein Federmesser mit mehreren Klingen. Man zählte das Geld in meiner Gegenwart, notirte es, nahm es und sagte mir, daß ich darüber nach meiner Bequemlichkeit disponiren könne, da die dem Gefangenen ertheilte Ration eine sehr unzureichende sei.

Als man mich so vollständig ausgeplündert hatte, ließ man mir den Mantel, einen Rock, ein Paar Beinkleider, Weste, Unterhosen, ein Hemde und die Mütze, die Tragebänder, alle Taschentücher und Halstücher nahm man mit allem Uebrigen fort; darauf brachte man Wasser, fragte, ob ich vielleicht etwas genießen wollte? und als ich nein erwiederte, verschloß man die Thür durch einen Riegel, ließ eine Wache davor und mich — allein. Hier also soll dein Loos schließlich entschieden werden, dachte ich bei mir, indem ich in trüber Stimmung die nackten durch den trüben Tag matt erhellten Wände meines Kerkers anblickte; dieses enge finstre Loch soll also deine letzte Wohnung sein, denn von hier wirst du wohl nur noch den Weg aufs Schaffot machen, — und ein solches Ende sollen alle deine Anstrengungen, deine reinsten Absichten haben? Vielleicht wird dazu noch der Fluch derjenigen, die du zu Theilnehmern deiner seligen Hoffnungen gemacht hast, dein Nachruhm sein; keine Thräne wird dir nachweinen und vielleicht kein Herz deinen Hingang beklagen! — Fast von meiner Kindheit ab hatte ich einsam unter dem Walten meines Unsterns gelebt, heute sollte ich unter demselben Einflusse einsam leiden und sterben. Mit dir mein theures Vaterland, theile ich dasselbe Geschick nur, denn auch du bist verlassen, verflucht, verhöhnt, in Ketten geschmiedet und schmachtest nach Erlösung auf deinem Schmerzenslager! dir wird sie kommen, muß sie kommen, wenn auch ich vielleicht lange schon für dich in den Tod gegangen und mir viele deiner dich feurig liebenden Söhne nachgegangen sein werden. Ich fiel auf meine Kniee und betete, nicht für mich, sondern für mein armes, unglückliches Vaterland. Dann müde an Leib und Seele warf ich mich auf mein elendes Lager ohne irgend etwas genossen zu haben. Es war 3 Uhr Nachmittags als ich einschlief und als ich erwachte hatte ich ohne Unterbrechung bis 4 Uhr Nachmittags des folgenden Tages geschlafen. Man weckte mich, da man sich endlich über meinen festen Schlaf wunderte und fürchtete, daß ich vielleicht erkrankt sein möchte. Ich fühlte mich zwar durch diesen gesunden Schlaf erquickt, aber doch so schwach, daß ich kaum einige Schritte zu machen in Stande war, besonders empfand ich in meinen Armen, der Brust und meinen Knieen in Folge jener Schleifung einen sehr empfindlichen Schmerz, der mich auch erst nach einigen Monaten verließ, wogegen der Kopfschmerz fast vollständig gewichen war; meine Stimme war fast lautlos geworden, kurz ich war krank und leidend durch und durch. Bald nach meinem Erwachen erschien der Platzcommandant, Obrist Lewkowicz, ein Litauer aus dem Gubernium Mińsk, ein kräftiger, schlanker, schöner mit Orden bespickter Mann, höflich und freundlich. Er fragte nach dem Zustande meiner Gesundheit und ich setzte ihm denselben auseinander. Die Ursache, die mich in diesen elenden Zustand versetzt hatte, verschwieg ich natürlich, da mir das nichts helfen und meinen Begleitern nur unnöthige Strafe zuziehen konnte. Auf seine Frage, ob ich nicht etwas zu genießen wünschte, verlangte ich Bouillon, was er mir sofort bewilligte und hinzufügte, daß ich aus seiner Küche gespeist werden würde, und daß ich nur angeben möchte, wenn ich auf irgend etwas besonderen Appetit hätte; „denn," meinte er, „sie sind „sehr angegriffen und hier im Gefängniß werden sie der Gesundheit „sehr nöthig haben, um die verschiedenen Gattungen von Leiden zu „ertragen." Dann fragte er: ob ich nicht einen Arzt wünschte, allein ich dankte dafür, indem ich ihm sagte, daß ich ohne diese Hülfe bald wieder gesund zu werden hoffte.

Während er mit mir sprach, bemerkte er ein kleines Brieftäschchen auf dem Tische, das man mir bei der letzten Revision gelassen hatte. Lewkowicz nahm es nach Art einer Katze, die eine Speise verzehrt, deren Geruch ihr zuwider, indem er sagte, daß er dies durchaus der Untersuchungscommission zustellen müsse. Ich machte ihn darauf aufmerksam, daß dasselbe nichts enthalte, was der Commission von irgend welchem Nutzen sein könnte, daß es für mich nur den Werth eines Andenkens von den Kindern eines polnischen Emigranten habe, ich bäte ihn also, mich womöglich in dem Besitz desselben zu lassen; allein alle meine Bitten waren vergebens und nie hab ich es wieder gesehen.

Man brachte mir Bouillon, allein mit gefesselten Händen ißt es sich so unbequem, daß, bevor man sich daran gewöhnt, man sich Blut und Galle verdirbt. Ein anderer Umstand, der den Gefangenen auch fortwährend irritirt, ist der Mangel an Tragebändern und die dadurch natürlichen Consequenzen. In dem Grade als meine Gesundheit sich besserte fand ich mein Gefängniß erträglicher und nicht so schauderhaft, wie im Anfange, besonders da es immer gut erwärmt war. In der Emigration hatte ich oft schlechter und kälter gewohnt. Indessen dachte ich mir: jetzt geben sie dir zu essen, um dich kräftig zu machen und vielleicht nachher bei der Untersuchung durch Hunger zum Geständnisse zu bringen, und von dieser Idee beherrscht begann ich schon heute meine Operationspläne dagegen ins Werk zu setzen, indem ich das vom Mittag übriggebliebene Brodt auf den Ofen warf, der oben ziemlich tief war, um mir auf diese Weise einen Vorrath von Zwieback zu sammeln. Ein Uebelstand, der sich bald einstellte, und dem ich mit meinen zusammengeschlossenen Händen nicht abhelfen konnte, war leider eine Masse Ungeziefer, welches mein Vorgänger zurückgelassen hatte, und das sich nun für die längere Entbehrung an meinem Leibe entschädigte. Ich empfand einen Ekel davor, aber ich konnte es nicht ändern. Als ich mich in meinem Gefängniß umsah, bemerkte ich in meiner Thür ein kleines ovales Fensterchen, durch welches fortwährend 2 Augen mich beobachteten. Sie gehörten der Schildwache an, welche den Befehl hatte, die Augen von mir nicht abzuwenden. Als der Abend heran kam, wurde der Posten vor meiner Thür verdoppelt, und auf dem Flur ein Licht angezündet, welches man grade vor mein Fensterchen stellte und dies war das einzige Licht, welches mir die Abende und Nächte während meiner siebenmonatlichen Gefangenschaft in Kijów erleuchtete. Den langen Abend hindurch gingen mir die verschiedensten Gedanken durch den Kopf, die aber alle auf meine Lage Bezug hatten, denn ich befand mich zum ersten Mal in den Händen der sogenannten Gerechtigkeit und noch dazu der russischen Gerechtigkeit, von der man weiß, wie sie, an politischen Gefangenen namentlich, ausgeübt wird. Schlaf kam mir natürlich nicht in' die Augen nachdem ich so gründlich ausgeschlafen hatte. Es mochte gegen 10 Uhr sein, als ich rasch einen Wagen vorfahren hörte, bald auch vernahm ich Schlüsselgerassel und das Knarren verrosteter Thürangeln. Ich schlich mich an die Thür um wo möglich etwas Näheres zu erlauschen da ich vermuthete, daß man wohl einen meiner Mitangeschuldigten gebracht. Ich hatte mich nicht getäuscht, denn bald darauf hörte ich, wie der Gefangenwärter den Soldaten zuflüsterte, daß wieder ein Pole angekommen. Gegen Mitternacht endlich schlief ich ein. Am folgenden Tage besuchte mich der Festungscommandant, General Pecherzewski, ebenfalls ein geborner Pole von über Mittelgröße. Er war eine Zeitlang nach der Capitulation vom 8. Septbr. 1831 Gouverneur von Warschau gewesen. Lewkowicz, ein Adjutant und der Gefangenwärter waren in seiner Begleitung. Er ließ mir die Schellen von den Händen nehmen wofür ich ihm sehr dankbar war, da mir dieses Gefühl der freien Bewegung meiner Arme die ganze Energie des Geistes wieder gab. Ich freute mich wie ein Kind. Kaum hatten sie mich verlassen, als Lewkowicz zurückkam und mich in ein anderes gegenüber liegendes geräumigeres und helleres Zimmer führte und befahl, daß man sofort mein früheres Local ausweißte, scheuerte, lüftete und frisch Heu ins Bett legte; unterdessen ließ er mich in seiner Gegenwart rasiren indem er mir nur den Schnurrbart ließ. Ich legte kein Gewicht auf meinen Bart, aber diese Operation kam mir entsetzlich erbärmlich vor, denn es war eine unnöthige Quälerei.

Am dritten Tage führte man mich wieder in mein erstes Zimmer. Ich hatte eine blaue Reisetasche gehabt, ich bat daß man mir dieselbe mit Heu gefüllt bringen möge, damit sie mir als Kopfkissen diente. Man willfahrte mir und brachte mir auf Verlangen auch ein reines Hemde, und so reinigte ich mich vom Ungeziefer. Alle Tage brachte man frische Gefangene, aber alle locirte man fern von mir auf dem andern Flur, während man mich mit anderen Verbrechern umgab.

Endlich hörten diese Zufuhren auf, es wurde stille in den weiten, öden Räumen und nur von Zeit zu Zeit hörte ich das Rasseln der Ketten und fernhin hallende Hammerschläge, mit denen man entweder Jemanden einschmiedete oder von seinen Ketten befreite. Jeder solche Laut war mir wie ein Stich durchs Herz, denn auf meinem Gewissen lastete die ganze Schuld dieses Elends. Indessen habe ich später zu meiner Beruhigung erfahren, daß man Niemanden meiner Mitschuldigen in Ketten gelegt. Allmählich gewöhnte ich mich an die Hausordnung, welche Tag für Tag dieselbe war. Alle Morgen zwischen 7 und 8 Uhr kam der Wärter, öffnete die Thür und brachte mir eine frische Semmel, ließ meine Stube reinigen und frisches, kaltes Wasser bringen — nie sprachen wir ein Wort mit einander; gegen 10 Uhr kam der Adjutant du jour schaute durch das Thürfensterchen und fragte nach meiner Gesundheit; gegen 1 brachte man mir das Mittagessen. Der Wärter öffnete dann die Thür, ein Diener stellte mir die Speisen auf den Tisch und beide entfernten sich. Das Essen war gut, gewöhnlich Fleischbrühe oder Barszcz, ein Stück Fleisch mit Gemüse und zuweilen Braten; alles war bereits geschnitten, denn ich erhielt nur einen Löffel, mit dem ich alles essen mußte; gewöhnlich genügte mir die Hälfte und der Rest der Semmel wanderte auf den Ofen. Nach Tische holte man das Geschirr. Um 6 Uhr Abends kamen dieselben Zwei wieder, mein Zimmer wurde gereinigt und wenn ich dann einmal hinaustreten wollte, so wurde ich 5 Soldaten anvertraut, nachdem vorher meine Taschen, Aermel und Mütze revidirt worden. Dieselbe Operation erfolgte, wenn ich zurückkam, worauf ich dann zur Nacht eingeschlossen wurde. Der Platzcommandant kam pflichtmäßig alle Wochen zweimal und auf alle seine stereotypen Fragen war meine stereotype Antwort: "gut, zufrieden, gesund."

Eines Tages um Mittag, etwa 8 Tage nach meiner Ankunft, als ich wie gewöhnlich in meine Gedanken vertieft auf meinem Lager ruhete, hörte ich plötzlich den Flur entlang sich nähernde schnelle Schritte und Säbelgerassel. Ich richtete mich auf, denn man öffnete meine Thür, machte sie auf, so weit sie sich in den Angeln drehen wollte und ein ziemlich hoher, schön gewachsener Mann mit kurzen grauen Haaren, rundem Gesicht, stechenden Augen, mit Generalsepaulets auf den Schultern und fehlendem linken Arme trat herein, gefolgt von Pęcherzewski und einigen anderen höheren und niederen Officieren, welche indessen alle in der Thür stehen blieben. Ich hatte Bibikow nie gesehen, allein nach der Beschreibung, die man mir von ihm gemacht hatte, mußte er es sein. Bei dem Anblicke einer so hochgestellten Figur stand ich so schnell als möglich auf. Der Unbekannte nahm beim Eintritt sofort den Hut ab und sagte freundlich und französisch zu mir: — "ohne Zweifel wissen sie, wer ich bin?" "Ich vermuthe, daß ich Sr. Excellenz den Generalgubernator Bibikow zu sehen die Ehre habe" "So ist es" entgegnete er, setzte sich auf meinen Schemmel am Bette und nöthigte mich ebenfalls zum Sitzen, dann winkte er seiner Begleitung, die sich sofort noch weiter zurückzog und die Thür halb herandrückte. "Sie heißen Piotrowski?" "Ja Excellenz" "Sie stammen aus der Ukraina, Gubernium Kijów?" "aufzuwarten." "Sie haben am Aufstande 1830 Theil genommen?" "Ja wohl!" "Sie gingen dann als Emigrant nach Franckreich?" "So ist es!" "Sie kamen nach Kamieniec unter dem angenommenen Namen Ca-"tharro?" "Ew. Excellenz wissen, daß ich unter meinem Namen "nicht hätte kommen können." "Wie sind sie zu dem englischen "Paß gekommen?" "Ich habe denselben auf der Straße gefunden "und auf Grund desselben einen neuen erhalten." "Gleich nach der "Revolution und auch später hat der Kaiser allen Polen Amnestie "verliehen, warum haben sie diese Gnade nicht angenommen?" "Die Amnestie dehnte sich nur auf diejenigen aus, welche aus Con-"grespolen stammten und ob später eine weitere erlassen worden, "davon habe ich nichts erfahren?" — "Warum haben sie sich nicht "darum bemüht, da sie doch wissen konnten, daß der Kaiser Nie-"manden seine Gnade versagt und daß viele Emigranten begnadigt "worden sind." "Ich weiß, daß allerdings einige wie z. b. Adam "Gurowski Amnestie erhielten, aber ich weiß auch, daß die russische "Gesandtschaft in Paris eben nicht viel Lust zu einem solchen Schritte "machte. Außerdem Excellenz, muß man, wenn man sich um Gnade be-"werben will das Gefühl der Verschuldung haben und, ehrlich gestanden, "hatte ich das nie, konnte mich also zu einem Schritt nicht entschließen, "den mein Gewissen hätte verdammen müssen." — "Was haben sie "in Ungarn zu thun gehabt?" "Gar nichts, die Vorsicht rieth mir "nur diesen Weg einzuschlagen." — "Nein, Nein, das ist nicht richtig, "sie müssen da allerlei Bekannte oder irgend welche Zwecke gehabt "haben." "Ich versichere Ew. Excellenz, daß ich weder das Eine,

„noch das Andere hatte." „Während sie in Frankreich und auf der
„Reise waren, trugen sie einen langen Bart. Sehen sie, wie genau
„ich Alles weiß, was ihre Person betrifft." „Ich gestehe, daß ich
„darüber erstaune, indessen bemerke ich, daß ich erst in Kamieniec
„einen Theil meines Bartes abgenommen habe, während der Rest
„hier erst verschwunden ist." „Wo haben sie sich in Frankreich
„aufgehalten?" Hier nannte ich die bereits erwähnten Orte. „Zu
„welcher Partei haben sie in der Emigration gehört?" „Ausschließ=
„lich zu keiner." — „Ich weiß, daß sie zur demokratischen Gesell=
„schaft gehört haben?" „Das hat insofern seine Richtigkeit, als
„ich, wenn in dem Orte meines Aufenthalts diese Partei vertreten
„war, mich derselben anschloß." „Sie stehen aber auf der Liste
„dieser Gesellschaft." — „Das leugne ich nicht, aber sie finden
„mich ebenfalls auf der Liste der Union." „Das beweist gar
„nichts, sondern zeigt nur, daß da, wo Parteien sind, Verwirrung
„herrscht. Sie leugnen vergeblich, sie sind ein Emissair der demo=
„kratischen Gesellschaft." „Verzeihen sie, Excellenz, das hieße kein
„eigenes Urtheil haben, und ich war lange der Ueberzeugung, daß
„alle Sectirerei unter den Polen nur zu ihrem Schaden existirt und
„Ew Excellenz werden mich nicht in Verdacht haben, daß ich mei=
„nem Vaterlande absichtlich hätte Schaden zufügen wollen." „Nein,
„das gewiß nicht, aber in welchem Zwecke, in welcher Absicht sind
„sie denn hierhergekommen?" — „Nur um vaterländische Luft zu
„athmen, hier zu leben und zu sterben." „Glaubten sie denn hier
„unentdeckt zu bleiben und wußten sie nicht, was dann ihrer harrte."
„Ich bemühte mich so zu leben, daß ich unerkannt bliebe, was um
„so leichter war, als ich frei von allen politischen Absichten blieb
„und endlich zog ich selbst die mir drohende Gefahr jener unab=
„läßigen fieberhaften Sehnsucht vor. Ich wußte sehr gut, was mir
„im Falle der Entlarvung bevorstand, aber glauben sie mir, Ex=
„cellenz, daß ich den Tod dem Leben ohne Vaterland vorziehe."
„Sie hatten gar keine politischen Zwecke?" „Ich hatte keine, weil
„ich keine haben konnte. Hätte ich einen Namen von gutem alten
„Klange, hätte ich unter meinen Landsleuten irgend welche Bedeu=
„tung gehabt, oder wäre ich ein Mann von hervorragenden Eigen=
„schaften und vor allem, hätte der Zustand Polens, in welchem es

„sich heute befindet, nicht die größte Ohnmacht dokumentirt, dann
„hätte ich vielleicht mit Hoffnung auf einigen Erfolg mein Leben
„politischer Agitation hingeben können, ja es wäre sogar meine
„Pflicht gewesen; allein bei der Lage der Dinge, wie sie heute stehen,
„wäre jeder Gedanke daran mehr verderblich als nützlich und jede
„Bemühung zum Zwecke, in Polen einen Aufstand zu Stande zu
„bringen, wäre Wahnsinn gewesen." — „Ja das klingt Alles ganz
„gut, aber wir lassen uns durch schöne Worte nicht täuschen und
„wir wissen besser, was euch aus Frankreich hierher treibt und ich
„rathe ihnen, aufrichtig die ganze Wahrheit zu sagen, da ihnen
„dieses allein die Verzeihung und Gnade des Kaisers vermitteln
„kann." — „Ich sehe ein, daß meine Lage von der Art ist, daß
„Alles, was ich auch sagen möge, Ew. Excellenz verdächtig er-
„scheinen muß, indessen glaube ich nicht, daß Ew. Excellenz nach
„dem, was ich bisher unumwunden gesagt habe, zugeben könnten,
„daß ich jemanden täuschen wollte, am allerwenigsten aber eine so
„hochgestellte Person, wie Ew. Excellenz, in deren Händen mein
„Schicksal liegt." „Sie sprechen recht gut französisch. Aber, à
„propos haben sie Konarski gekannt?" „Nein." „Aber sie
„wissen was mit ihm geschehen ist?" „Vollständig." „Nun, ich
„sage ihnen, daß sie sich in ganz ähnlicher Lage befinden, und sie
„können dieselbe nur dadurch ändern, wenn sie sich freiwillig zur
„Schuld bekennen. Ich will ihre Gefühle weder wissen noch be-
„urtheilen und nur solche Dinge erfahren, die zur Sache gehören.
„Wen haben sie in Kamieniec und Umgegend gekannt?" — „Da
„ich auf Grund meines Passes die Erlaubniß hatte in Kamie-
„niec und im ganzen Gubernium mich aufzuhalten, so hätte ich
„ohne Verdacht herumreisen können, allein da ich keine politischen
„Zwecke verfolgte und nur ruhig auf polnischem Grund und Boden
„leben wollte, so blieb ich die ganze Zeit in Kamieniec, wo ich
„sehr viele Personen kannte und von ihnen gekannt war." — „Sie
„thun, als ob sie mich nicht verständen, von welchen Bekanntschaf-
„ten ich spreche, aber seien sie überzeugt, daß nicht alle so sind,
„wie sie, ich muß und werde alles wissen, was ich nur werde
„wissen wollen; vorläufig will ich mich nur überzeugen, in wie
„weit sie gegen mich ehrlich und offen sind und ich rathe ihnen

„nochmals, das ganz zu sein, denn ich wiederhole ihnen, daß ihre
„Lage sehr bedenklich ist." — „Ich verstehe Ew Ercellenz vollkommen
„und weiß, wohin ihre Fragen zielen, allein eben deßhalb kann ich
„nicht anders antworten und nur dasselbe wiederholen, indem ich
„Ew. Ercellenz bitte, zu glauben, daß, da ich keine politischen Zwecke
„hatte, ich keine Bekanntschaften der Art gemacht habe, wie Ew. Er-
„cellenz zu vermuthen scheinen und wenn diejenigen, an welche
„Ew. Ercellenz sich dieserhalb wenden wollen, gewissenhaft sein
„werden, so können sie nichts anderes aussagen; freilich Furcht vor
„Gewaltmaßregeln kann zu Geständnissen treiben, aber, Ercellenz,
„können solche Geständnisse Beweiskraft haben? Ich wiederhole,
„daß ich in politischen Absichten keine Bekanntschaften weder in
„Kamieniec noch außerhalb hatte. Ich war französicher Sprach-
„lehrer und hatte natürlich nur die Beziehungen eines solchen. Ew.
„Ercellenz waren so gütig, mich auf das Precaire meiner Lage
„aufmerksam zu machen, ich bin ihnen dafür sehr dankbar, aber ich
„bin so frei, sie zu versichern, daß ich keinen Augenblick darüber in
„Ungewißheit war, nur zu sehr fühle ich das leider und habe nur
„auf Gott Vertrauen, obwohl ich Ew. Ercellenz keineswegs da-
„durch zu nahe treten will, als ob ich zugeben möchte, daß sie
„ungerecht gegen mich sein könnten. Wenn aber meine Bitten bei
„Ew. Ercellenz irgend etwas auf Berücksichtigung rechnen können,
„so würde ich Ew. Ercellenz bitten, gegen diejenigen rücksichtsvoll
„und gnädig zu sein, die durch meine Schuld in dieses Unglück
„gerathen sind, denn ich versichere, daß sie vollständig unschuldig
„sind." Bibikow, der bisher immer Frage auf Frage gestellt
hatte, sah mich jetzt eine Zeitlang schweigend an. Endlich sagte er:
„Ich begreife nicht, warum Russen und Polen in fortwährender
„Zwietracht und Feindschaft leben und sich hassen sollen; wir alle
„sind Slaven, durch Abstammung. Sprache und Charakter nahe
„mit einander verwandt; wir sollten also zu einander halten und
„in Eintracht leben; wer anders denkt, der versteht das Interesse
„dieser beiden Nationen nicht, die nur eine Nation bilden und unter
„einem Scepter leben sollten." — „Auch ich bin der Ansicht Ew.
„Ercellenz, daß diese beide Nationen sich lieben und in Eintracht
„nebeneinander leben sollten und daß dies im beiderseitigen Interesse

„liege; aber Ew. Excellenz, wer ist Schuld daran, daß statt dessen „fortwährender Haß im Kriege auf Leben und Tod herrschen? Wir „Polen haben gegen die Russen als solche keinen Haß, aber kann „eine Regierung, welche sie zu Werkzeugen unseres Elendes macht, „unser Herz gewinnen? Kann Liebe und Eintracht zwischen Un= „terdrückten und Unterdrückern herrschen? Ew Excellenz kennen „die ehemalige Größe und den Ruhm Polens, so wie die Gesetze, „unter denen es lebte — und heute, Excellenz, blicken sie hin auf „unser Schicksal! Können wir vergessen, daß wir einst groß, frei „und unabhängig waren?" Ich schwieg und Bibikow sagte nach einer Weile: „Ich gebe zu, daß die Polen einige Hoffnung und „Ansprüche für das eigentliche Polen da um Warschau herum „haben können; aber welches Recht haben sie an diese russischen „Provinzen, welche die Wiege Rußlands waren und die Rußland „nur wieder rebintegrirt worden und rechtlich immer zu ihm ge= „hörten?" „Allerdings haben sie einst zu Rußland gehört und zwar „vor 500 Jahren." Auf diese Antwort zog Bibikow die Lippen heftig zusammen und sagte: „Wissen sie, ich habe keine Zeit, lange „mit ihnen zu plaudern, aber ich möchte ihnen nützlich sein, soweit „das in meiner Macht steht und darum gebe ich ihnen das einzige „Mittel der Rettung an: ich wiederhole, ihre Lage ist sehr bedenk= „lich, erwägen sie das wohl. Unsere Gesetze sind in dieser Beziehung „sehr streng; dennoch, obwohl ihr Geschick so traurig ist, daß sie „eigentlich nichts retten kann, so können sie doch noch Hoffnung „haben, ja ihm gänzlich entgehen, aber da gilt es die Erfüllung „einer Bedingung, d. h. sie müssen offen sein und freiwillig beken= „nen; ich verspreche ihnen dann zwar nicht sofortige Freilassung, „denn ich würde lügen, da dies mit unseren Gesetzen nicht verein= „bar, und ich nicht zu versprechen pflege, wo ich nicht halten kann, „aber ich kann bei meinem Kaiser bewirken, und darüber kann ich „sie vergewissern, daß sie auf Avancement zur kaukasischen Armee „gehen. Etwas anderes kann ich ihnen weder versprechen noch „erwirken. Alle Slaven und besonders die Polen sind muthig, „kühn und energisch, sie sind noch jung genug, haben Fähigkeiten „und können binnen Kurzem Officier werden, und was sie dann „später beginnen wollen, das wird nur von ihnen abhängen." Bi=

bikow sprach das laut und deutlich), er täuschte mich nicht mit Hoffnungen, ich konnte dem glauben, was er sagte, ich war überzeugt, daß er mir sein Wort gehalten haben würde. Dann fuhr er fort: „Uebrigens verlange ich von ihnen keine Geheimnisse zu „wissen, nur die Namen derjenigen Personen, welche sie kennen ge= „lernt haben, nichts weiter, nur die Namen, ich brauche nicht zu „wissen, was sie mit ihnen gesprochen haben eben so wenig wie „ich verlange, daß sie das sofort thun. Sie sind gegenwärtig noch „theils abgemattet, theils unter dem herrschenden Einflusse trauriger „Eindrücke, sie werden mir das sagen, wenn sie sich erst gesammelt „haben und zu Kräften gekommen sein werden." Gegen das Ende dieser Unterhaltung wurde Bibikow's Benehmen immer freundlicher, der Ton der Stimme sanfter und ein Lächeln war um seinen Mund. Ich antwortete ihm kurz: „Ich bin Ew. Excellenz für den theil= „nehmenden Rath und das Wohlwollen mich in meiner traurigen „Lage aufzurichten sehr dankbar und ich werde mich bemühen, für „so viele Güte auf eine würdige den edlen Gefühlen Ew. Excellenz „und den meinigen für Ew. Excellenz gebührende Weise zu ent= „sprechen." Weiter fragte Bibikow: „Haben sie Rybczyński gekannt?" „Nein." „Er saß hier in demselben Gefängnisse und ist vor einigen „Monaten erst nach dem Kaukas gereist; er saß hier sehr lange." — Endlich stand er auf, indem er sagte: „Sie werden mir ihre Bio= „graphie schriftlich aufsetzen. Ich lasse ihnen Zeit zum Nachdenken, „überlegen sie alles wohl. Ich habe ihnen die Mittel und Bedin= „gungen ihrer Rettung angegeben, von ihnen wird es abhängen, „sie zu benutzen; was ich versprochen habe, das werde ich halten, „darauf können sie sich verlassen. Sollten sie mir etwas Neues zu „sagen haben, dann lassen sie mich das durch den Adjutant du jour „wissen und ich werde sofort kommen." Er machte eine leichte Kopfverbeugung und indem er hinausging, sagte er laut in der Thüre stehend und auf mich zeigend: „Die Ketten abnehmen!" Pecherzewski machte Front, so gut seine Corpulenz das ge= stattete und: „zu Befehl, Ew. Excellenz!" —

Nachdem Bibikow mich verlassen hatte, ging ich mit kaltem Blute noch einmal die ganze Unterhaltung durch, die wir gehabt hatten. Auf der einen Seite hatte er mich in den Abgrund blicken lassen, vor dem ich stand, hatte auf das Schaffot als den Schluß meiner Laufbahn hingewiesen: auf der anderen Seite hatte er mir eine Planke über den Abgrund gelegt und jenseit mich Freiheit und Soldatenleben am Kaukasus bis zum baldigen Officierrang sehen lassen — aber die Planke, welche ich betreten sollte, hätte kein Grieche betreten können, ohne vorher auf dem Altare der Scham geopfert zu haben. — Ich schwankte nicht lange, denn auf mein Leben legte ich nur Werth, wenn ich es ehrenhaft im Dienste meines unglücklichen Vaterlandes verleben konnte, durfte ich das nicht, dann war mir der Tod willkommen. Meine Wahl stand fest, wenngleich nicht ohne inneren Kampf, denn die Creatur im Menschen macht ihre Rechte geltend; aber die selige heitere Ruhe, die nach meiner Entscheidung in meine Seele kam, war mir ein Wahrzeichen, daß Gott und mein Vaterland mir zustimmten, und hätte man mir, hätte Nicolaus selbst mir persönlich gesagt: „wähle, — hier hast du unter der und der Bedingung meine Gnade, dort den Galgen" — ich hätte um den Galgen als Gnade gebeten. Wer das Vermessenheit oder Hochmuth nennet, der hat keine Vorstellung von der Heiligkeit unbefleckter Würde.

Bald darauf kam Lewkowicz mit dem Schmied und einigen Soldaten. Die Ketten wurden mir abgenommen, Stiefeln und Strümpfe ausgezogen und alles genau untersucht. Ich freute mich der Freiheit meiner Glieder und war Bibikow von Herzen dankbar. Am folgenden Tage ließ ich mir Papier geben, um die verlangten Bekenntnisse aufzuschreiben. Alles, wodurch Niemand compromittirt werden konnte, schrieb ich ganz der Wahrheit gemäß In Beziehung auf meine Stellung zur Emigration in Frankreich sagte ich, daß ich hoch und theuer versichere zu keiner Partei fest gehört zu haben, weil ich mich überzeugt hätte, daß die in ihnen angenommenen Grundsätze unhaltbar und unbrauchbar wären, denn seit lange hätte bei mir der Glaube fest gestanden, daß die Schmerzensrufe so unzähliger Märtyrer, daß so viele Thränen und im heiligen Kampfe vergossenes Blut, so viele unschuldig hingemordeten Opfer einst mit ihren Gebeten zum Throne Gottes gelangen müßten, daß Gott sich über den namenlosen Jammer Polens erbarmen, und Polen wiederherstellen werde. Das ist mein

Glauben, dies meine politische Ueberzeugung, Excellenz, und mit
diesem Glauben konnte mich keine politische Partei gebrauchen, denn
sie rechnete auf sich und Menschenhülfe. Was die politischen Zwecke
anbetraf, wegen welcher ich angeblich hierher gekommen sein sollte,
so schrieb ich ungefähr folgendes: daß ich mich dazu in keiner Weise
bekenne auf der anderen Seite aber ehrlich und offen erkläre, daß
für alle meine Handlungen das Vaterland immer das primum agens
gewesen sei, und daß ich jeder Zeit, so bald sich mir eine Gelegenheit dargeboten haben würde, demselben behülflich zu sein, es
für meine heiligste Pflicht stets gehalten haben würde, demselben
Alles zum Opfer zu bringen; daß indessen die gegenwärtige Lage
Polens in jeder Beziehung so beschaffen sei, daß es Wahnsinn gewesen wäre, wenn ich als einfacher Privatmann, ohne Bedeutung,
ohne Einfluß, ohne Verdienste, ohne Bekanntschaft, ja ohne alle Mittel
den Kampf mit dem Kaiser hätte aufnehmen wollen, zumal ich
ganz klar eingesehen hätte, daß unter solchen Bedingungen das Unglück nur hätte größer werden müssen. Wenn mir daher Sr. Excellenz nur ein wenig Umsicht und Ueberlegungskraft zutrauen wollten, so könnten sie mir keine unmittelbar politischen Absichten für
meine Hierherkunft zuschreiben. Aus demselben Grunde — führte ich
weiter aus — könne auch auf meine Mitangeschuldigten kein derartiger
Verdacht fallen besonders da mich nur einige von ihnen als Polen
gekannt hätten wie z. B. Nitowski und Leszczyński; Bielinski's hätten dies nur zufällig erfahren, Konradzki aber mich
nur als Franzose kennen gelernt und da er französisch nicht verstehe, so hätten wir natürlich nicht mit einander verkehren können,
weiter aber wäre ich mit Niemanden in näherer Berührung gekommen;
wenn daher irgend Jemanden eine Schuld treffe, so könne ich das
nur ganz allein und zwar nur aus Ungeschick, nicht aber aus Absicht
sein. Schließlich wandte ich mich an seinen Edelsinn, indem ich
sagte, daß der Charakter jeglicher Obrigkeit die Gerechtigkeit sein
müsse, daß kein Glück dauernd, daß wer heute hoch stehe, morgen
fallen könne, daß Gottes Gerechtigkeit immer wach sei und das Unrecht
früher oder später strafe. — In tiefster Ehrfurcht und Hochachtung

Rufin Piotrowski.

In diesem langen Briefe, den ich zu kopiren keinen zweiten Bogen hatte, mithin originaliter abschicken mußte, hatte ich mich bemüht, alle Formen ausgesuchter Höflichkeit zu beobachten und meine Hochachtung gegen einen so hochgestellten Beamten auszudrücken; dennoch war Bibikow damit keineswegs zufrieden — wie ich später erfuhr — gerieth vielmehr in Zorn darüber, zerknitterte ihn und nannte alle Polen Rebellen und eine Brut, die man ausrotten müsse.

Jedesmal wenn ich mein Gefängniß auf Augenblicke verließ, fand ich bei meiner Rückkehr, daß man mein Lager gründlich revidirt hatte, gleicherweise untersuchte mein Gefangenwärter täglich die Wände meines Zimmers, um zu sehen, ob sie nicht vielleicht beschrieben wären. Dies brachte mich auf die Vermuthung, daß man möglicherweise auch meinen Brodtvorrath entdeckt und confiscirt haben könnte und ich benützte die erste Gelegenheit, um mich davon zu überzeugen. Ich hatte mich nicht geirrt, ich fand nichts und als ich danach fragte, sagte mir mein Wärter, daß er Alles habe und brachte es auch, um es mir zu zeigen. Er mußte den Grund, weshalb ich so vorsichtig gewesen, errathen haben, denn er sagte mir lächelnd: „seien sie nur ohne Sorgen! der Zar führt Stock und „Kantschu verschwenderisch, aber er giebt auch eben so zu essen."

Mehr als eine Woche war bereits seit Bibikows Visite verflossen und obwohl ich ihm nichts Neues mitzutheilen hatte, so hielt ich es doch für angemessen von seinem Versprechen, daß er auf mein Verlangen mich besuchen würde, Gebrauch zu machen, theils um ihn durch Nichtachtung nicht zu beleidigen, theils um zu sehen, welchen Eindruck mein Schreiben auf ihn gemacht habe. Einige Stunden nach meiner Aufforderung erschien er. Die Höflichkeitsceremonieen waren dieselben, wie das erste Mal; allein aus seiner ganzen Haltung merkte ich, daß er anders gegen mich gestimmt war. Nachdem er mich nach den gewöhnlichen Dingen gefragt und ich ihm befriedigende Antworten gegeben hatte, sagte er endlich mit sehr freundlichem Tone: „Und was haben sie mir „Neues zu sagen?" „Excellenz," entgegnete ich, „alles, was ich „zu sagen hatte, habe ich schriftlich Ew. Excellenz vorgetragen und

„ich habe diese Erlaubniß Ew. Excellenz zu sehen nur deshalb zu „benutzen mir erlaubt, um ihnen dies mündlich zu wiederholen.

Diese Antwort gefiel ihm nicht, er stand schnell auf, machte einen Schritt gegen die Thür, wandte sich dann um und sagte mir zwar in den Formen aller Höflichkeit, aber ganz entschieden, und nicht ohne einige innere Bewegung. „Sie wollen nicht begreifen, in „welcher Lage sie sich befinden, ich rathe ihnen ernstlich, recht reiflich „darüber nachzudenken, denn ich sage ihnen, daß ohne eine ganz „besondere kaiserliche Gnade sie dem Tode nicht entgehen können. „Ich will mich nicht weiter darüber auslassen, kurz und bündig „und zum letzten Male sage ich ihnen, daß, wenn sie Alles und „zwar freiwillig" — dabei legte er die Hand auf's Herz — „be=„kennen, ich ihnen mein Ehrenwort gebe, so wahr ich Bibikow „bin, ich wiederhole, so wahr ich Bibikow bin, es beim Kaiser „zu bewirken, daß sie nach dem Kaukas geschickt werden. Sie „können verfahren, wie es ihnen beliebt, ich wiederhole, so wahr „ich Bibikow, werde ich mein gegebenes Wort lösen." — „Ich bin „Ew. Excellenz außerordentlich dankbar, sowohl für ihren freund=„lichen Rath, als ihr unverdientes Wohlwollen, allein ich gestehe, „daß ich zum Soldaten nicht tauge und einen completten Wider=„willen gegen den Soldatenstand habe. — „Sie wissen, was Konar=„ski betroffen hat." — „Ja wohl." — „Nun dasselbe wird und muß „auch ihr Loos sein und das Geringste, was sie treffen kann, ist „lebenslängliche Strafarbeit in den Sibirischen Minen." — „So mag „Gottes Wille geschehen." — „Ich gebe ihnen mein Ehrenwort „darauf!" — „Ich zweifle keinen Augenblick daran, daß Ew. Excel=„lenz ihr Wort zu halten pflegen." — Er wandte sich augenscheinlich erzürnt um, verließ mich und nie habe ich ihn wieder gesehen.

XII.

Die Untersuchungskommission. Einige meiner Collegen. Einrichtung der geheimen Polizei in Rußland.

So waren also Tod oder Sibiriens Minen auf Lebenszeit meine Zukunft und obwohl ich darauf vorbereitet war und Ent=

scheidung herbeigewünscht hatte, so gestehe ich doch, daß mich dieselbe keineswegs in einen bessern Seelen- oder Körperzustand versetzte. Die fortwährende moralische Gewalt, die ich mir anthun mußte, die Folgen meines Kopfschmerzes und meiner zerschlagenen Brust, der Mangel an Bewegung und freier Luft, alles dies zusammengenommen schwächte mich dermaßen ab, daß man mir von selbst einen Arzt schickte, der mir Medicin verschrieb, welche mir regelmäßig durch meinen Wärter verabreicht wurde.

Es mochte gegen Ende Januars sein, als eines Abends um 10 Uhr der Adjutant zu mir hereintrat und mir befahl, mich anzuziehen. Ich wußte nicht, zu welchem Zwecke das geschehen sollte, fiel auf allerlei Vermuthungen und fragte endlich den Adjutanten, wohin er mich führen wollte? „Das werden sie sehen," war die kurze Antwort, „nur machen sie schnell!" Als ich angezogen war, befahl man mir den Mantel ebenfalls umzunehmen. Wir gingen, und ich nahm Abschied von meinem Zimmer und meiner Reisetasche, der einzigen Freundin, die mir seit Paris treu geblieben war. Zwei unbewaffnete Soldaten nahmen mich unter die Arme und führten mich, zwei bewaffnete gingen vor mir, zwei eben solche, ein Unterofficier und der Adjutant neben mir. Wir traten ins Freie, die Luft that mir wohl. Wir gingen ein ziemlich Stück Weges und gelangten endlich zu einem geräumigen, erleuchteten Hause, in das wir eintraten, um auf weitere Ordre zu warten.

Etwa nach einer Viertelstunde führte man mich in einen großen Saal, wo um einen großen grün ausgeschlagenen Tisch, auf welchem 4 Lichter brannten, einige Officiere verschiedenen Ranges in Parade-Uniform und zwei Civilisten saßen. Einer der Civilisten, der oben an saß und zu praesidiren schien, rauchte ganz gemüthlich seine Cigarre. Ich sah mich nach einem leeren Stuhle um, um möglicherweise meinem Vorsatz gemäß eine Waffe zur Hand zu haben, allein als ich Policzkowski erblickte, fürchtete ich nicht mehr, daß es zu diesem Aeußersten kommen würde. Die vier bewaffneten Soldaten mit dem Unterofficier blieben an der Thüre stehen. Kaum hatte ich meine Verbeugung gemacht, als der Praesidirende mich freundlich einlud, auf dem Stuhle neben ihm Platz zu nehmen. Da ich erklärte, daß ich russisch nicht verstehe, so sprach er fortwährend französisch mit mir.

Nach den gewöhnlichen einleitenden Fragen und Antworten fragte er: „wie sind sie zu ihrem englischen Paß gekommen?" Ich erwiederte darauf dasselbe, was ich immer gesagt hatte und alle in dieser Beziehung an mich gestellten Fragen beantwortete ich so, daß er damit zufrieden schien. Dann kamen fast wörtlich dieselben Fragen, welche Bibikow an mich gerichtet hatte, nur mehr detaillirt worauf im Ganzen genau die früheren Antworten erfolgten. „Ihre „Lage ist sehr beklagenswerth" sagte er endlich mit einem Ton der Stimme, welcher Mitleid verrieth, „sehr ähnlich derjenigen Konars= „ki's, obwohl seine Verschwörung viel weiter reichte." Der Nach= bar von der andern Seite, ebenfalls in Civil, wie ich nachher erfuhr Butowicz, Adelsmarschall des Kijowschen oder Wa= silkowschen Kreises, fragte mich dann, zu welchen Piotrowski's ich gehöre, worauf ich ihm die Einzelnheiten meiner Familie und Abstammung mittheilte. Nach dieser Intercalation ergriff der Prae= sidirende wieder das Wort und indem er mir im Originale den Brief zeigte, den ich an Bibikow geschrieben und den dieser eigentlich der Commission nicht hätte geben dürfen, sagte er: „sie „haben in diesem Schreiben an Sr. Excellenz sich nicht so klar aus= „gelassen, wie er es wünschte, es ist dies mehr une pièce „d'éloquence, als eine einfache Beweisführung, ich ersuche sie daher „nochmals, ausführlicher alle jene Fragen schriftlich zu beantworten, „aber kurz, deutlich, offen und vollständig, und den versiegelten „Brief zu meinen Händen zu schicken." — „An wen soll ich die Ehre „haben zu adressiren?" — „An den Praesidenten der Kommission." — „Darf ich den Namen wissen?" — „Ich heiße Pisarew!" Schließ= lich fragte er noch: ob ich es in meinem Gefängnisse gut hätte, ob man mir ordentlich und reichlich zu essen gäbe und ob es mir be= ziehungsweise an nichts fehle? „Ich bin mit allem zufrieden, doch „würde ich Ew. Excellenz bitten, wenn es erlaubt ist, daß man „mir Thee verabreiche." Wie! „Sie bekommen keinen Thee? „Heda! Adjutant!" brüllte er hinaus. — „Zu Befehl", Excellenz!" entgegnete der herbeispringende Adjutant: „Diesem Herrn immer

„Thee geben, so oft er welchen verlangen wird." — „Zu Befehl, „Ew. Excellenz!"

Nach zwei Stunden Verhör wurde ich wieder in mein Gefängniß zurückgeführt und ich dankte Gott dafür, daß man mich wenigstens anständig behandelt hatte. Ich hatte über Pisarew Mancherlei gehört, namentlich, daß er sich etwaige Rücksichten gegen Gefangene sehr gut bezahlen ließe, doch nach dem zu urtheilen, wie er mit mir umgegangen war, konnte ich kaum glauben, daß das derselbe Mensch sei. Er ist klein von Wuchs, stämmig, lebhaft, sein Gesicht rund, die Augen dunkel, sein Blick durchdringend, der Kopf groß und mit dichten dunklen Locken bedeckt, er spricht fließend, gut französisch, ist in seinen Fragestellungen geschickt und man sieht darin große Uebung. Am folgenden Tage schrieb ich sofort die verlangte Beweisführung. Ich sagte nicht mehr und nicht weniger, als ich Bibikow mitgetheilt hatte, doch ganz trocken, aber in allen Formen der Höflichkeit.

In den nächsten Tagen nahm man in meinem Zimmer eine Reform vor, deren Ursache ich mir nie habe erklären können, man machte mir nämlich anstatt meines bisherigen Bettes einen förmlichen Kasten aus ganz frischem Holze, so schwer, daß ich ihn nicht zu verrücken im Stande war und so glatt gehobelt, daß nirgends die geringste Unebenheit war, in diesen Kasten packte man frisches Langstroh, alles übrige verbat ich mir. Ich bot meinen ganzen Scharfsinn auf, um daraus klug zu werden, aber vergebens. Möglich indessen, daß man befürchtete, ich möchte Feuer unter mein Bett bringen, um mich zu verbrennen, wie der unglückliche Lewitou im Warschauer Gefängnisse gethan hatte, da er die an ihm verübten Torturen der drei Warschauer Inquisitoren Staroženko, Leicht und Golicyn nicht mehr zu ertragen vermochte.

Nichts war mir so peinlich während meiner ganzen Gefangenschaft, als die Augen der Schildwach, die durch das kleine Fensterchen fortwährend auf mich gerichtet waren und jede meiner Bewegungen unablässig verfolgten, denn in ihrer Unbeweglichkeit nahmen sie für mich den Charakter von Stiletten an, die in meinem Inneren wühlten. Mir riß zuweilen die Geduld und da konnte ich mir nicht anders helfen, als meine Augen von der inneren Seite scharf auf jene zu richten, wobei ich immer die Genugthuung hatte, daß jene sich wegwendeten und als ich die Wirksamkeit dieses Mittels kennen gelernt hatte, wandte ich es ziemlich oft und nie ohne Erfolg an. Außer dem Wärter mit seinem Diener, und dem Adjutant du jour, welche täglich zu mir kamen, erschienen auch zuweilen noch die Dienst habende Officiere, deren viere waren; zweimal in der Woche kam Lewkowicz und zweimal monatlich Pecherzewski. Alle waren gleichmäßig freundlich und höflich in ihrem Benehmen gegen mich. Zweimal monatlich wurde mein Fußboden gescheuert und das Zimmer gelüftet. Nirgends herrscht größere Ordnung und Pünktlichkeit im Dienste als in Rußland, selbst in den Gefängnissen. Ich war später in preußischen und östreichischen Gefängnissen, aber welch ein Unterschied zwischen diesen und den russischen in Beziehung auf Ordnung, Reinlichkeit und Behandlung des Gefangenen! Im Vergleich mit Rußland kann man Preußen und Oestreicher in dieser Beziehung Barbaren nennen..

Der Gefangene zu ewigem Schweigen verurtheilt, fühlt zuweilen einen unwiderstehlichen Drang sich zu äussern, ich versuchte also manchmal mit den Schildwachen zu sprechen, wenn mir ihre Miene gefiel und wenn ich den Schlüsselmeister entfernt wußte; allein in den ersten drei Monaten waren meine Bemühungen vergebens, eine Antwort zu erhalten, später indessen gelang es mir dennoch allerlei Neuigkeiten entweder von ihnen direct, oder durch die Gespräche, welche sie mit einander führten, zu erfahren. Auf diese Weise hörte ich eines Abends den einen Soldaten zum andern sagen: „Unser Zar dünkt sich allmächtig und unüberwindlich, „doch vergißt er, daß Gott über Alles waltet und schaltet und daß „er auch mit ihm machen kann, was ihm beliebt. Der Zar rechnet „auf seine Soldaten, aber was für ein Glück ist es denn ihm zu „dienen? Mit Leib und Seele hat er uns genommen und mit „Stockhieben belohnt er uns; elender als Hunde werden wir gehalten; Polen hat er an sich gerissen, aber er will noch mehr „Land und alles auf Kosten unseres Bluts. — Und was haben wir „davon?" — „Im ersten besten Kriege stecke ich mein Bajonet in die „Erde und geh zum Feinde über, hol den Zaren der Teufel." — „Hast

„Recht, Bruder, sagte der Andere, bei unserem Zar ist nichts zu
„machen." — Und das waren Stockrussen.

Das Gefängniß hat man oft mit einem Grabe verglichen,
in das man lebendig geworfen. Man ist darin zu weit gegangen,
aber in einem Punkte sind sie sich gleich, ich meine, daß sie
beide den Menschen auf dasselbe Niveau stellen, denn im Gefängniß
wie im Grabe gilt nur der Mensch, hier hören Titel, Ansehen,
Reichthum, Connexionen etc. auf, die baare Seele bleibt übrig und
eine sucht die andere, ganz gleichgültig in welchem Kittel sie steckt,
der Körper mit allem, was daran hängt und hing, erscheint uns
als ein Staubmantel, den wir früher oder später ablegen müssen;
hier fühlt man sich eben nur als Mensch gleich jedem andern,
jede Täuschung hört auf und wenn wir in der Oberwelt in unserem Umgang wählerisch waren, lebendig in's Grab geworfen, wagen
wir es nicht mehr, Jemanden von denen zu verachten, die in dieser
Beziehung uns gleich geworden, unsere Verachtung trifft nur die
Lebenden, die sich gegenseitig durch Aeußerlichkeiten betrügen und
täuschen. Ich erinnere mich der Innigkeit, mit welcher einer meiner
Collegen und mein Gefangenwärter verkehrten. Dieser war bereits
in hohen Jahren, ein einfacher Landmann aus Volhynien. Er
war einst verheirathet gewesen und hatte glücklich im Besitz eines
Kindes gelebt, als man ihn zum Recruten machte. Während unseres Krieges mußte sich das Bataillon, in welchem er diente, ergeben, dann wurde er von den Russen wieder genommen, mußte
Spießruthen laufen und da er in Folge davon zum activen Dienste
nicht mehr tauglich war, wurde er auf Lebenszeit als Gefangenwärter hierher geschickt.

Ich erwähnte weiter oben, daß um mich herum eine andere
Kategorie Gefangener saß als diejenige, zu welcher ich gehörte.
Gleich im Anfange saß mir gegenüber in Ketten geschlossen ein
Soldat, Tumanów, aus dem Gubernium Twer, der wegen
grober Insubordination zu 4000 Stockhieben verurtheilt war. Trotz
dieser ihm bevorstehenden Strafe war er ohne Sorge, rechnete auf
die Dicke seiner Haut, und fluchte dem Zaren und seinen Officieren. Als man kam, um ihn zur Exekution zu holen, rief ihm der
Schlüsselmeister zu: „Na Tumanów! zieh dich an, jetzt holt dich

„der Teufel, du wirst's nicht aushalten." „Oho! halt da! ich „werd's schon aushalten und mit Euch noch Branntwein trinken, „bevor ich nach Sibirien gehe, wo es mir besser sein wird, als „im Dienste des Zaren." Indessen hat er es doch nicht ausgehalten, denn wie ich erfuhr, ist er nach dem zweiten Tausend Stockschlägen so blutig zusammengesunken, daß der Schnee ringsum roth gefärbt wurde. Halb todt hat man ihn in's Lazareth gebracht, um nach seiner möglichen Genesung ihm den Rest der bestimmten Strafe zu ertheilen. Neben Tumanów saß ein Bauer aus dem Gubernium Pultawa. Er hatte sich vor der Recrutirung geflüchtet, sich herumgetrieben und einige Leute erschlagen und beraubt; er wußte, daß die Knute seiner wartete, aber er war ohne Furcht davor. Nachdem er diese Strafe wirklich ausgehalten, wurde er auf Lebenszeit in die Minen nach Sibirien geschickt. Bevor man ihn zur Exekution abführte, kam der Pope zu ihm, dem er beichtete und von dem er die Communion empfing. Als er auf's Gerüst stieg, rief man ihm zu: — „Nun, leb wohl, jetzt holt dich der Teufel!" — „Oho, nicht so leicht, seid ohne Sorgen, ich komme doch noch aus „Sibirien nach Pultawa zurück"

Ich erstaunte über den Cynism dieses passiven Muthes, der nachdem er im Gefangenen jedes Gefühl seiner Würde vernichtet, nur dasjenige blinder Unterwerfung unter ein Geschick zurückgelassen hat, das ihm wie eine unabänderliche Nothwendigkeit, den barbarischen Gesetzen eines wilden Despotism angemessen erscheint und das er mit einem gewissen Ehrgefühl, Leichtsinn und Frivolität erträgt. Ein so durch den Despotism entwürdigter Sklave klagt nicht über die Grausamkeit des Gesetzes, nicht über die zuweilige Ungerechtigkeit des richterlichen Spruchs, er hat kein Gefühl der Rache oder des Zorns gegen seine Peiniger und wenn sich ja ein Schmerzensschrei aus seinem grausam zerfleischten Leibe löst, so ist es eben nur ein um Mitleid und Erbarmen flehender. Der in Ketten und Qualen sterbende Sklave segnet noch seinen Mörder und wenn er wirklich einmal ergrimmt, so zürnt er nur über die Empfindlichkeit seiner Haut, seiner Nerven und Knochen, welche der dem Winke des Zaren gehorsamen Seele nicht gehorchend unter den Stock- und Knutenstreichen zerreißen und zerbersten und blutig gegen diesen wilden Mißbrauch protestiren.

Doch genug davon. Nach Verlauf einiger Zeit wurde ich wieder um dieselbe Stunde zum Verhöre geführt. Pisarew ließ mich wieder neben sich sitzen und mit der größten Höflichkeit richtete er fast wieder dieselben Fragen an mich, die ich wie immer beantwortete, nur daß Fragen und Antworten mehr detaillirter Natur waren. Auch Abaza und Dmitrenko kamen diesmal an die Reihe. Endlich sagte er: — „Sie haben gesagt, daß sie Ka"mieniec niemals verlassen haben, indessen hat sich nach den Aus"sagen Anderer herausgestellt, daß sie fast 1½ Monat bei der "Piekutowskischen Familie in Bessarabien gewesen sind." — "Das ist ganz richtig, aber ich verstand Ew. Excellenz Frage in "dieser Beziehung dahin, ob ich mich in politischen Absichten aus "Kamieniec entfernt hätte; daß ich bei Piekutowskis gewe"sen, wußte ja selbst die Polizei, da ich im Hause dieser Familie "lebte und meine einträgliche Stelle nicht aufgeben wollte, mithin "der Familie in die Ferien folgen mußte." — „Wer verkehrte "dort?" — „Ausser dem Assessor und dem Popen habe ich "dort niemanden gesehen." — „Sie sagen eine Unwahrheit, denn dort "verkehrten auch Zwinogrodzkis." — „Ganz recht, ich glaube, "sie waren einmal da, allein das sind nahe Verwandte der Familie "und mit einem derselben habe ich sechs oder sieben Monate fast "zusammen gewohnt, wie Ew. Excellenz bereits wissen, und der "andere war in Kamieniec fast täglich in unserem Hause." — „Wie "haben sie ihre Zeit daselbst zugebracht, warscheinlich in Gesprächen "mit Frau und Herrn Piekutowski?" — „Die meiste Zeit "nahmen meine Stunden mit den Töchtern in Anspruch, und da "Herr Piekutowski selbst nicht französisch sprach, so habe ich "mit ihm nur wenig verkehren können." — „Aber es ist unmöglich, "daß sie Herrn Zwinogrodzki während der ganzen Zeit ihres "Zusammenlebens nicht sich sollten zu erkennen gegeben haben." — „Ich "gebe zu, daß es unmöglich scheinen mag, aber dennoch ist es wahr "und ich glaube, daß darin ein starker Beweis liegt, daß ich nichts "mit politischen Plänen zu thun hatte." Alle wunderten sich darüber, aber schienen es nicht zu glauben.

Im Verlaufe dieser und ähnlicher Fragen bemerkte ich auf dem Tische den alljährlich herausgegebenen Krosnowskischen Emigrationskalender. In diesem war ein ausführliches alphabetisches Verzeichniß aller Emigranten, ihres Namens, Taufnamens, Geburtsorts, Regiments und Ranges, in welchem sie gestanden. Aus Irrthum war darin gedruckt, daß ich aus dem Krakauschen stamme. Dies erweckte augenscheinlich einen Zweifel in der Commission und Pisarew fragte mich, ob ich nicht vielleicht Rudolph hieße. Ich erklärte, wie früher, daß Rufin mein Name; dessen ungeachtet wurde lange darüber inquirirt, bis ich endlich hinlänglich die Richtigkeit meiner Aussage bewiesen hatte. Endlich zog er aus seiner Brieftasche einen Zettel, las darin eine Reihe Namen von Emigranten und fragte, ob ich dieselben kenne? Meine Antwort lautete verschieden, indem ich mich zu der Bekanntschaft einiger bekannte, andere aber selbst nicht gesehen zu haben behauptete. Dabei lief es mir kalt über die Haut, als ich mich hier überzeugte, wie auch die größten Geheimnisse der Emigration unseren Feinden in allen ihren Einzelnheiten verrathen waren.

Schließlich forderte er mich nochmals zu offenem, ehrlichen Bekenntnisse auf und fragte mich, ob ich nicht, um mir die Zeit zu kürzen, Bücher lesen möchte. Indem ich ihm für sein freundlich Anerbieten sehr dankte, bat ich ihn um eine Bibel. Man wunderte sich darüber, daß ich grade dieses Buch verlangte, aber nachdem ich meine Gründe auseinandergesetzt hatte, schienen alle der Ansicht zu sein, daß ich um das richtige Buch gebeten hätte. „Gut", sagte Pisarew und entließ mich sehr freundlich. Mitternacht schien mir vorüber zu sein, als ich in meinem Gefängnisse auf die Kniee fiel und Gott dankte, daß er allein mich nicht verlassen, sondern mich mit der Kräft ausgerüstet habe, welcher ich bedurfte, um meine Pflichten als Pole und als Christ zu erfüllen.

In Rußland, wie in allen, namentlich despotischen, Staaten existirt bekanntlich eine besondere Abtheilung für geheime Polizei. Hauptsitz derselben für Rußland ist Petersburg. Ganz Rußland ist in Generalgubernien getheilt, von denen jedes mehrere Gubernien umfaßt, und an dessen Spitze ein Generalgubernator steht. Bei jedem dieser letzteren befindet sich ein **hochgestelltes Mitglied** der geheimen Polizei, wie z. B. **Pisarew** bei **Bibikow**. Dieser wiederum hat ihm untergeordnete Agenten bei den Gubernatoren, und diese wiederum die ihrigen in jedem Kreise. Die gesammte Gensd'armerie des Landes und im Allgemeinen die ganze öffentliche Polizei steht der geheimen Polizei zur Disposition. Allein damit noch nicht genug, hat die geheime Polizei ihre Agenten auch in der Gensd'armerie und verzweigt sich sogar bis in die Armee. Sie überwacht das Thun, Reden und Denken der höheren und niederen Beamten der Administration und Executivgewalt und während die Generalgubernatoren, Gubernatoren, Praefecten, Armee-Corpscommandeure, Divisions- und Brigade-Befehlshaber ihre Rapporte über ihre Verwaltung der höheren Behörde einreichen, fertigt die geheime Polizei ihrer oberen Behörde ihrerseits ihre Berichte zu. So sind in Rußland zwei Hauptverwaltungs-Behörden: eine öffentliche Administration und executive Gewalt und eine geheime, welche die Thätigkeit der ersteren controllirt.

Die russischen Gesandten an fremden Höfen haben außer diplomatischen auch Aufträge der geheimen Polizei und gewöhnlich befindet sich bei ihnen ein Agent der letzteren, der mit Hilfe von Geldmitteln sich mit der Ortspolizei in Verbindung setzt. Es giebt Beispiele, daß man sogar Frauen zu Vermittlern dieser Spionagen reichlich ausgestattet, damit sie in den Stand gesetzt würden, den Ton anzugeben und splendide Salons zu eröffnen.

Die russische Gesandschaft zu Paris hatte die besondere Aufgabe, die polnische Emigration scharf in's Auge zu fassen, ihre Pläne und Absichten, ja ihre Gesinnungen gegen das russische Gouvernement zu erforschen. Der Agent der geheimen Polizei, oder der Gesandte selbst, der vermittelst jener angegebenen Subventionen erkaufte französische Polizeibeamte stets zu seinen Diensten bereit hatte, welche wiederum entartete Polen in ihrem Dienste besoldeten, konnte über die Emigration mit Leichtigkeit Alles erfahren, was er wollte. Leider gab es unter der Emigration Menschen, die für ihre eigene Zwecke eine doppelte Rolle spielten und da die französische Polizei über jeden Emigranten eine ganz specielle Controlle führte, wie ich an mir selbst erfahren hatte, so mußte die russische Gesandschaft sogar ohne sich besondere Mühe zu geben, die minutiösesten Berichte über Alles erhalten, was in der Emigration vorging. Von Paris gingen die Informationen direct nach Petersburg und von da erst an die in den Gubernien zerstreuten Agenten. Auf diese Weise war es immer möglich einige Monate in Rußland ungefährdet sich aufzuhalten, wenn man so wie ich keinen Mitwisser hatte, aber auf die Dauer ist es doch unmöglich, und wirklich hatte man mich bereits einige Monate vor meiner Verhaftung in ganz Rußland gesucht; denn man hatte meine Abreise von Frankreich mit der möglichsten Wahrscheinlichkeit, daß ich über Ungarn nach Rußland gereist sei, nach Petersburg gemeldet. Auf demselben Wege hatte auch Pisarew jene Namen und Daten erhalten, die auf jenem Blättchen notirt waren, aus welchem er mich fragte.

Ein Paar Tage darauf brachte man mir eine lateinische Bibel. So lange ich diese nicht hatte, war Theetrinken meine Hauptbeschäftigung. Ich ließ einen Theekessel kaufen, der an 3 Quart Wasser hielt, zweimal täglich leerte ich ihn, Morgens und Abends, träumte dabei wachend und die Zeit ging schnell hin; aber nachdem man mir die Bibel gebracht, begann ich in meiner Lage verhältnißmäßig mich ganz erträglich, ja glücklich zu fühlen. Mit einer wahren Gier fing ich die Lectüre der Bibel an und ich verstand sie in der That jetzt besser als sonst. Soviel das kurze Tageslicht mir gestattete, legte ich dies theure Buch nicht bei Seite, und wenn es dunkel geworden, da ging ich in Gedanken durch, was ich gelesen hatte. So stand ich buchstäblich mit der Bibel auf und legte mich mit ihr schlafen und mehr und mehr ging mir der Sinn derselben auf und ihre Kraft in mich hinein.

XIII.

Neue Aussagen gegen mich. Meine Vertheidigung dagegen. Ein Wahnsinniger. Der gefangene Czerkesse.

Bisher hatte ich gehofft, wenn auch nicht mich zu retten, aber doch die Schuld meiner Mitangeschuldigten auf das möglichst geringste Maaß zu reduciren, denn alles was bis jetzt vorgekommen war, zeigte mir, daß mein Geheimniß noch nicht verrathen und daß es noch möglich war, die Argusaugen der Behörde allmählig abzulenken. Allein ich hatte mich getäuscht.

Eines Abends holte man mich wieder vor die Commission und Pisarew nöthigte mich wieder neben sich auf den Stuhl. Kaum hatte ich mich niedergesetzt als Pisarew gegen seine bisherige Gewohnheit in scharfem Tone mich anredete: „Wir waren „der Meinung, daß sie uns die Wahrheit gesagt hätten, indessen „haben wir uns nun überzeugt, daß alles, was sie uns gesagt „haben, entschiedene Unwahrheit ist. Wir besitzen Mittel die „Wahrheit herauszubekommen, aber wir wollten versuchen, ob sie „dieselbe freiwillig gestehen würden. Denken sie an Konarski's „Schicksal, sie können einem ähnlichen nur durch ein freies Be„kenntniß ihrer Schuld entgehen." Diese Drohung schreckte mich nicht nur nicht, sondern empörte mich und ganz gemessen aber entschieden antwortete ich: „Alles was ich gesagt habe, ist Wahrheit und wird „Wahrheit bleiben, ich kann und werde nichts Anderes sagen." „Wie können sie sich unterfangen uns das zu sagen, wenn so und „so viele Leute, die fern von einander wohnen und in keiner Be„ziehung zu einander stehen, einstimmig über sie aussagen, daß „sie dieselben ausdrücklich zum Aufstande beredet und ihnen die „Mittel und Wege dazu angegeben haben. Das sind die von „wenigstens zehn ihrer Mitschuldigen eigenhändig geschriebenen Aus„sagen, Aussagen, die keineswegs erzwungen, sondern freiwillig „gemacht worden sind. Da sehen sie liegt der ganze Stoß Pa„piere. Wollen sie wissen, was sie aussagen?" — Hier nahm er ein Heft zur Hand und las mir die mich am meisten gravirenden Stellen daraus vor, dann griff er zu einem zweiten, dritten u. s. w. Es war da die Rede davon, wie man mit dem Landvolke umgehen, wie man es überzeugen müsse, daß jeder Druck nur von der Behörde ausgehe, um Haß gegen diese hervorzurufen, wie man sich vorbereiten und rüsten müsse, wie man im Augenblicke des Ausbruchs sich der Popen, welche den meisten Einfluß aufs Volk üben, entledigen und die Beamten beseitigen müsse 2c. Nachdem Pisarew mir diese empörenden Bekenntnisse vorgelesen hatte, fragte er: ob ich mich vielleicht durch meine eigenen Augen davon überzeugen wolle, daß alles so geschrieben, wie er gelesen und schob mir zu dem Zwecke das ganze Pack zur Durchsicht zu, was ich indessen ruhig mit der Bemerkung zurückschob, daß ich ihn zu beleidigen fürchten müßte, wenn ich an der Correctheit seiner Worte zweifeln wollte, denen ich vielmehr den vollsten Glauben beimäße, daß ich allerdings dergleichen Aussagen für möglich hielte, allein den Grund nicht begreifen könne, welcher jene Herrn dazu bewogen haben möchte, da ich den größten Theil derselben in der That selbst von Person nicht kenne. — „Wir wünschten aufrichtig, daß sie die „Wahrheit sagten, aber wie kann man zugeben, daß das falsch sei, „worin so Viele ohne Verabredung fast wörtlich übereinstimmen? Sie „müssen uns überzeugende Beweise geben, sonst sind wir leider ge„nöthigt, den Aussagen jener Glauben beizumessen." Ich fand mich in einer sehr bedenklichen, kaum haltbaren Position, denn mit dem einfachen Leugnen war hier unmöglich etwas auszurichten, ich bat also den Präsidirenden und die ganze Commission, mir freie Rede zu gestatten und mich bis zu Ende ohne Unterbrechung anzuhören. Man gestattete mir das gern, und ich begann damit, die Unmöglichkeit eines Gedankens an Aufstand in Polen dadurch zu beweisen, daß Polen gegenwärtig gänzlich entwaffnet, mit Soldaten angefüllt sei und unter dem Drucke dreier gewaltigen Mächte stehe, in deren Interessen und Macht es liege, jeden Versuch des Aufstandes im Keime zu unterdrücken, daß mithin kein einigermaßen verständiger Mensch und guter Pole an dergleichen denken könne, da nur größeres Unglück, größerer Druck nothwendigerweise die Folge sein müsse; es sei daher ganz unmöglich, daß ich, der ich die Lage meines Vaterlandes so genau kenne, zu ähnlichem Wahnsinne aufgefordert und Jemanden beredet haben sollte und daß die Aussagen jener jungen Leute, die jedenfalls aus Angst oder auf verfängliche Fragen ohne gehörige Ueberlegung gemacht seien, durchaus keinen Werth haben könnten, haben dürften. Ich sprach fast eine Stunde ohne Unterbrechung, ich nahm die ganze Kraft meiner Seele zusammen und obwohl von Natur kein Redner, fehlten mir in diesem Augenblicke weder Gedanken noch die entsprechenden Worte dieselben einzukleiden und Beweise daraus zu schaffen. „Was mich persönlich anbetrifft," schloß ich meine Rede, „so würde ich ver

„geblich versuchen, mich zu rechtfertigen, mein Schicksal ist nicht
„rückgängig zu machen, denn was sonst Tugend, was Ehre und
„Pflicht für jeden gewissenhaften Menschen ist, das wird heute dem Polen
„als Verbrechen und Schandthat angerechnet. Aber ich fühle, was ich
„meinem Vaterlande, was ich mir und den Feinden meines Vater=
„landes schuldig bin. Sie, meine Herrn, als Russen, mögen gegen
„uns Polen Feindschaft, ja Haß in sich bergen, aber als Menschen
„können sie gerecht und unparteiisch urtheilen. Ich bin als Pole
„geboren und liebe mein Vaterland, denn das ist eben so natürlich
„wie man Vater und Mutter liebt, spräche ich anders, so würden
„sie mich mit Recht der Lüge zeihen, mich verachten müssen. Und
„soll ich etwa deshalb, weil mein Vaterland heute unglücklich und
„elend ist, es verleugnen? aufhören Pole zu sein? Ich frage sie,
„meine Herrn, wenn heute Rußland in dieser Lage sich befände,
„was würden sie für die Pflicht jedes ehrenhaften, braven nicht
„entarteten Russen halten? Ich verheimliche nicht, daß wenn die
„Umstände günstig wären, ich alles Mögliche thun würde, um mein
„Vaterland zu erlösen, so befiehlt mir Gott, so mein Gewissen.
„Ist dieses Gefühl ein Verbrechen, so bekenne ich mich als den
„größten Verbrecher, aber politische Pläne und Absichten hatte ich
„nicht zum Zweck meiner Herkunft und konnte ich nicht haben.
„Euer Gesetz, dessen Vertreter ihr hier seid, mag uns ver=
„dammen und verurtheilen, euer Gewissen darf das nicht." —
Nachdem ich hier einen Augenblick inne gehalten hatte, schlug
Pisarew mit der Faust auf den Tisch und sprach mit einer ge=
wissen Emphase: „So muß jeder ehrenhafte Mensch denken, fühlen
„und sprechen: ich bin als Russe und Grieche geboren und als
„Russe und Grieche will ich sterben," „Und ich wurde als Pole
„und Catholik geboren und werde als solcher sterben." — Ich
hatte mit Begeisterung, fast mit Thränen in den Augen gesprochen.
Die Sitzung wurde aufgehoben und ich sah, daß meine offene und
ehrliche Erklärung meiner Gefühle und Gedanken für Polen nicht
nur keinen Anstoß gegeben, sondern sogar mir die Achtung der Com=
mission erworben hatte. Namentlich wurde Pisarew aus einem
strengen Richter ein höflicher, freundlicher Russe; er fragte mich
nach den größten Kleinigkeiten meines Zustandes, ob ich in irgend

einer Beziehung gestattete Erleichterungen wünschte, ob mir irgend
was fehlte und bot mir wiederholt seine Bibliothek an, wovon ich
diesmal bis zur Zudringlichkeit Gebrauch machte, denn ich verschlang
so zu sagen, seine ganze Büchersammlung.

Der dritte Monat meiner Gefangenschaft in Kijów ging
zu Ende. Ich hatte mich halb und halb mit meinem Zustande
zurecht gefunden und es schien mir als kehrte auch meine Gesund=
heit allmählig wieder. Thee und Bücher waren meine Kraft und
Zerstreuung gebende Nahrung; in den Abendstunden sang ich mir
ein Liedchen, bald traurig und wehmüthig wie meine Seele, bald
muthig, wie meine Wünsche, aber alles das füllte meine Zeit nicht
aus und es blieb mir immer noch zuviel übrig, um über meine
Lage nachzudenken und darüber zu brüten. Zuweilen, ich gestehe
es, kam mir der sündliche Gedanke, mit dem Schädel gegen die
Wand zu rennen und dem Dinge auf ein Mal ein Ende zu machen,
dann aber schämte ich mich wieder desselben, bat Gott um Ver=
zeihung und Kraft und wieder stärkte mich die Hoffnung, daß ich
doch vielleicht noch einmal meinem armen Vaterlande nützlich werden
könnte, und in dieser Hoffnung wurde ich froh und malte mir eine
glückliche Zukunft aus.

Trotz der Wachen, Wärter ꝛc. gelang es mir doch, mich mit
einem anderen Gefangenen in Verbindung zu setzen, so daß wir
fast alle Tage mit einander in Correspondenz standen, er berichtete
mir über sich und die anderen Gefangenen und so bekam ich die
Sachen einigermaßen in meine Hand, erhielt Bleistift und Papier
und machte davon keinen schlechten Gebrauch.

Während ich so Zerstreuungen verschiedener Art hatte, von
Furcht, Hoffnung, Sehnsucht und Wehmuth hin und her getrieben
wurde und meine Tage einer wie der andere dahinflossen, erschien
eines Tages Lewkowicz und brachte mir schriftlich eine Menge
kategorischer Fragen, die aus den Bekenntnissen meiner Mitange=
schuldigten formulirt waren, auf welche ich eigenhändig und kate=
gorisch Antwort geben sollte. Es ist das eine bei den Untersuchungen
in Rußland allgemein angewendete Manipulation, daß man zuerst
mündlich und dann schriftlich seine Angaben machen muß, welche
dann verglichen werden und wenn sie sich widersprechen zu neuen,

weiteren Fragen den Stoff liefern. Gewöhnlich läßt man zwischen dem mündlichen und schriftlichen Verhöre eine ziemlich geraume Zeit verlaufen, man muß daher ein sehr gutes Gedächtniß haben und viel Ueberlegung anwenden, um nicht in Widersprüche zu gerathen. Wer nie in einer solchen Untersuchung gewesen, der hat keine Vorstellung davon, wie solche Fragen alle Nerven aufregen, wie sie zur Wuth und zum Wahnsinn treiben können. Ich besinne mich natürlich nicht auf alle diese Fragen, denn es war eine Masse und nur Beispiels halber, um von der Form und Natur derselben einen Begriff zu geben, will ich einige nach ihrem Hauptinhalte anführen: „N. N. hat ausgesagt, sie hätten diese und diese Mittel angegeben „um das Volk gegen die Regierung aufzuregen. N. N. hat aus„gesagt, daß sie auf diese und diese Weise alle Popen beseitigen „wollten, um ihren Einfluß auf das Volk zu verhindern und freier „über dasselbe gebieten zu können. N. N. hat ausgesagt, daß sie „gerathen haben, aus den Zinken der Eggen Lanzenspitzen zu machen, „da dies die gefährlichste und am leichtesten zu beschaffende Waffe „sei. N. N. hat ausgesagt, daß sie gerathen haben, im ersten „Monate des Aufstandes an die Hauptquartiere, Militair-Comman„deure, Gubernatoren, kurz an alle höheren Militair- und Civil„Beamten ohne Ausnahme und zu gleicher Zeit Hand zu legen, „dieselben auf irgend welche Weise zu beseitigen, um Unordnung in „die Administration zu bringen und im Volke Vertrauen zu erwecken. „N. N. hat ausgesagt, daß sie auf einer Versammlung, in welcher „die und die anwesend waren, als sie ihre Doctrinen über die „Art und Weise des Aufstandes vorgetragen und er, über die Con„sequenzen derselben erschreckt, sich habe entfernen wollen, ihn am „Rock festgehalten und ihn unter den Worten mit dem Tode bedroht „hätten: daß, wer diese Ansichten nicht freiwillig adoptirte, von Den„jenigen, die aus Frankreich kommen würden, dazu durch Galgen, „Blei und Dolch gezwungen werden würde u. s. w. u. s. w.

Ich vertheidigte mich in meinen Antworten indem ich auf den Unsinn dieser Aussagen hinwies und die Ungereimtheit solcher Doctrinen darthat und schloß endlich mit den Worten: Herr vergieb ihnen, denn sie wissen nicht, was sie thun! Hier war ich vollkommen in meinem Rechte; nie hatte ich Jemanden mit solchen abgeschmackten Drohungen zu schrecken oder einzuschüchtern versucht, selbst wenn es in meinem Character gelegen hätte, da dergleichen einen entschieden schlechten Eindruck hätte machen müssen, mithin höchst unklug gewesen wäre. Außerdem wieß ich darauf hin, wie die Commission selbst einsehen müsse, daß Aussagen der Art mich und meinen Character unmöglich compromittiren könnten, da die Commission selbst bereits mich insofern kennen gelernt haben müsse, daß solchen Unsinn mein Schädel nicht produciren könne.

Mittlerweile kam Ostern heran und Lewkowicz schickte mir nach slavischer und besonders polnischer Sitte geweihte Eier, Napfkuchen, Schinken, kurz von allem etwas, was an diesem Tage bei uns im Gebrauch ist. Ich war über diese Aufmerksamkeit in der That tief gerührt und von Herzen dankbar. Rußland ist in allen Beziehungen einigermaßen colossal und wenn dieses Verhältniß in den meisten Beziehungen auch nicht grade zu seinen Vorzügen gehört, so berührt es doch äußerst angenehm, wenn diese Maaße sich auch auf Diejenigen ausdehnen, die sonst überall maaßlos behandelt werden. Ich glaube kaum, daß in irgend einem Lande auf den Gefangenen in Bezug auf christliche Festfeier soviel Rücksicht genommen wird, wie in Rußland.

Gegen Ende Mai's als man die Untersuchung bereits soweit beendigt hatte, daß man alles, was man wissen wollte, wußte, gestattete man meinen Mitangeschuldigten mehr Freiheit, man sperrte sie je zwei zusammen und öffnete ihnen in bestimmten Stunden die Thür und dann gingen sie entweder auf dem Flur spazieren oder versammelten sich in einem der Gefängnisse, waren froh und guter Dinge, wie ich aus ihren Gesprächen und Gesängen merkte. Es waren schwache Charactere, aber doch meine Landsleute, und ich war herzlich froh, daß sie anscheinend nichts besonderes Schweres zu befürchten hatten, denn dadurch wurde mir eine große Last vom Herzen genommen. Dazu erfuhr ich, daß sie durch Vermittelung Bibikow's der Gnade des Kaisers empfohlen worden waren, in Folge wovon Alle mit Ausnahme von zweien, die nichts bekannt hatten, nur leicht, aber als Unschuldige immer zu hart bestraft wurden; doch das ist russische Sitte.

Endlich erlaubte man auch mir, ohne daß ich darum bat,

täglich eine Stunde auf dem Corridor auf- und niederzugehen, nachdem man vorher alle übrigen wieder eingeschlossen hatte. Zwar war dort auch keine frische Luft, aber ich konnte mich doch wenigstens bewegen. Stets war ich von einem Soldaten begleitet, der den gemessenen Befehl hatte, mich mit Niemanden sprechen zu lassen und selbst sich mit mir in kein Gespräch einzulassen. Die Gefangenen, deren Gefängnisse auf diesen Corridor mündeten und welche, wie ich bereits bemerkt habe, zu einer anderen Kategorie gehörten, traten jedesmal ans Thürfensterchen, wenn ich erschien, theils wohl um mich kennen zu lernen, gewiß aber mehr um überhaupt einen Menschen zu sehen, der dasselbe unglückliche Geschick hatte, wie sie selbst. Ich grüßte sie jedes Mal durch Kopfnicken. Ich fragte nicht danach, was sie verbrochen hatten, sie standen mir nahe und ich bedauerte ihre unglückliche Lage um so mehr, als ihre Verbrechen nicht politischer Natur waren. Obwohl es den Soldaten, wie gesagt, streng verboten war mit mir zu reden, so geschah es doch zuweilen und ich erfuhr mancherlei von ihnen, so wie ich ihnen viel erzählte; sehr viele von ihnen fragten mich, ob es wahr sei, daß der Großfürst Constantin im Auslande lebe, und drückten dabei den Wunsch aus, daß er bald kommen möge, um sie von Nicolaus zu befreien. Im Allgemeinen überzeugte ich mich, daß Nicolaus beim gemeinen Soldaten nicht beliebt war und daß wenn irgend ein Constantin mit guten Versprechungen käme, Nicolaus nicht mehr lange auf dem Throne sitzen würde. Unter den Soldaten waren viele Polen, allein die waren zum Sprechen nicht zu bringen, da sie sehr scharf beobachtet wurden. Einmal hatten wir das Unglück belauscht zu werden, man löste sofort den Soldaten ab, zählte ihm 60 Stockstreiche auf — und seitdem habe ich mit keinem mehr gesprochen.

Die Hitze des Monats Juni machte mich entsetzlich reizbar, so daß die geringste Widerwärtigkeit mich in den leidenschaftlichsten Zorn versetzte. Nachts verlor ich meinen Schlaf und es schien mir als wenn meine Lungen nicht Luft genug erhielten. Eines Abends, wo sich das Bedürfniß nach frischer Luft unwiderstehlich fühlbar machte, setzte ich den Tisch unter das Fenster, einen Stuhl darauf und kroch oben hinauf, hielt den Mund in die Höhe und zog in vollen Zügen soviel frische Luft als möglich in mich hinein. Da diese ganze Operation aber einiges Geräusch gemacht hatte, so kam der Schlüsselmeister mit Unteroffizier und Soldaten herbeigestürzt, öffnete die Thür und als er mich oben erblickte schrie er, indem er mich am Fuße faßte: „was machen sie da, kommen sie „gleich herunter!" und troß meiner Beweisführung, daß wenn ich auch die redlichste Absicht hätte, zu entfliehen, es absolut unmöglich wäre, mußte ich herunter, Tisch und Stuhl wurden wieder an ihre Stelle gesetzt und mir ähnliche Experimente verboten.

Mir gegenüber, wo früher Tumanow gesessen hatte, saß jetzt ein Unterofficier, weil er in Verdacht war, an ein Magazin Feuer angelegt zu haben, um dadurch ein darin gemachtes Deficit zu decken und die Spur davon zu vernichten. Der arme Mensch war darüber verrückt geworden und schwatzte namentlich des Nachts tolle Sachen: er klagte über sein Geschick und bereitete sich auf den Tod, bereute, weinte um seine Geliebte, die er bat und beschwor, nach seinem Tode ihm ein schwarzes, schönes Kreuz aufs Grab zu setzen, indem er das Kreuz dabei genau beschrieb. Dann schien es ihm wieder, als wenn eine Mücke ihm alles Blut aussauge und nur Wasser in ihm zurücklaße u. dgl. Man rief den Popen herbei, der Gebete gegen ihn sprach und eine Art religiösen Excorcismus vornahm, ihn mit geweihtem Wasser besprengte, ihn bekreuzigte und ihm Kruzifix und Psalter auf dem Tisch ließ, und dem Irren versprach, ihn bald wieder zu besuchen. Der Kranke schien ruhiger geworden zu sein, indessen dauerte es nicht lange, vielmehr verfiel er in einen noch viel heftigeren Paroxismus als früher. Der Pope hielt Wort und kam wieder, aber diesmal gelang es ihm nicht so leicht sich wieder zurück zu ziehen, denn der Irre vertrat ihm den Weg, nahm das Krucifix in die eine, den Psalter in die andere Hand und wiederholte fortwährend: „Väterchen, „giebst Du mir nicht die Communion, so schlag ich Dir den Schädel „ein", und nur dadurch rettete sich der Pope, daß er darauf einging und sagte, er wolle gehn, um den nöthigen Apparat dazu zu bringen. Natürlich kam er nicht wieder. Am folgenden Tage kam General Pecherzewski, um ihn zu besuchen, blieb indessen auf dem Flure stehn, obwohl der Irre ihm winkte und wiederholte:

„Excellenz, kommen sie nur näher, ich will ihnen etwas ins Ohr „sagen," aber die Excellenz war gar nicht neugierig und vorsichtiger als der Pope, denn sie sah, daß der Irre Lust hatte, etwas unsauber mit ihr umzugehen. Bald darauf wurde er gebunden und ins Spital gebracht.

An seine Stelle setzte man einen Czerkessen, einen freien Sohn des Kaukasus. Die Veranlassung dazu war folgende. Die russische Regierung verfuhr anfänglich milde mit den dort gemachten Kriegsgefangenen, aber die Czerkessen, welche dieser Milde nicht trauten und darin nur eine List sahen, wodurch man sie gewinnen wollte, fuhren fort, die gefangenen Russen ihrerseits aufs grausamste zu behandeln. Dies bewog die Russen ebenfalls, von ihrem befolgten Prinzipe in dieser Beziehung abzugehen, und sie bestimmten die Gefangenen zu Festungsarbeiten, Strafarbeiten und zur Bevölkerung Sibiriens. Drei solcher Unglücklichen arbeiteten, an Ketten geschlossen, mit den anderen Baugefangenen an den Festungswerken Kijóws. Um ihnen Erleichterung zu verschaffen, wurde ihnen während der Arbeit die Kette von einem Fuße gelöst, so daß sie leichter, aber nicht bequemer gehen konnten. Eines Tages stürzten sich diese drei auf ein verabredetes Zeichen, nur mit ihren Spaten bewaffnet, auf ihre Eskorte, brachen durch und entflohen aufs Feld. Ein Theil der Eskorte verfolgte sie. Die schweren Ketten hinderten am schnellen Laufen, der letzte wurde eingeholt, aber schlug denjenigen, der ihn zunächst erreichte mit dem Spaten zu Boden, daß er todt niederstürzte, dafür wurde er aber vom folgenden Soldaten aufgespießt; der Vorderste entkam in einen Wald, der Zweite aber verwickelte sich in seine Ketten, wurde ergriffen und das war eben derjenige, der mir jetzt gegenüber saß. Er war einer jener kleinen czerkessischen Fürsten. Ich empfand tiefes Mitgefühl mit ihm, denn wir waren in unseren Bestrebungen verwandt, verwandt in unserem Schicksale. Mit dumpfem Schweigen ertrug er sein Geschick, seufzte und weinte zuweilen und betete. Er sah elend aber edel aus. Ich grüßte ihn jedesmal, wenn ich auf dem Flur ging und ich war sicher, er wäre mein Freund geworden.

XIV.

Confrontation vor der Untersuchungscommission Was kaiserliche Gnade
bedeutet. Mein Signalement. (Erkentniß gegen meine Mitangeschuldigten.
Ich werde vor das Kriegsgericht gestellt und zu lebenslänglichen schweren
Arbeiten in Sibirien verurtheilt.

In der letzten Hälfte des Juni wurde ich nochmals um die
gewöhnliche Zeit vor die Commission citirt. Ich vermißte Pisarew,
welcher in wichtigen Angelegenheiten Bibikow nach Petersburg
nachgereist war. Diesmal fanden die sogenannten Confrontationen
statt, d. h. es wurden mir meine Mitangeklagten einer nach dem
andern vorgeführt, in ihrer und meiner Gegenwart die protocollari=
schen Aussagen vorgelesen und jeder dann gefragt, ob er dieselben
heute noch wiederhole, oder ob er noch etwas hinzuzufügen habe
und mir blieb das schwierige Geschäft, alle diese Aussagen zu
wiederlegen. Ich war tief ergriffen als ich meine Bekannten von
Kamieniec wieder sah. Was für furchtbare Spuren hatten diese
sechs Monate Gefängnißleben ihrem Aeußeren aufgedrückt! Alle
waren jugendlich frische Leute gewesen, mit Rosen auf den Wan=
gen und heute waren sie bleich und abgehärmt als hätten sie im
Grabe gelegen. Als sie meine Widerlegungen ihrer Aussagen
hörten und auf diese Weise erfuhren, daß ich standhaft bei demsel=
Systeme meiner Vertheidigung geblieben, sah ich wie sie bereuten,
so schwach gewesen zu sein. Allein es war zu spät, es war be=
reits Alles verloren. Doch fühlten nicht alle dieselbe Reue, die
wenn auch keine Standhaftigkeit, doch wenigstens Ehrenhaftigkeit
bekundete, namentlich blieb Nitowski sich in seinem Betragen
sehr gleich d. h. immer niederträchtig. Als man mir diesen gegen=
überstellte und seine Aussagen vorlas, die er bestätigte, sagte ich:
„ich habe ihnen schon einmal gesagt, daß Alles was sie ausgesagt
„haben zuerst den Verdacht auf ganz unschuldige Leute geworfen,
„die aus Furcht oder Schwäche sich durch sie zu ähnlichen Aus=
„sagen haben verleiten lassen; sie haben dies vor Gott, vor den
„Menschen, und ihrem eigenen Gewissen zu verantworten." Mit
kaltem Blute entgegnete er: „ich begreife, daß es sehr unangenehm

„ist, irgend Jemanden anzuklagen, und die Folgen davon mit an-
„zusehen, allein Wahrheit bleibt Wahrheit." Ich warf einen Blick
voller Verachtung auf ihn und sagte nichts mehr.

Nach Beendigung dieser sehr angreifenden Confrontation
fragte ich die Commission, ob mein Proceß vielleicht bald entschieden
sein würde, da mir jeder Ausfall desselben erträglicher sein würde,
als ein längerer Aufenthalt in diesem Gefängnisse, der meine Gesundheit untergrabe? Man entgegnete mir, daß ich nicht mehr
lange zu warten haben würde, und gab mir zu verstehen, daß ich
mich auf das Todesurtheil vorbereiten könnte. Ich war lange mit
diesem Gedanken vertraut, glaubte indessen nicht daran, vielmehr
war ich der Ueberzeugung, daß man mich nach Sibirien transpor-
tiren würde und dort war ich fest entschlossen nicht zu bleiben,
sondern auf die eine oder die andere Weise zu entfliehen. Glücklicherweise wußte Nicolaus nicht, daß es für den echten, wahren
Polen noch eine schlimmere, schmachvollere Strafe gab als Galgen
und Minen, ich meine seine Begnadigung, sonst würde er alle
Patrioten mit seiner Gnade überschüttet und sie so civiliter todt
gemacht haben.

Die Reizbarkeit meiner Nerven war auf den höchsten Grad
gesteigert und mir war zuweilen als ob ich mich im Zustande des
Hellsehens befände, so klar sah und durchschaute ich alles selbst in die
Zukunft hinein. Ich bat, daß man mir einige Stunden in der
Woche den Gang in frischer Luft gestatten und zu dem Zwecke
mir Ketten anlegen möchte, allein alle meine Bitten waren vergebens; dagegen öffnete man eines Nachts, als ich schon schlief,
plötzlich meine Thür. Ich wußte nicht, was das bedeuten konnte,
doch riß mich der Adjutant Pawłow, der in Begleitung des
Schließers und einiger Soldaten hereintrat, bald aus meiner Ungewißheit, indem er mir befahl aufzustehen und mich auszuziehen.
„Ausziehen? ich bin ja ausgezogen." — „Nicht genug, sie müssen
„das Hemde noch herunterziehen." — „Und wozu das?" — „Weil
„es so befohlen ist." — „Aber wozu denn?" — „Weil ich ihr Signa-
„lement aufnehmen soll!" — „Aber das ist ja barbarisch, ich meine
„die Beschreibung meiner Gesichtszüge und sonstiger Haltung wäre

„hinreichend." — „Wie es befohlen, so muß ich es ausführen." — „Aber das ist ja empörend und verletzt mein Schamgefühl und sie würden mir eine große Freundlichkeit erweisen, wenn sie mir dies ersparten, denn ich kann mich in Gegenwart dieser Leute nicht ausziehen!" — „Das kann ich nicht, denn mein Befehl lautet so, machen sie also schnell, sonst laß' ich sie ausziehen." — „Was das für eine lächerliche Dummheit ist!" rief ich empört, „lassen sie die Soldaten wenigstens hinaustreten, sonst ziehe ich mich nicht aus, sie mögen machen was sie wollen." Die Soldaten traten ab und trotz des Dringens und Aergers Pawlows zog ich mich nur theilweise aus, und ließ mich nur vom Schließer besehen. Man beschrieb mich nun wie man einen Ochsen oder ein Pferd beschreibt, alles was sonst gewöhnlich durch die Kleidung verdeckt wird; die Hauptkennzeichen, die an Händen und Kopf zu Tage lagen, vergaß man zu notiren und doch hätte man mich daran am leichtesten zu erkennen vermocht; dann nahm man mich unter das Maaß und revidirte schließlich mein Zimmer und alle meine Sachen, natürlich ohne irgend etwas zu finden. Ich trug damals und trage noch heute auf der Brust ein kleines, silbernes Medaillon mit dem Gepräge der heiligen Jungfrau, das man mir am Abende vor meiner Abreise von Paris geschenkt hatte. Bisher war es mir gelungen bei allen Revisionen es zu retten und auch jetzt wußte ich es so geschickt zu verlegen, daß es Niemand sah. — Dieser abscheuliche Act hatte mich so empört, daß ich die ganze Nacht nicht schlafen und zwei Tage hindurch nichts genießen konnte; ich bekam einen unwiderstehlichen Widerwillen gegen Alles und gegen Alle. Man entzog mir die Bücher und ich bat um nichts mehr.

Durch fast täglich mir zukommende geheime Nachrichten erfuhr ich von einem Mitgefangenen, daß alle diejenigen meiner Mitangeklagten, welche alles bekannt hatten, vom Kaiser begnadigt und nur auf zwei Jahre in russische Gubernien zum Rangdienst im Civilfache verurtheilt worden waren, während diejenigen, welche nichts ausgesagt hatten, härtere Strafen erfahren hatten. Zwinogrodzki z. B., der nichts hatte aussagen können, wurde auf Lebenszeit in's Gubernium Minsk verwiesen. Allmählig brachte man Einen nach dem Andern an den Ort seiner Bestimmung, nur ich allein, ich blieb zurück. Dies geschah Ende Juni's 1844.

So saß ich und saß ich immer noch in Ungewißheit, was mit mir geschehen würde. Die langen Sommertage schleppten sich langsam hin und ich verging fast vor Ungeduld. Da ließ sich eines Tages um Mittag ein Officier von der Linie mein Gefängniß öffnen, trat herein und bat mich höflichst, mich anzukleiden und sofort mit ihm zu kommen. Ich sprach nichts, empfahl mein Leben Gott, nahm Abschied von meinem Zimmer, nickte dem Czerkessen Lebewohl zu und trat aus dem inneren Corridor in den äußeren und den Hof, passirte dann das Gebäude der Hauptwache hinaus auf den Festungsplatz. Es war ein schöner heiterer Tag, der Himmel blau und klar und die Sonne leuchtete wie am Tage der Erstürmung Warschau's, nur daß sie mehr wärmte. Ich sog so viel frische Luft als möglich ein, fühlte des Lebens Lust in meinem ganzen Wesen mächtiger als je, in diesem Augenblicke, wo ich vielleicht für immer von ihm scheiden sollte. Der Officier ging schweigend neben mir und blickte mich nur von Zeit zu Zeit an, während wir an den Festungswällen entlang gingen, endlich begann er in ziemlich heiterem Tone von allerlei gleichgültigen Gegenständen zu sprechen. Ich fragte ihn, wohin er mich führe? „Vor's Kriegsgericht," war die Antwort. Ich athmete auf, denn noch war es also nicht zur Entscheidung gekommen.

Das Gericht bestand aus sieben oder neun Officieren verschiedenen Ranges und verschiedener Waffe; ein Obrist präsidirte, ein Pole. Er richtete verschiedene meinen Protokollen entlehnte Fragen an mich und unter anderen auch, ob ich Nicolaus den Eid der Treue geleistet hätte. Ich erklärte, daß ich das nie gethan hätte und gab die umständlichen Ursachen davon an. Ferner, ob ich irgend welch Vermögen besäße? „omnia mea mecum porto!" war meine kurze Antwort; endlich fragte er: wie ich mich hätte unterfangen können, an den General-Gubernator so aufrührerische Worte zu schreiben, z. B. daß Polen jedenfalls wieder auferstehen werde und daß ich, wenn ich irgend können würde, daran Theil nehmen wollte? Ich erwiederte darauf, daß Sr. Excellenz von mir die ganze Wahrheit verlangt habe und ich einen so hohen

Staatsbeamten nicht hätte täuschen wollen. Der Praesidirende erklärte, daß solche Gefühle nach dem Geiste russischer Gesetze nicht zu rechtfertigen, sondern als das größte Verbrechen anzusehen wären. „Es liegt „nicht in meiner Competenz," entgegnete ich, „über den Geist der „russischen Gesetze zu urtheilen, ich weiß nur, daß ich die Wahrheit ge„sagt habe und diese nicht zurücknehmen kann." Der Praesidirende gab mir darauf sehr freundlich zu verstehen, daß ich jene Aeußerungen irgend wie durch einschränkende Erläuterungen mildern möchte, daß sie vielleicht in Aufgeregtheit ohne Ueberlegung niedergeschrieben wurden, daß darin kein böser Wille, sondern Zufall 2c. Ich verstand ihn sehr gut und war ihm dankbar dafür, allein ich konnte diese Worte nicht zurücknehmen, indem ich sagte, daß ich in Bekenntnissen dieser Art Unwahrheit zu sagen nicht verstände. Alle waren außerordentlich höflich gegen mich, ja ich sah, daß sie sogar eine gewisse Achtung für mich hatten.

Ein Abjutant du jour führte mich in's Gefängniß zurück. Auf mein Gesuch gingen wir sehr langsam und ich genoß der frischen, herrlichen Sommerluft, so viel ich konnte.

Bald darauf translocirte man mich auf den anderen Corridor und setzte in mein Gefängniß als das finsterste und sicherste den unglücklichen Czerkessen Mein neues Gefängniß war viel heller, luftiger, länger und das Fenster befand sich viel niedriger, so daß, wenn ich mich auf dem Tische auf die Zehen stellte, ich die Wälle, die Thürme, einen Theil der Stadt und die vorübergehenden Menschen sehen konnte. Hier war ich auch von den stereotypen Augen der Schildwach befreit, da man mir nur des Nachts einen solchen Gast vor die Thür stellte. Seit einiger Zeit kam auch mit dem Schließer eine kleine junge Katze, mit der ich mich sehr befreundete und die mir mit ihren Sprüngen und Kapriolen allerlei Kurzweil machte, dafür gab ich ihr gut zu essen und sie wurde der einzige Freund, den ich hatte.

Ich muß noch erwähnen, daß man mir auf meine Anfragen amtlich im Verlaufe der Zeit Nachricht gab, daß meine Eltern noch und wo sie lebten, weshalb ich bat mir zu gestatten, einen Brief an sie schreiben zu dürfen. Man bewilligte mir das gern und ich schrieb einen ausführlichen Brief an sie, bat um Antwort, erhielt aber nie eine solche. —

Man zog mich noch verschiedene Male zur Untersuchung, ventilirte aber immer nur dieselben Fragen und erhielt stets schriftlich und mündlich dieselben Antworten. Bei einer dieser Promenaden ließ der mich begleitende Officier die uns eskortirenden Soldaten vorn und hinten weit abtreten und langsam gehen und sagte dann russisch zu mir: „wie unwürdig haben sich ihre Mitangeklagten „gegen sie betragen, was haben sie nicht alles gegen sie ausgesagt „und erdichtet!" — „Ich weiß es, daß in allem, was sie ausge„sagt, nicht nur keine Wahrheit, aber sogar keine Wahrscheinlichkeit „ist, indessen wundere ich mich darüber keineswegs, da es meist „noch ganz junge unerfahrene Leute sind; Androhung harter Stra„fen, ein in Rußland, wie ihnen bekannt ist, gegen Verbrecher, „namentlich politische und polnische, ganz gebräuchliches Mittel, um „beliebige Geständnisse zu erhalten, hat die schwachen Seelen wohl „bestimmt, sich zu einer Schuld zu bekennen, von der sie vorher „keine Ahnung hatten, und um sich sobald als möglich aus dem „Gefängnisse zu befreien, warfen sie dann alle Schuld auf denjeni„gen, den sie doch einmal für verloren hielten und der in der That „auch der schuldigste von ihnen vor dem russischen Gesetze ist." — „O sie urtheilen zu milde über ihre Landsleute, allein das spricht „nur für die Größe ihrer Seele, aber macht jene um so verdam„mungswürdiger." — „Sie drücken sich zu hart über sie aus, denn „immer bleiben sie doch meine Landsleute und Brüder." — „Daran „zweifle ich nicht, aber nach meiner Meinung durfte auch die An„drohung der härtesten Strafe sie nicht dazu bewegen, solche Aus„sagen gegen sie zu machen, denn so wie jene, können nur gemeine, „elende Seelen verfahren. Sie glauben, wir Russen wüßten nicht, „was Vaterlandsliebe ist, wüßten nicht sie in Jedem zu schätzen, und „doch, denken sie an das Jahr 1812, wie glühete da dieses Gefühl „in uns, als uns ein furchtbarer Feind unser heiliges Rußland „entreißen wollte; was haben und hätten wir damals nicht „alles geopfert, um es zu retten? Und könnt ihr Polen euer „Vaterland weniger lieben, das schon so lange zertreten, niederge„mordet und zerrissen ist? Je mehr euer unglückliches Vaterland

„gemißhandelt wird, desto leidenschaftlicher muß jeder ᷓechte Sohn,
„jeder redliche Pole es lieben, ehren und ihm treu sein, nur ein
„Niederträchtiger kann über das Schicksal desselben gleichgültig sein,
„der Gewissenhafte dagegen auch keinen Augenblick sein Herz
„davon losreißen, oder es verleugnen, und solche muß auch der
„entschiedenste Feind desselben hochachten und schätzen. Nach eurer
„unglücklichen Erhebung 1830, 31 bekamen wir zu unserem Regi=
„mente einige polnische Officiere, so lange wir fühlten und gewiß
„waren, daß sie als brave Polen ihr Vaterland liebten und dem
„Glauben ihrer Väter treu blieben, so lange bewahrten wir für sie
„Hochachtung und aufrichtiges Mitgefühl, aber sobald sie jenem
„untreu wurden und sich zu Russen machten, aus persönlichen In=
„teressen ihren Glauben verließen und ableugneten und den unsrigen
„annahmen, haben wir ihnen nur Verachtung und Geringschätzung
„gezeigt. Nur niederträchtige, gemeine Seelen können so handeln
„und ich frage sie, ob es ein größeres Verbrechen giebt, als sein
„Vaterland und seinen Glauben zu verrathen oder zu verleugnen?"
Ich hätte ihm um den Hals fallen und ihn an's Herz drücken
mögen, wenn keine Zeugen da gewesen, aber wie die Umstände
waren, blickte ich ihn nur mit dem Gefühl tiefster Dankbarkeit und
Theilnahme an. „Aber woher ist ihnen mein und meiner Mitan=
„geklagten Prozeß so gut bekannt?" fragte ich ihn, um das Ge=
spräch auf ein anderes Thema zu bringen. „Ich bin eines der
„Mitglieder des Kriegsgerichts, habe also die Acten genau studiren
„müssen und sie werden jetzt bald wieder vor demselben Gerichte
„stehen." — „Da ich die Ehre habe mit einem meiner Richter zu
„sprechen, der so richtige und würdige Ansichten über die Pflichten
„des Menschen gegen sein Vaterland so eben ausgesprochen und
„mich dadurch so sehr erbaut hat, so vertraue ich kühn, daß ich,
„indem er mich richten wird, auf seinen Schutz werde rechnen
„können." — „O, wenn das von mir abhinge, so würden sie ge=
„wiß mit dem Geschick, was sie treffen sollte, zufrieden sein, aber
„das Kriegsgericht ist nur Form, Maske, die Gesetze sind uner=
„bittlich und ihnen müssen wir im Gericht erliegen." — „Also
„werde ich erhängt oder erschossen?" — „Das glaube ich kaum;
„wir alle mit sehr geringer Ausnahme haben für sie wahrhafte

„Hochachtung, wenn nur nicht so viele und so einstimmige Aus-
„sagen gegen sie wären! doch werden wir unser möglichstes thun,
„um sie vom Tode zu erretten — aber fügen sie sich in Gottes
„Willen." Ich dankte ihm von ganzem Herzen für sein Wohlwollen, aber wurde doch sehr nachdenkend und schweigsam. Der
brave Russe, jedenfalls um mich zu zerstreuen, fragte mich, ob ich
„lange nicht in Warschau gewesen? „Seit unserer November-
„revolution nicht." — „Ich war mit meinem Regimente dort, es
„mögen jetzt drei Jahre sein." — „Ach, nicht wahr eine schöne
„Stadt, ich hörte, daß es von Tag zu Tage schöner werde?" — „O
„ja, es ist wohl schön, aber doch nicht so, wie es sein sollte, ist
„nicht das, was es war — doch vielleicht, wenn wir es am we-
„nigsten erwarten, wird es noch schöner und das, was es war
„und was es sein soll" — „die Hauptstadt eines unabhängigen Po-
„lens!" ergänzte ich — und er nickte mit dem Kopfe. Mittlerweile waren wir an dem Ort unserer Bestimmung angekommen und
hier wurde mir nochmals nach Wiederholung der gewöhnlichen
Fragen und Antworten das ganze Protokoll des Prozesses von
Anfang bis Ende vorgetragen und dann wurde ich wieder entlassen.

Wiederum verfloß eine Reihe von Tagen vergeblichen Har-
rens, weder kam ein Brief von meinen Eltern, noch wollte sich
mein Schicksal entscheiden. Endlich, ich glaube es war der 18te,
oder der 28te Juli, brachte man mir mein Mittag früher als gewöhnlich und da man mir den Grund davon nicht sagte, fragte ich
auch nicht danach. Kaum hatte ich abgespeist, als ein Adjutant
mit sechs Soldaten und Unterofficier erschien und mich aufforderte
mich sofort anzukleiden. Ich fragte, wohin er mich führen wolle?
erhielt aber als Antwort nur mit mitleidiger Stimme die Aufför-
derung, mich schneller anzukleiden. Obwohl ich nicht gewiß war,
so vermuthete ich doch, daß man mir jetzt das Erkenntniß publiciren
werde und dachte mir im Geiste: Gott sei Dank, daß binnen kurzem Alles ein Ende haben wird, sowohl meine Leiden wie meine
Hoffnungen. — Es war ein herrlicher, warmer Mittsommertag
und die freie, frische, duftige Luft wirkte wohlthätig auf meine
Stimmung, so daß ich meinen Adjutanten neben anderen gleichgültigen Dingen auch danach fragte: seit wann man angefangen habe

Kijów zu befestigen? Er sagte mir, daß die Arbeit schon seit mehreren Jahren begonnen, die Vollendung aber im Ganzen auf 20 Jahre veranschlagt sei. Der Adjutant war bereits in hohen Jahren und seine Stimme zitterte, weiß nicht ob vor Alter, oder aus Mitgefühl? Ich deutete das letztere. Er führte mich in ein Haus, in welchem ich noch nie gewesen war. Ich trat in einen großen Saal, in welchem drei oder vier Personen waren, mir alle außer Lewkowicz unbekannt. Einer von ihnen, ein junger, großer, schöner Mann in Civil erklärte mir, daß ich gerufen worden sei, um mein Urtheil zu erfahren. Auf diese Erklärung erbebte ich innerlich. Ein solcher Moment gehört zu den furchtbarsten selbst für einen politischen Verbrecher vom reinsten Gewissen, denn er steht dann wie mit einem Fuße bereits im Grabe. In einem solchen Augenblicke tritt dem Unglücklichen seine ganze Vergangenheit vor die Seele, und doch ist ihm als hätte er das Gedächtniß für alle seine Leiden verloren und als wäre er stets nur glücklich gewesen und mit aller Energie der Seele wünscht er zu leben, während in der Wirklichkeit er den Tod sich nahen sieht, der mit eisiger Hand schon den Pulsschlag des Lebens zu hemmen beginnt und das Auge erstarrend in die Vernichtung blicken läßt. Ich nahm alle meine Kraft zusammen, um eines Mannes, eines Polen würdig zu erscheinen und bereitete mich, mein Urtheil mit aller möglichen Ruhe anzuhören. Derjenige, der mir mitgetheilt hatte, weshalb man mich gerufen habe, begann mit erhobener Stimme mir das Urtheil auf russisch vorzulesen. Ich hörte aufmerksam zu. Es lautete: „Der Edelmann „Rufin Piotrowski wird wegen seines Antheils, den er an „der Novemberrevolution genommen, wegen seiner Rückkehr in's „Land ohne Erlaubniß der Behörden und unter fremdem Namen, „und drittens wegen Aufregung der Gemüther gegen die Regierung „und zur Empörung kraft der bestehenden Gesetze aller seiner bis= „herigen Titel und Würden durch Spruch des Kriegsgerichts zum „Tode durch Pulver und Blei verurtheilt; diese Strafe aber ist „durch den Generalgubernator Bibikow in schwere Strafarbeit in „Sibirien auf unbestimmte Zeit und Transportirung dahin in „Ketten an den Füßen geändert worden, was Sr. Majestät der „Kaiser Nicolaus in seinem ganzen Umfange bestätigt hat." Nach

Verlesung dieses Urtheils, das ich natürlich hier nur im Auszuge gebe, forderte man mich auf, dasselbe zu unterschreiben. Ich nahm die Feder und mit fester Hand unterschrieb ich russisch, was man mir diktirte: Sej prihowor wysłuszał — Dieses Urtheil hat gehört am 28. (oder 29.) Juli 1844 Rufin Piotrowski.

Kaum hatte ich diesen Act vollendet, als man mich auf den Flur führte und mir sofort die Ketten, und zwar dieselben, anlegen wollte, die ich von Lipowiec mitgebracht hatte und die furchtbar unbequem waren. Ich machte Lewkowicz darüber Vorstellungen, doch wollte er davon nichts hören, indem er versicherte, daß er keine anderen habe, doch erlaubte er, daß man mich ohne Ketten bis zu seiner ziemlich entlegenen Wohnung führte. Traurig und gesenkten Hauptes ging ich schweigend dahin, eine Thräne stahl sich aus meinem Auge. Mein alter Adjutant war ebenfalls traurig und ich war ihm dankbar dafür. Es ist eine seltsame Erscheinung: ich, der ich noch vor einigen Augenblicken mit der ganzen Kraft meiner Seele nach dem dünnen Faden gegriffen hatte, der mich an's Leben fesselte, würde jetzt gern den Tod gegen die mir eröffnete furchtbare Zukunft gewählt haben. Doch binnen Kurzem kam ich wieder zu meinem Gleichgewichte und in meinem Geiste wiederholte ich mein Gelöbniß, was ich vor Gott und meinem Gewissen lange schon im Gefängniße gethan hatte: Nein — bis zum Tode wirst du des Zaren Sklave nicht sein.

Herr Lewkowicz erlaubte mir, mich rein umzukleiden und legte mir genaue Rechnung über meine Ausgaben. Ich vergaß früher zu bemerken, daß Lewkowicz mir alle Monate eine solche specificirte Rechnung einreichte und ich ihn darüber quittirte. Lewkowicz verfuhr dabei mit der größten Gewissenhaftigkeit, die Rechnung überstieg die wirklich gemachten Ausgaben nicht. Demnächst gestattete er mir, die Gefangenwärter aus meiner Kasse zu belohnen und verlangte dann eine Generalquittung, die ich mit der größten Bereitwilligkeit ausstellte, indem ich ihm für die minutiös gewissenhafte Verwaltung meiner kleinen Fonds dankte. Es blieben mir noch 300 und einige zehn Rubel, welche Lewkowicz in meiner Gegenwart zählte und dem Unterofficier der Gensd'armerie einhändigte, der mich eskortiren sollte, um sie dann in die

Hände der sibirischen Behörden am Orte meiner Bestimmung niederzulegen. Während ich mich reisefertig machte, war mir sehr traurig zu Muthe, namentlich bedauerte ich, daß ich meine Eltern nicht hatte sehen können, die ich keine Hoffnung mehr hatte, im Leben jemals wiederzusehen — die Thränen stürzten mir wider meinen Willen über die Wangen.

Ende des ersten Bandes.